目次

① おもむろに、老人がロックを語り始める

「ロックの正体」とは我ながら大きく出たもので、何か大層な話をするのかと思われそうだが実のところさほど大した話はできそうもない。ロックという音楽文化が誕生したのは二〇世紀の中頃、一九五〇年代の話で、人間にたとえたら還暦をとうに過ぎておりあと数年で古希を迎える。ロックというのはその折々の時代において熱く語られてきた過去があるので、ロックに関する書籍、文章の類は星の数ほどあってもしかしたらレコードやCDよりも多いのではないか。ロックというのは音楽でありながら活字文化との結びつきが異常に強いのである。

ただ、ロックにまつわる文章というのはどれもやたらと情熱的で、異様な熱を帯びたものが多かった。これに対しては随分と前から、もう少し落ち着いてロックを語れないものかと考えていた。なぜかというとですね、熱く語ると、論理的な冷静さを欠いてしまうのではないかという懸念があるからなのです。

ロックを聞いて熱くなる。それはわかる。大抵のロックはそのようにデザインされているからである。しかしながら、熱くなるということは感情的で情動に流されてしまうということであって、論理的な思考から縁遠い行為ではないのか。これはなんというか一種のバグのようなもので、説明しだすとややこしい話になる。

人間が自分の意思を決定するシステムには、直感的なものと、落ち着いて熟慮の末に答えを出すのと、二通りのやり方があって、直感的なものをシステム1、じっくり考えるのをシステム2と称する。

これを二重過程理論もしくは二重プロセス理論と呼ぶのだが、ちょっと説明が必要ですよね。たとえば、焼肉定食を食べるつもりで定食屋に入ってから「そういえば最近は肉ばかり食べているな」とか思いついてメニューを見ながら思案の結果、野菜炒め定食に変更した、てな記憶は誰もがあるだろう。この場合、焼肉を食べたかったのがシステム1で、熟慮した末に野菜炒めを食べようと決意したのがシステム2なわけです。

我々は普段から、この二つのシステムを使いこなしている。つまりヒトは基本的に「心が二つある～」動物なのだが、心が二つあることは決して不便なことではない。心の中で焼肉派と野菜炒め派を討論させて、現状ではどちらが好ましい食事かという結論にたどり着くことができるわけで、我々は自分自身の心の中に、意見の異なる複数の自我を同時に思い浮かべて討論させる、というような高度なことができるのである。

たとえば夕飯をラーメンにするか焼肉にするか、それとも寿司にするか、いやいや久しぶりに中華丼も良いのではないか。何より中華丼なら野菜が摂れるし……と、選択肢を無限に広げることもできる。脳内で討論会ができる動物なのだ我々は。それはおそらく普段から短慮システムとも呼ばれるシステム1と、熟慮システムとも呼ばれるシステム2をいとも簡単に、あまり意識することなく使えているからなのである。

我々は自分の心の中で、焼肉派の自分、野菜炒め派の自分、中華料理派の自分、寿司派の自分、カレー派の自分といった風に無限に増殖した自分を想定して、彼らに討論させることができるし、カレー派の中でもインドカレー派、欧風カレー派、蕎麦屋のカレー派、お母さんのカレー派といった具合に増殖して、それで別に困らないわけだが、なんでこんなことが可能かというと、我々が普段から二つある心を使いこなしている上に、他人の心の中を想像する能力があるからだ。

たとえばトイレの前に並んでいる人を見かけたら、その人が今現在何をしたいのか瞬時に察知する、わけですよね。たとえば親友の伴侶とセックスをしている最中に、その部屋に親友が入ってきた場合、セックスしている相手の伴侶であり貴方の親友でもあるその人が、どのような感情を抱くかについては容易に想像できるのではないか。

我々は普段から二つある心を上手く使いこなし、なおかつ他人の心の中をある程度想像できるという能力を持っている。これは当たり前のように普段からやっていることなので、別段凄いとは思わないわけだが、実はこれはかなり凄い能力なのである。

何故ならば、二つの心を器用に使い分け、なおかつ他人の心の中を想像できるからこそ、我々は脳内に複数の視点を持つことができるわけだ。これが脳内におけるシミュレーションを可能にする。でなければ脳内で討論会を行えるわけがない。討論というのは、相手を論破するのが目的ではなくて、より良い答えにたどり着くためのスキルなのである。

哲学においてしばしば討論が行われるのは、討論に参加する哲学者が、自分一人の考え方だけでは導くことのできない理想的な答えを追い求めているからだ（ただし、論敵を喰い殺すことしか考えていないような勢いで討論する哲学者もいるのは事実である）。そして、いつでも脳内討論会が行えるからこそ、ヒトは帰納法と演繹法を使えるようになったわけで、帰納と演繹ができないと論理的な思考ができず、それでは科学や哲学が生まれない、わけですよ。

おそらくは二重プロセス理論と、他人の心中を察する能力が相まってヒトという動物に論理性をもたらしたのである。

というわけで、さしあたって文化としてのロックについて考えるのであれば、システム2をたっぷりと使う必要があるはずなので、とにかく直感に走ることを避けなければならないし、それには熱くならない方が好ましい。

近年は認知科学や神経科学、心の哲学などがたいそう進歩していろんなことがわかってきた。ヒトの思考と感情、情動は深く結びついており、情動無しでは論理的な思考もできないというようなこともわかってきた。感情的になることと冷静であることは水と油のように違って見えるわけだが、実は両者は深いところで繋がっているというのが、現代の心理学や認知科学、心の哲学などによってわかってきたのだ。なかなかに厄介である。

しかしだ、だからこそ情動と論理的な思考の間で上手く折り合いをつけたいとも思うわけです。より一層情動を落ち着かせて、決して情熱的になることなく、縁側で渋茶をすするお爺さんのような姿勢でロックという文化について語ろうと思う。

ロックは今もなお続いている文化だが、それが誕生した五〇年代から六〇年代、経済的に躍進した七〇年代あたりとはかなり違う様相を呈している。六〇年代の後半には五〇年代のロックは終わっており、六〇年代のロックも七〇年代には終わっていたわけで、おそらくその七〇年代のロックも八〇年代に入る頃には終わっていたのだ。そして、ロックが重要な文化であると多くの人々から認識されるようになったのは主に六〇年代と七〇年代のロックが産業として、はたまた芸術として高く評価されたからである。

昔、ロックという巨大な音楽文化があり、色々な出来事があった。こう考えると、一旦は過去に終わってしまった文化としての視点が獲得できるので、なかなかに都合が良いのではないか。我々は心が二つあるからこそ、複数の視点を獲得できるわけで、たとえば過去にあったことを現在の視点から見ることで包括的な視点が獲得できたりもするのは、まさにヒトの叡智なのだ。

まあ、今ある現代のロックを鳥だとすると、六〇年代や七〇年代のロックは恐竜のようなものだろう。恐竜と鳥類は遺伝子的にはダイレクトに繋がっており、都会の路上にいる鳩や雀も立派な恐竜である。そういう意味では恐竜は滅んでいないのだが、ティラノサウルスやトリケラトプスのような見るからに恐竜という感のある大物は現代にはいないわけで、恐竜は絶滅したという視点も成り立つ。

どちらが正しいという話ではなくて、どちらも一理あるのだ。ロックにしても同じようなもので、ロックはとうの昔に終わったという視点と、今もなおロックは健在だという視点、どちらも一理あるのですね。

というわけで、できれば古生物学のようなスタンスで行きましょうか。

「ロックの正体」というからには「ロック」には何らかの主体があると筆者は考えているわけで、それは何かというと巨大な成功を収めたロックバンド、ミュージシャンではなくて彼らの音楽に魅了され、レコードを買ったりコンサートのチケットを買った有象無象の消費者群である。

巨大なスタジアムを満員にするミュージシャンは輝いて見えるが、その輝きはスタジアムに詰めかけた消費者が自分の財布からお金を出してチケットを買ったからこそ成立している。文化というのは消費者が築くのである、というスタンスをここでは採用する。

彼らは、それぞれいつ頃、どのようにロックと接触し、その消費者になったのだろう。

今はさておき、昔は子供の頃からロックを聴いていた人はいなかった。二〇世紀の中頃まではまだロックがなかったからである。今でこそ、親がロック好きだったから幼い頃からロックを聞いていたという若者がいるけれども、そういう層が誕生するまでにはロックが誕生してから三十年くらいの月日が必要だった。

つまり前世紀においては、ロックに魅せられる人は人生のどこかの地点で何らかのロックに触れて、好きになったのだ。親は演歌を聴いていたが、自分はロックを聴いていたのだ。という人は多い。親の影響ではなく、自分の意思で選択してロックを聴くようになったのだというのが若人にとっては大切な思い出になる。これが、ロックが持つ魔法の一つだ。

ロックを好んだ往年の若者の多くは、一〇代の前半から中頃、後半にかけて何らかの形でロックと出会い積極的な態度でその消費者となった。一〇代の前半から後半といえば二次性徴の季節だ。脇の下や陰部に毛が生え、女の子の胸はふくらみ男の子はペニスが大きくなる。これ即ち、動物でいうところの交尾が可能になるわけですから、異性への興味が高まるお年頃ではある。

二〇世紀においてロックという音楽を愛した人びとの大半は、脇の下と陰部に毛が生えて、胸が膨らみ始めたり、おちんちんが大きくなりだした頃にロックにハマったと考えて良いだろう。一〇代の中頃、二次性徴を迎えると男の子も女の子もセックスという現実と向かい合うことになる。大半の男子は一〇代の前半から中盤にかけて、エロティックなことを考えているわけでもないのに勃起してしまう、という経験をする。これは子孫を残したいという本能が、本人の意思を無視して暴走しているわけです。男の子も女の子も、彼氏や彼女が欲しくなる。これは衝動的なものなので論理性を簡単に吹っ飛ばしてしまう。

ロックを演奏するミュージシャンの方も同じで、それくらいの年頃でエレキギターと出会った人が多い。小さな頃から音楽教育を受けていた子であってもエレキギターやエレキベースに手を出すのはティーンになってからだった。

もちろん、現代においては生まれた時から親の影響でブリティッシュロックなどを聴いていた子供がいるので、YouTubeなどを見るとあどけない子供が凄いギターソロを決めたりしているわけだが、二〇世紀にはそんな子供は滅多にいなかった。いたとすれば、それはジェイソン・ボーナムのようにお父さんがレッド・ツェッペリンでドラムを叩いていた、というような特殊な環境の人である。

ともあれ、ロックという音楽は二次性徴と共に中学生から高校生くらいの年頃のハートをわしづかみにする音楽で、必然的に他のジャンルの音楽よりもセックスとの親和性が高くなった。我々ホモ・サピエンスは思春期から青年期において異性との交尾に異様なまでの興味を持つのだが、それは自然なことではある。

小学生の男子で一番モテるのは足の速い子だ。進化心理学的なことは色々とややこしいので、おいおい説明する予定ですがチンパンジーの近しい親戚であるヒトのオスは、できるだけ大勢のメスに自分の精子を与えて自分の遺伝子の複製を残したい。そういう風にデザインされている。これが二〇代の半ば過ぎくらいになると、実際にたくさんの女性に精子を与えてその女性たちが全員妊娠した場合にはとんでもない責任がのしかかってくるという事実を理解できるので、たくさんの女性とセックスしたいという欲求は残したまま、現実と折り合いをつけるようになる。

二次性徴を迎えたばかりの少年少女が性行為に興味を示すのは、ある意味当たり前な話だ。小学生の頃から考えると、ほんの数年で大きく変化してしまった自分の肉体と向き合わねばならないのだから。

男性と女性では性的な戦略が違うので、特に一〇代の恋愛においては、すぐにセックスをしたがる男子と、なかなかセックスをしたがらない女子という構図はある。とはいえ、どちらも思春期を迎えると恋人がほしくなるのにかわりはない。

さて、ここでダーウィンが言い始めた性淘汰の話をしておかなければならない。たとえば孔雀の豪華な羽根や、ライオンのたてがみ、鹿の立派な角などの派手派手な要素はたいていの動物においてはオスだけの特徴である。これらは全てメスの気を引くために派手な方へ派手な方へと進化したとされている。大抵の動物においては、オスが交尾のためのアピールに様々な形で力を入れ、メスがそれを選ぶというパターンになっているわけです。

たとえば立派な巣を作って、それでメスを誘う鳥もいる。ヒトの中にも立派な家を建てて、それを婚活に役立てようとする男性はいるから、理解しやすいのではないか。ご存知のように、ヒトの男性は鍛え上げた筋肉を見せびらかしたりするし、ロックスターのように煌びやかな方向で勝負したりもする。ちなみに、ユーモアで女性の気をひく男性もいるのはご存知の通り。ヒトにおいては性的なディスプレイがやたらと多様化しているのである。

孔雀の羽根にしろ、ボディビルダーの上腕二頭筋にしろ、その個体が優秀な遺伝子を持っていることをアピールしているのである。だから性的ディスプレイと呼ぶわけね。だからヒトも他の動物たちと似たようなものなのだけれども、ヒトにおいては女性の方も煌びやかに自分を装飾し、主に異性へのアピールをする。つまり、ヒトにおいては男女ともに性的ディスプレイに磨きをかけようとするのだ。これは、霊長類としてはかなり珍しいケースなのである。

何故、ヒトだけが男女ともに自分を飾り立てようとするのかという謎については諸説あるのだが、その前にたとえばカラスやハトはオスとメスで殆ど外見が変わらないことを思い出してほしい。

哺乳類の中にも、オスとメスの違いがあまり大きくない動物はけっこういる。こういう動物たちは交尾するための相手と出会うための戦略がオスとメスであまり変わらないのである。たとえばペンギンやアホウドリは一夫一婦なので、夫婦になったら一生生活を共にし共同で雛を育てる。なんとなく、心温まるお話ですね。

それに対してオスが派手派手な動物はというと、オスはあまり子育てに関与せず、もっぱら複数のメスと交尾することを求めるのだ。うわ、なんか最低だな孔雀のオスは、と思った人はいませんか。知り合いの中に、孔雀のオスみたいな奴がいるのに思い当たった人もいるのではないか。そうなのだ、我々ホモ・サピエンスにはペンギンのような側面もあれば、孔雀のような側面もあるので、この話を聞くと妙に心を揺さぶられるのである。

ヒトの男性が沢山の異性とセックスしたがる傾向があるのは間違いのないところだろう（いや、自分はそんなことはない、という男性もいるでしょうし、それは認める）。その一方で、女性の力にも沢山の異性とセックスしたがる人がいるのもまた事実であり、これまた心当たりのある人も多いのではないだろうか。

そう、我々はどうやら個人差が大きな動物なのである。基本的にオスは精子を提供するだけで自分の子供を作れるわけですから、沢山の異性とセックスをした方が自分の遺伝子を残せる確率が上がるわけです。だから見事な羽根を持つ孔雀ほどヤリチンになる。一方、メスが遺伝子を残すためには交尾により妊娠して、出産しなければならない。妊娠と出産はハイリスクでコストが高いのだ。それに妊娠中は何かと行動が制限される。

極端なことをいうとヒトの男性は、それが可能な条件を満たした場合には生涯で千人以上の子供を作ることが可能であり、実際に千人以上の子供を残した男性は実在する（はい、ムーレイ・イスマーイールで検索）。それに対して、女性が子供を産んだ人数のギネス記録はわずか六十九人である。一八世紀ロシアの農民ヒョードル・ワシリエフの妻が六十九人産んだ記録を残しているのだ。権力者であったイスマーイールは子供を産む相手が何人もいたから千人を超える子孫を残したわけだが（同じ条件なら俺だってそれくらいは……という男性はそれなりにいるのではないか）、ワシリエフ家の場合は奥さんも凄いけれどもヒョードルさんも相当凄い。

ともあれ、最大限で子供を残せる数が男と女では全然違うので、男性の方は何人もの女性とセックスをしたがり、女性の方は出来る限り優秀な遺伝子を持っていそうな男性を探してロックオンするという、男女間での性的な戦略の違いが生まれる。

結果的にヒトの社会では一夫一婦が最もポピュラーな形になったわけだが、かといってペンギンやアホウドリほど律儀な一夫一婦動物でもない。我々は不倫やカジュアル・セックスを好む動物でもある（はい。もちろん誰もがそうだとは言ってませんよ。先に書いたように我々は個人差の大きな動物ですから)。

たとえばですね、夫のある女性が、ついワンチャンでカジュアルに夫以外の男性と行為に至ってしまう、というようなことは歴史上星の数ほどあったわけである。それは何故かというのを説明しだすと、それだけで一冊の本になるから割愛しますが、夫がいるのを知っていながらワンチャンのカジュアルなセックスを求めてアプローチしてくるような男性は、愛する夫よりも優秀でタフな子供を作るための遺伝子を持っている可能性が高いわけですね。

いやもちろん、女性を口説く能力に特化して、生活力ゼロのダメ人間である可能性もあるわけだが、そもそも、その辺の判断力をショートさせていなければ最初から性病などのリスクがあるカジュアル・セックスなどしない、わけですよ。そしてカジュアルなセックスで出会った男女が幸せな家庭を築くこともあるので、性に関しては(暴力と比較して)常に道徳的なラインを引くのが難しいのである。

ヒトの性生活が、ある面では一夫一婦のペンギンのようであり、またある面では孔雀のオスのような無責任なヤリチン文化であるのは何故かというと、これがまたややこしい話なのだ。

まず、ヒトは妊娠期間が異様に長く、生まれた子供が一人歩きできるようになるまでの時間が桁外れに長い。現代社会において、シングルマザーが生きてゆけるのは、我々がインフラ・テクノロジーを発達させた動物だからである。ヒトの赤ん坊を産み育てるためには、母親一人のリソースでは全然足らないのだ。

そもそもヒトは出産時に母体が死んでしまう確率が、他の動物と比べると異様に高い。そんな面倒な動物が絶滅しなかったのは、かなりおかしいのである。ヒトは集団で生活する動物であったので、おそらく石器時代から産婆さんはいたのだ。その集団の中で出産経験のある年嵩のメスが、若いメスの出産を手助けする文化があったのである。

そして子供が無事に生まれてからも独り立ちするまでには、かなりの時間がかかる。当然のごとく、父親も子育てにリソースを割く必要があったし、出産時に母親が死んでしまった場合には、お父さん一人で子育てをしないといけない。お婆ちゃんだとか、近所のおばちゃんみたいな人たちの手助けがなかったら、絶対に無理である。ヒトは、徹底徹尾、社会的な共同体と、そのシステムに依存した動物なのだ。

だから、集団で生活をして、その共同体にいるヒトは男女を問わず何らかの形で子育てに貢献する、つまりはリソースを割く必要があったわけだ。狩猟に出て肉を獲ってくる男性もまた、集団の子育てに参加しているのである。狩猟が得意な男性は、彼がまだ若造だった頃に父親だけでなく近所のオッさんたちから狩猟を習ったから狩猟の名人になれたわけだ。

我々は自分と血の繋がった子供は可愛い、それは遺伝子を共有しているからだが、血の繋がっていない近所の子供だって可愛いのである。それはおそらく、同じ共同体にいる存在を大事にすることが、間接的に自分と同じ遺伝子を持つ子供をも守ってくれるからだ。

たとえば貴方が近所の少年少女に対して普段から親切に接していると、その子は貴方に好意を持つだろう。そして、その子が成長した暁には、彼らよりも年下である貴方の子供に対しても親切にしてくれるのではないだろうか。お年寄りに対しても同様で、近所のお年寄りに親切にしていれば貴方自身が年寄りになった時に、貴方が昔親切にした老人の孫が貴方に対して親切にしてくれるのではないか。我々は、こういった善意のドミノ倒しのような関係性の中で生きているのである。

結果的にホモ・サピエンスの性的な戦略は、他の動物たちとはかなり違ったものになったわけだが、それはそれで面白い文化を築いたと言える。我々はラブストーリーを好み、ラブソングに耳を傾け心を揺さぶられるわけであるが、それって客観的に見ると普段から交尾することばかり考えている動物ということですよね。

しかしながら我々は、交尾したい欲望を芸術に昇華するという特殊な能力を育んだ動物である。交尾がしたい、交尾するための相手と出会いたいという思いが強いからこそシェイクスピアの『ロミオとジュリエット』やビートルズの「抱きしめたい」といった芸術が生まれたのだ。

二〇世紀にロックという音楽が非常な盛り上がりをしめしたのは、ひとえに恋人が欲しいという若者の欲望に即した文化だったからだ。たとえば政治的なメッセージの強い歌であっても、「あ、君もこの歌が好きなの？　僕も好きなんだ」という形で出会いが生まれたりもする。

もちろん、彼女を作るだけではなくて友達を作るのも大切なことである。ヒトは社会的な動物だから、小さな頃から長い時間をかけて社会性を獲得する。それはもちろん幼稚園児の頃から始まっているのだけれども、思春期を迎えて男女の違いが出てくると、異性との恋愛だけでなく男同士、女同士の付き合い方というのも学習する必要がある。人間関係のバリエーションが増えるわけだ。

これが大学生くらいになると、男女の分け隔てはない前提でサークル活動をしつつ、その中でいつ恋愛が発生してもおかしくない、という複雑で緊張感のある社会を形成するようになる。サークル活動というのは全員がおおむねフラットな状態をデフォルトとするが、一夜明けたらA君とBさんが付き合っていた、というような事態がしばしば起きる。

幼稚園児の社会においては、こういうことはまず起きないわけで、ヒトは一〇代の序盤から後半にかけて、かなり複雑な社会性を獲得するのである。自分が想いを寄せていた異性が、自分以外の同性とカップリングした場合に、嫉妬心を抱くのは当然なのだが大学生のサークル的な社会においては、あまりその嫉妬心を表面に出すことはなくて、それどころか恋敵を祝福したりもする。そして、家に帰って自分の部屋で一人泣いたりするわけである。なんと高度な社会性だろうか。

ヒトの集団が形成するネットワーク的な社会において、個人と個人は社会的な紐帯によって繋がり、編み物のような状態を維持している。親兄弟や恋人、親友とは、強い紐帯で繋がっている。ちょっとした顔見知りとか、友達の友達というのは弱い紐帯による繋がりだ。たとえば戦争が起きた時には、誰しも強い紐帯で繋がっている人を優先して助けるだろう。しかし、平常時には弱い紐帯による繋がりが、かなり便利なことも我々は経験的に知っているのだ。

我々の日常生活においては、Aさんを信頼しているから、Aさんが紹介してくれたBさんを信用する、というようなことが頻繁にあるわけだが、この場合はAさんとの強い紐帯をハブにして、Bさんと弱い紐帯を築くわけです。もしも仮にBさんが貴方を裏切るようなことをした場合、Aさんとの関係まで悪化する可能性があるのだけれども、Bさんが貴方にとって好ましい働きをした場合には、Bさんと良い関係が築ける上にAさんに対する信頼が増すだろう。

ホモ・サピエンスというのは、根本的なレベルでこういった関係性に依存する動物であり、この関係性に対する学習はそれこそ幼児期から一〇代のうちに行われる。同じ世代で共通して好まれる文化があれば、それは社会的な紐帯を強める一因となっただろう。さらに、若者は得てして新しい文化を好むから、上の世代には理解し難い新しい文化として登場したロックは、二〇世紀において若い世代の紐帯を強めるのに役立っただろう。

六〇年代の後半にはセックス、ドラッグ、ロックンロールなどという言葉があって、ロックはセックスとドラッグ、つまり麻薬と並んで讃えられる文化だった。

今聴き返しても天才としか思えないギタリストのジミ・ヘンドリックスは、色んな国でおそらく何百人もの女性とセックスを行い、アメリカ、ドイツ、スウェーデンで少なくとも三人の子供を作って（もっといるかもしれない）子孫と自分の遺伝子を残すことには成功したが、本人は二十七歳で死んでしまった。

進化心理学にはロビン・ダンバーが提唱したダンバー数というのがあって、これはヒトが安定した社会関係を維持できる知り合いの人数である。ダンバーによると約百五十人前後だ。

成功したロックスターが生涯でセックスする相手の人数は百五十人どころではなかった。つまり七〇年代までに成功したロックスターの多くは自分がセックスをした相手の顔とか名前とか肉体とかを、おそらくはちゃんと覚えていない。まあ、ロックスターとセックスをした女の子の方は一生忘れない思い出になるだろうから、それはそれでウィンウィンというか、ナッシュ均衡めいた状態ではある。その女の子に片想いをしている男の子がいたとしたら、その男子にとっては悲劇かもしれないが、そういう男の子たちもロックにお金を使ったから、この文化は一大産業になったのである。

ロックスターになった男の子はたくさんの女性とセックスすることが可能になるのだけれども、若くして死んでしまうリスクもあった。個人的にこれをロックのジレンマと呼んでいる。人間は、とにかく長生きした方が良いわけで、ヘンドリックスがもしも長生きしていたら、彼はもっと素晴らしい作品をたくさん残していただろう。

人類が築き上げた文明は基本的にどれもトライ&エラーの繰り返しだ。一八世紀に産業革命が起きて工業化社会が到来し、人々の生活が豊かになった。これがトライだとすると、工業化社会が原因で公害が起きるのがエラーだ。要はトライの段階でどこまでアクセルを踏めば良いのかわからないから、アクセルを強めに踏んでしまう。ホモ・サピエンスにはそういう癖がある。そして公害の規模は拡大してゆく……。

この大きなエラーに対しては軌道修正をほどこすしかない。ロックが大きな産業に発展した一九七〇年代というのは公害問題がピークに達した時代で、東京や大阪といった日本の都市部の空や河川、そして海はかなり悲惨な状態だった。その後、さまざまな形で軌道修正が行われ、八〇年代から九〇年代にかけて、海、空、河川はかなり綺麗になった。そして人類は、今も環境問題に対する取り組みを継続している。

このトライ&エラーと、それに伴う軌道修正をルース・ドフリースはその著作『食糧と人類』の中でラチェット＝歯車、ハチェット＝手斧、ピボット＝方向転換と呼んだ。ラチェットというのは一方向に歯車を回す仕組みで、ボルトやナットを締めるために使うラチェットレンチという道具が有名だ。この例えが秀逸なのはラチェットが一方向にしか回らない点である。そう、ラチェットを回すと元には戻れないのだ。ホームセンターで売っているラチェットレンチには切り替えスイッチがあるのだが、人類の文化と歴史にそういう便利な機能はない。

ロックという文化も六〇年代から七〇年代にかけて、明らかにラチェットを回しすぎたのだ。主にドラッグやセックスに関して、色んな人たちが勢いよくラチェットを回した。なぜかヒトは、しばしばラチェットを回しすぎるのだが、それはおそらくラチェットを回す行為そのものが気持ち良いからである。だから、お酒の好きな個人が、飲みすぎが良くないのはわかっているのに、ついつい飲みすぎてしまうのと似たようなことが社会的な規模で起きるのである。

後に、ロックスターの中から意識改革を行うアーティストらが現れて、悲惨なロックのジレンマはある程度は解消される。健康に気をつけるロックスターや、愛妻家で浮気をしないロックスターが出現したのだ。これがトライ＆エラーを軌道修正する人類の叡智、ドフリースのいうピボットだ。

率先して健康的な生活を心がけたロックスターこそが、ロックに真の革命をもたらしたのである。しかしながら、ロックの誕生から最初の二十年ほどは、性的に放埒で麻薬に浸るようなライフスタイルが賞賛を受けた。そしてそれで大勢死んだ。

ロックの誕生は一九五〇年代である。二度にわたる世界大戦が終わり平和が訪れたわけだ。実際、六〇年代のロックは愛と平和を標榜していた。だがしかし、それにしては文化としてのロックに伴う死者はかなりいるし、暴力的で剣呑な表現も多かった。

有名なモンタレー・ポップ・フェスティバルの記録映像において、ヘンドリックスは演奏が盛り上がる中で自分が弾いていたギターを破壊し、油をかけて火をつける。これを今日の目で見ると、ヘンドリックスが何故ギターを壊したのか全く理解できないのではないか。たとえば、タクシーの運転手やダンプカーの運転手が自分の愛車に火を放ったら、大工さんがハンマーやノコギリを破壊したら、誰もが彼は頭がおかしくなったと思うだろう。ヘンドリックスがやったのはそういう行為であったわけだが、当時の観客は彼の精神状態を心配することもなくギターの破壊に熱狂した。

更に驚くべきことには、ヘンドリックスによるギター破壊を観客が歓迎したという事象について、客観的に説明した文章を読んだ記憶がないのだ。つまり当時の人々にとってギターの破壊は衝撃的ではあったけれども、それを歓迎して熱狂するための土壌があり、それがわかっていたから本人も勢いよく破壊したのである。これは時代の空気としか言いようがないだろう。カウンターカルチャーの時代だったから、と言う説明でそれを理解できるのは当時のカウンターカルチャーに関してある程度の知識がある人だけだ。

ヘンドリックスの楽器破壊は、一種の秩序を破壊する行為であったが、何故そういう行為が観客から支持されたのかが今の若い人にはわからないのではないか？　と思うわけで、わからない話に関しては年寄りが説明する必要がある。その時代を知っている世代にとっては、ロックとは反逆だというコンセンサスがあるのだが、今の若い人たちにそういう認識が共有できるとは思えない。

ヘンドリックスがギターを破壊したモンタレー・ポップ・フェスティバルから十五年ほど経った一九八二年、リッチー・ブラックモア率いるレインボーが来日公演を行い、その大阪公演に僕はアルバイトの警備員として参加していた。午前中から機材の搬入も行い、リハーサルも見学できた。ステージのクライマックスでブラックモアはヘンドリックスのように自分が演奏していたギターを破壊した。ただし、火はつけなかった。

客席の警備をしながら僕が考えていたのは、リッチーが破壊したギターの破片でも良いから手に入らないか？　というものだった。バイト仲間も同じことを考えていたが、リッチーが破壊したギターは小さなパーツまでまとめて回収され、係の人が持って行った。

僕は全てを把握した。あれは壊す用のギターで、おそらくリッチー専属のリペアマンが次の公演までに修理してはまた破壊するのだ。なるほどね。ブラックモアがヘンドリックスから影響を受けたことは本人も公言しているが、長生きで七十歳を過ぎた今も現役だ。彼はヘンドリックスの破壊行動を継承しつつも、それを伝統芸能のような形に変容し、形骸化することで若くして死ぬような生き方を回避したのだ。

②
森のゴリラのダンスパーティ

インターネットの普及により、初期のビートルズやそれ以前の時代のロックバンドの演奏動画を見ることが可能になった。当時の欧米のテレビ番組で流れたものが多いと思われるが、それらの映像にはバンドの演奏に合わせて踊る若者たちの姿が記録されている。

特に興味深かったのがチャック・ベリーの名曲「ジョニー・B・グッド」の映像だ。黒人のベリーがギターを弾きながら歌う、その周囲には大勢の白人の若者が踊っているのだ。なるほど、これがロックンロールの始原の形なのかという驚きがある。いわゆるダンスパーティである。僕なんぞよりも上の世代はこれを略してダンパと称した。ロックバンドというのは、パーティで踊る若者たちのために演奏する小規模な楽団だったのだ。

しかし、黒人が演奏して白人が踊るという構図もかなり意味深ではないか。ビートルズやローリング・ストーンズといった初期の白人ロックミュージシャンたちは、ベリーのような黒人に憧れ彼らの物真似で音楽を始めたわけだが、彼らの世代のバンドの初期の映像もベリーと同じく、大勢の若者が演奏に合わせてダンパしているものが多く残されている。

「ジョニー・B・グッド」から十年ほど後の、ウッドストックでのジミ・ヘンドリックスの演奏を見ると非常に感慨深いものがある。ヘンドリックスはダンスパーティの演奏係というよりは、宗教団体の祭司のように見える。これはどういうことかというと、ロックンロールが誕生した頃よりも、アーティストの社会的地位が向上したということではないか。ベリーは踊る若者たちと同じ目の高さで演奏していたが、ヘンドリックスは聴衆たちよりも高い位置にいて、なおかつ空を見上げてアメリカ国家を演奏した。ベリーのダンパ型ロックンロールにしろ、ヘンドリックスの宗教祭司型ロックにせよ共通点はあって、いずれにせよ聴衆は集団で忘我な状態になる。

ヒトという動物は集団で忘我になることを好む癖があって、スポーツ観戦などでも集団で忘我になる。サッカーのフーリガンや我が国の阪神ファンを見ればわかるように、集団で忘我な状態になったヒトは時として凶暴化することも忘れないでほしい。これまたYouTubeで検索するとアドルフ・ヒトラーが演説している動画が見られたりするわけですが、戦争というのもまた集団で忘我になる現象であり、例えばオリンピックは戦争の代替品だと言われる。

聖書に「汝殺すなかれ」と書いてあるように、人類はかなり早い段階で、ヒトがヒトを殺すのは良くないことであるという考え方を獲得していた、にもかかわらず人類は幾たびとなく戦争をしては同族を殺すのである。なんというか、設計段階でバグっているのではないかホモ・サピエンスは。

ただし、ヒトと最も近い動物であるチンパンジーはしばしばチンパンジーを殺す。ヒトやチンパンジーよりも優しい霊長類であるゴリラのオスは、新たに恋人ができたときには、恋人の連れ子を容赦なく殺す。これらは動物としての習性なので、赤の他人の子供を殺すオスのゴリラをヒトの倫理で批判して良いものやら、という話になる。我々ホモ・サピエンスもパソコンやiPhoneを発明したという点では、かなり賢い霊長類なのだけれども未だに戦争をやめられないという点で、同族を殺してしまうチンパンジーやゴリラに近いものを持っているのかもしれない。

と、ここで一つの疑問が生じる。ロックというのは二〇世紀の後半に誕生した、人類の歴史の中ではかなり最近の文化である。二〇世紀といえばテクノロジーの時代でしょう。実際、エレキギターという文明の利器がなければロックは成立しない。ロックは紛れもなく科学文明の産物なのだ。なのに、どうしてこんなにプリミティブなのだろう。更に言うと、ロックが誕生する十年ほど前まで、人類は史上最大規模の悲惨な戦争をしていたのである。ざっくり言うと、二〇世紀というのは前半が世界大戦の時代で、後半がロックの時代であった、ということになりますね。つまり、戦争が終わって人類はいきなり盛大にダンスパーティを始めた、という見方も成り立つ。

人類の文明が大きく発展し始めたのは一万年ほど前だとされている。その間に我々の先祖は様々な文化を育み、偉大なる科学やら哲学、芸術などを生み出してきた。これぞ人類の叡智である。そんなに利口な動物なのに、人類は歴史の上ではつい最近である二〇世紀の前半は、高度に発達したテクノロジーを使って戦争をして忘我になり、その後はテクノロジーを使った音楽で忘我になっていたのだ。

もしも、我々を観察している宇宙人がいたとしたら、彼らは我々ホモ・サピエンスを見てどう思うだろうか？　テクノロジーが発展したと思ったら、いきなりそれを使って大規模な殺し合いを始めたわけである。こいつらは利口なのか？　それとも馬鹿なのか？　判断しかねるのではないか。

ヒトが生み出した数あるテクノロジーの中で、最も偉大なのはおそらく医療である。医学は他分野のテクノロジーと結びつきながら、主にヒトの寿命を延ばすことに貢献してきた。皆さんもご存知のようにヒトは弱い生き物で、生まれてすぐの頃は歩くこともできないし、自分でご飯を食べることもできない。そして、ヒトは大人になってからもか弱い動物だ。我々の親戚であるチンパンジーは体こそ小さいけれども、素手でタイマンをすればヒトよりずっと強い。ヒトは、単体では極端に弱いからこそ、集団で助け合う能力を発達させたわけです。そして医療技術を磨き上げた。

野生動物が天然温泉に集まって来たりするのは良く知られているし、野生動物が薬草を食べることも知られている。つまり、温泉治療や薬草という側面から見ると野生動物にも医療という文化はあるわけだが、ヒトはその医療を文化的に進化させたので抗生物質やワクチンといった個体が長く生きるためのアイテムを開発できた。これは素晴らしいことで、医療こそが人類の叡智なわけだが、にも関わらずホモ・サピエンスは二〇世紀の前半においては二度にわたる世界大戦で多くの若者を死に至らしめた。そして戦争の時代が終わってからもドラッグの乱用で多くのミュージシャンを若くして死なせてしまった。就中、若くして死んでしまったミュージシャンを、神話的に祭り上げた。

ジミ・ヘンドリックスやジャニス・ジョプリン、ドアーズのジム・モリソンが卓越した表現者であることは間違いない。彼らより後に登場したカート・コバーンもまた素晴らしいソングライターだったろう。とはいえ、ヒトが若くして死んでしまうのは悲劇なのだ。大きな声では言えないけれど、若くして死んだロックスターを英雄視するのは、強いて言えば戦争で大きな活躍をして死んだ英雄を称賛するマインドに近いところがあるのではないか。アーサー王でも源義経でもいいけど、悲劇的な英雄は人気があるでしょう。それらはロマンティックなお伽話として昔から民衆に愛されてきたが、自分たちと同じ時代に生きた人（兵士やバンドマン）が若くして死んだ時に、そのロマンティックを発動させることには抵抗を覚える、のである。

二〇一五年にノーベル経済学賞を受賞したアンガス・ディートンの『大脱出』によると、人類の歴史はお父さんよりも息子が長生きすることで発展してきた。もちろん、そのお父さんはお爺さんよりも長生きした。後の世代になるほど寿命が長くなること、つまり平均寿命が長くなることとは人類の発展と直結しているのだ。今もなお平均寿命は伸びているから我々は進歩を止めてはいないことになる。

ディートンの視点で見ると、個人の長生きと貧困からの脱出こそが人類の進歩である。しかし、戦争や麻薬禍による若者の早逝はその流れに反するもので、あまり歓迎できることではない。六〇年代に始まったロックとカウンターカルチャーは、進歩的な世界観を持ちながら若者が若いまま死んでしまうような文化を築いてしまった。文化的な価値は大きかったのだが、何かがバグっていたのだ。

ここで一つの見方を提案する。これまで述べてきたように、ヒトは二〇世紀の前半には、発達したテクノロジーを使った世界大戦で忘我となってドンパチを行い、戦争が終わって二〇世紀の後半に突入するとテクノロジーを使った音楽で忘我となってドンドコ踊った。

この、集団で忘我となってドンパチもしくはドンドコやらかすという行為は、もしかしたらヒトという動物の習性と深く結びついているのではないだろうか？

チンパンジーにパントフートという行動がある。「フー、ホー、フーホー、フーホー、フーホー、ホワーォ、ホォォォ」という鳴き声をあげながらコミュニケーションするのだ。パントフートは当初、遠くにいる仲間のチンパンジーと連絡を取り合うための行動ではないかと思われていた。たとえば森の中で美味しい木の実を見つけたチンパンジーが、「おーい、ここに美味しい木の実があるぞ〜」と仲間に知らせるために、フーホー、フーホーと声をあげる。そういう役割があって発達した機能だと思われていたのだ。

ところが、実際にはパントフートは、すぐ近くにいるチンパンジー同士の間でも行われることが多い。目の前にいる仲間チンパンジーのパントフートの発声に合わせて、自分もパントフートをかぶせていく。いわゆるコーラスですね。実際、ドゥワップやアカペラのグループなんかがメンバー同士でコーラスを合わせていく様に似ている。パントフートにはドラミングが伴うことも多い。これは手で自分の体や、すぐ側にある木なんかをリズミカルに叩くのだ。

我々ホモ・サピエンスも、音楽の演奏に合わせて手拍子を叩いたりする。また、コーラスグループは歌声を合わせる際に手拍子やフィンガースナップでリズムをとったりする。チンパンジーとヒトは同じ先祖から進化した親戚のようなものなので、進化心理学や動物行動学では両者の間には似たような習性がある、という話が頻繁に出てくる。

ヒトは尻尾のないサルだと言われるけれども、尻尾のないサルは他にもいてテナガザル、ゴリラ、オランウータン、チンパンジー、ボノボがいる。彼らは我々ヒトの遠い親戚だ。遥か昔に、テナガザルとオランウータンとゴリラとチンパンジーとヒトの共通の先祖がいたらしいのだが、今のところ、その共通の先祖の化石は見つかっていない。

というのも、テナガザルやゴリラやヒトを含む共通のご先祖さまは熱帯雨林に住んでいたので、化石が残りにくいのだ。これが古生物学の難しいところで、色んな恐竜の化石が色んなところで見つかっているけれども、化石として残っている生物は化石化しやすい環境に住んでいたから化石になったわけだ。まだまだ化石が発見されていない恐竜はたくさんいただろうし、現代人にその存在を知られないままの絶滅動物はたくさんいるだろう。

死んだ生物が化石になるかならないかは、ほぼほぼ環境で決まる。つまりは運だけなのだ。だから、化石動物が生きていた頃の地球がどんな環境であったかを、残された化石だけで判断するのは非常に難しい。

我々、ヒトの仲間ももっと多くの種類がいたはずなのだが、化石として見つかっているのはそのうちの一部でしかないので、少ないデータから我々がどのように進化をしてきたのかを推察するしかない。

進化の系統樹で見ると、はじめにテナガザルが分岐し、次にオランウータンがわかれた。この時点でヒトとゴリラとチンパンジーの共通の祖先がアフリカにいた、らしい。化石は見つかっていない。そしてゴリラが枝分かれした。ゴリラはゴリラで、ヒガシゴリラとニシゴリラに分岐する。もしかしたら、もっと多くの種類のゴリラがいて、いつの間にか滅亡したのかもしれないが、今のところはわからない。

ゴリラとわかれた後には、ヒトとチンパンジーの共通の祖先である尻尾のないサルがいた。この動物はアフリカの森で木の実とかを食べていたと思われる。ところがだ、地球が寒くなってきたので尻尾のないサルが快適に住んでいた環境が破壊された。これがたぶん、サハラ砂漠ができた頃で、ヒトとチンパンジーの共通の先祖が住む森が狭くなったのだ。さあ、どうやって生きのびようか？

チンパンジーの先祖は森に残ることにした。ヒトの先祖は、森から出て新しい生活環境を探す旅に出た。実際には、まだ森が残っていた地域の尻尾のないサルが森に残り、本当に森がなくなって追い詰められた、ごく一部の尻尾のないサルが新天地を求めて旅立ったのだろう。旅立った奴らの子孫がヒトの先祖だ。ここでヒトとチンパンジーの道がわかれた。

ヒトの先祖が森を出たらサバンナだった。そこにはヒトを餌にする肉食獣がいた、のである。

今でもチンパンジーの天敵はヒョウで、天敵のいそうにないゴリラですら子供や弱った個体はヒョウに狙われる。大型のネコ科動物こそが我々尻尾のないサルの天敵なのだ。

そいつらに襲われたら、走って逃げて木の上に登るのが一番だ。ヒトを含む多くのサルは樹上生活に特化していた歴史があるので、木の枝をつかむのに適した手足を持っていた。多くのサルの仲間は手だけではなく足でも木の枝につかまる機能を持っているが、ヒトの先祖はサバンナで肉食獣とかけっこをすることになったので、いつしか足で木の枝をつかむのは諦めて、地面を早く走れる方向にシフトチェンジした。こうして二足歩行が始まった、と思われていたが実情はそうではなかったらしいことが最近になってようやくわかってきた。

我々ヒトと近い親戚であるゴリラとチンパンジーは、地面を歩く時には主に両手をついてナックルウォークしますね。だからヒトの先祖もナックルウォークしていて、そこから進化を重ねて（その間に、何種類ものヒトの仲間が誕生しては絶滅したと思ってください）直立二足歩行にシフトしたと思われていたのだが、さらに古い親戚にオランウータンがいたことを思い出してほしい。オランウータンはナックルウォークしないのである。さらに古い親戚にはテナガザルがいた。

つまり我々の遥かに遠い祖先は樹上生活者だったので、基本的に木の枝にぶら下がり、たまに地上に降りると、今のヒトよりはいささか頼りない歩き方で二足歩行していたようなのだ。その頃の祖先たちは足で木の枝を掴むことができたから、枝の上で立ち上がり二足歩行状態をとることもできた。

これは忘れがちになるのだが、ヒトが進化してヒトになったようにゴリラやチンパンジーも進化して今の姿になったわけだ。ゴリラもチンパンジーも、ヒトの先祖と枝分かれした後、主に樹上で生活をしていた頃よりは身体が大きくなったから、進化の過程でそれぞれに適応して、言ってみれば彼らなりの歩行システムとしてのナックルウォークを編み出した、らしい。だから、ヒトの先祖はかなり早い時期から直立二足歩行を始めていた、というのが最新の学説である。

ともあれ、ヒトの両手は自由になったので、これを器用に使えるように進化した。こう書くと、自分の意思で選択したみたいに思われるけど、もちろん考えてその道を選んだわけではなくて、そういう個体が生き残り子孫を残しただけです。未来への選択肢を自分で考えて選ぶ、なんてことを人類が始めたのはおそらくそんなに古い話ではない。

遺伝子の変化と、文化の進化という両輪をフルに使って人類は現代の文明を築いたわけだが、文化の力が遺伝子の変化を大きく上回るようになったのは、おそらくこの一万年くらいだろう。鍵となったのはおそらく、農耕生活と定住である。それ以前のホモ・サピエンスは集団で旅をしながら狩猟採集生活を営んでいたわけだが（だからヒトは世界中に生息しており、ごく少数ではあるが今もそういう生活を続けている人たちもいる）畑を作って定住することで、更に大きな集団を築くことが出来るようになり、文化を蓄積する能力もそれ以前より高くなったと考えられる。

チンパンジーとわかれた後も、ヒトは何度も分岐してきた。何種類もの人類が誕生して、複数のヒトが地球上に存在していた。チンパンジーも枝分かれしてチンパンジーとボノボになった。

これはどっちもまだ生存している。今わかっている限りでも、ホモ・サピエンスとネアンデルタール人、デニソワ人が同じ時代に生きていた。この三者はそれぞれセックスして子供を産むことができたので、純粋なネアンデルタール人やデニソワ人はいなくなってしまったけれども、今生きているホモ・サピエンスの二パーセントくらいはネアンデルタール人やデニソワ人の遺伝子を受け継いでいる。おそらく、ネアンデルタール人もデニソワ人もチンパンジーのパントフートのようなコミュニケーション方法は持っていたのではないか。

実際、霊長類の脳と認知の専門家であるディーン・フォークはチンパンジーやゴリラのパントフートに、音楽の原型があるのではないかと考えている。パントフートには楽曲としての構成があり、導入部から、盛り上がりを経て絶頂へと達し、最終的に沈静するのだという。オペラか。それともコンセプトアルバムか。盛り上がりがあって絶頂に達し、沈静するというのはセックスに似ているのが興味深い。おそらくは極めて本能的な行動なのだ。興味深いのはパントフートには「明確な指示性」がないのだという。「明確な指示性」とは何か?

鮮やかな青色の睾丸を持つことで知られるベルベットモンキーはヒョウ、ヘビ、ワシという三種類の天敵を見つけるとアラームコールを発する。要するにヘビが来た時とワシが来た時では違う叫び声を出すのだ。子供のベルベットモンキーは大きな鳥を見つけたら無差別にワシアラームを出してしまうが、大人になるとちゃんと猛禽類だけを見分けてワシアラームを発する（ほとんど言語ですな）、これが指示性だ。そして、チンパンジーやゴリラのパントフートにはベルベットモンキーのような使い分け機能はない。

どうやらパントフートは仲間が集って盛り上がるためだけにやっているらしいのである。ノリ重視だ。このことから、パントフートはヒトの音楽のプロトタイプではあっても、言語つまり言葉の直接のプロトタイプではないということになる。この件に関してはニュージーランドの心理学者で『言葉は身振りから進化した』の著者であるマイケル・コーバリスもおおむね同じ意見だ。

我々の先祖がいつ頃から言葉を使い始めたのか。また、それはどのように始まったのかに関しては諸説あってまだ答は出ていないが、言葉と音楽はかなり深い関係にある。

まず、我々ホモ・サピエンスは音楽と言語の使用を同時にやれますね。てか、言語を使えるのはヒトだけだから歌詞のある歌を唄うことができるのはヒトだけだ。すまんけどオウムや九官鳥のことは今は無視してください。ただし鳥を筆頭に歌う動物はたくさんいる。ゴリラのドラミングなんかは明らかに演奏だろう。ちなみに、鳥の囀りにも流行り廃りがあることが、一部の鳥類で確認されている。つまり、鳥の世界には流行歌があるわけです。となると、鳥の歌声は文化としての音楽という側面があることになる。

しかしながら、言葉を乗せた歌詞のある歌はヒトにしかない。わかりやすく言うとメッセージソングである。ただし、鳥や他の動物にも、求愛であるとか、天敵を見つけた時の呼びかけ声とか、メッセージソングに値するようなものはあるし、一部の鳥に至っては明確な指示性のある言語まであることがわかってきたから、ヒトの場合は、極端に複雑なメッセージソングを作って歌うことの出来る動物ということになる。

ちなみにコーバリスは、ゴリラたちの祝祭についてこう書いている。

ドラミングと呼び声の一体化は現代の人間ではいったい何に相当するだろうか――たぶん、ロックコンサートである（M・C・コーバリス『言葉は身振りから進化した』四九頁）。

そんな気はしていた。

③ なぜ歌うのか？　なぜ踊るのか？
なぜ戦うのか？

人間がなぜ歌を唄うのか？　という話はかなり根源的で、単に唄うだけではなくチンパンジーやゴリラのパントフートのように仲間と集まって皆で我を忘れてノリノリになるという点が重要である。

ロックコンサートに行ったことのある人なら体験的に知っていると思うけれども、皆でノリノリになると一体感が生まれますね。そして、大勢でノリノリになった時にヒトは、個人の力ではできないようなことを達成してしまう力がある。基本的に道徳心のあるヒトが、戦争とか暴力革命、クーデターみたいな野蛮なことをやれてしまうのは、集団でノリノリになるからだろう。ということは、ノリノリになった時の我々ホモ・サピエンスは時として危険な生き物になり得るのだ。

ヒトはチンパンジーやゴリラと同じように集団で生活する動物だが、ヒトが作る集団はチンパンジーやゴリラとは違って人数制限がない。チンパンジーやゴリラの集団は人数が増え過ぎると分裂したり、他の集団に移籍する個体がいたりして、どこまでいっても「村」くらいの規模におさまる。

ヒトだけがやたらと人数の多い「国家」みたいな集団を作ることができる。逆に言うと国家間の戦争は規模が大きいから凄惨な事態を引き起こすけれども、客観的に見ると類人猿の縄張り争いみたいなものだし、フランス革命だってボスザルの地位を争う闘争と変わらない。

フランス革命というのは歴史上、割と扱いにくい出来事で、高邁な理想を掲げて市民革命を行った結果、理想は達成されたかに見えたけれども実はナポレオンという凶悪なボスザルが誕生してしまった、みたいな話である。

昔はフランス革命というのは良い出来事だと言われていた。それに対して、いやいや、フランス革命って大惨事ですがな！　と批判したのがイギリスのエドマンド・バークという人だ。彼が書いた『フランス革命についての省察』を読むと、フランス革命を批判するというよりは、自分の国であるイギリスに流行としての革命ブームが波及してくるのを恐れているように読み取れる。

二〇世紀においては、ロックンロールが流行ると若者の風紀が乱れると言われたものだが、バークは革命が自分の国で流行ると秩序が乱れてしまう、と革命を恐れていたわけだ。流行の本質はおそらくドーキンスが提唱したミームで、我々の社会は時としてミームに大きく左右されるのだ。

それから幾星霜、今ではフランスサイドからもフランス革命はやり過ぎた、あれは大惨事だったという見方が定着している。これはつまり理想と現実の乖離ですね。

この、理想と現実の乖離という現象は、幾度となくヒトを悩ませてきた。産業革命が起きて社会全体を工業化したら、皆が幸せになれる、と思ったら、工業化が公害を運んできたわけです。

理想と現実の乖離はおそらく、何かにつけヒトという動物がアクセルを踏みすぎ、ラチェットを回しすぎるから頻繁に起きる。これに対しては落ち着いて軌道修正するしかない。

我々は頻繁に問題を起こす動物であると同時に、根気よく問題に対処しようとする動物でもある。三歩進んでは二歩下がる、という感じのトライ&エラーを繰り返し、何か失敗する度に軌道修正を重ねて巨大な文明を築いた。

軌道修正こそが人類の叡智ではないかと思うわけだが、この軌道修正というのは、それまでの流れを客観的に見て問題点を洗い出す作業である。つまり自分たちの行いを客観視するというメタ的な認知が必要であり、なおかつそれが可能であったからこそヒトはここまでの文明を築いたのである。ヒトの文化においては常に客観視、メタ的な認知こそがキーポイントなのだ。

わかりやすく言うと、ヒトは二回考えないと正しい答えにたどり着けないことが多い動物なので直感的に、かつ衝動的に何かを行った後で、それを反省して検証するという段取りを踏まないと安全に社会を運営できないようなところがある。どうやら我々は社会的な単位においても二重過程理論で動く動物であるらしい。大切なのは二つの心を使いこなすことなのだな。

ヒトの文化がここまで進歩した理由は何かというと、直立二足歩行にしたからだとか、脳が巨大化したからだとか、言葉を生み出したからだとか、諸説あるわけだが『火の賜物』という本で霊長類学者のリチャード・ランガムが着目したのは肉食と火の使用だった。つまり、肉を加熱調理したから人類は進歩したのだという説です。

生の肉の塊をかじるのと、薄く切って焼いたり煮込んだりした肉を食べるのでは、どちらが消化しやすいだろうか。考えるまでもないですね。タルタルステーキにユッケ、ドイツのメットと生の肉を食べる文化は各国にあるが、いずれもミンチにしたり細かく切ってある。生肉は消化しにくいのだ。

基本的に雑食であるチンパンジーも、時々は肉を食べる。主にアカコロブスという小型のサルを狩って食べるのだが、素手で殺して引き裂いて食べるわけだから食事にかける時間がめちゃくちゃに長い。それに比べて我々ヒトは調理されたハンバーガーをあっという間に食べてしまう。

当たり前の話だが、一つのハンバーガーやカツサンドを生み出すためには、膨大なプロセスが必要となる。小麦の栽培、牛を育ててミンチにするまでの作業、ケチャップを作るためのトマトの栽培、ピクルスを漬けるための酢の醸造、細かく分けていくと気が遠くなるくらいのプロセスを経てハンバーガーは作られている。

ミンチにした上に焼いてあるお肉は、チンパンジーが何時間もかけて咀嚼するアカコロブスの活け造りよりもずっと食べやすく消化しやすい。ヒトやチンパンジーが肉を食べる理由は簡単で、脂肪分を含んだ高タンパクなお肉は栄養価が高いからだ。だからこそチンパンジーは一日がかりでアカコロブスを捕まえ、素手と牙を使って引き裂き時間をたっぷりかけてクチャクチャと噛んで食べる。つまりチンパンジーと我々とでは、食事にかける時間が、言い替えれば食事に割くリソースが全然違うわけだ。

この違いがどこから派生したかというと、ホモ・サピエンスが分業制度を確立したからである。ハンバーガーチェーンの店員さんが牛肉をミンチにする作業を行うわけではない。ハンバーガーにはさむレタスを栽培するのも、バンズに使う小麦粉を製造するのも、それぞれ別々の職種の人たちによる仕事である。ありとあらゆる作業を分業化することで、我々は豊かな生活を獲得したわけです。

集団で生活する生物としてはハチやアリといった昆虫がよく知られているが、ヒトやチンパンジーといった霊長類は昆虫よりも個体差が激しい。大柄で力持ちな人もいれば、小柄で手先が器用な人もいる。つまり人によって得意分野が違うわけで、我々はそれをよく知っており、生きていく上で職業を選ぶ際にはできるだけ自分に向いた仕事を探そうとする。語学に自信のない人は通訳になろうとは思わないだろうし、筋力に自信のない人はあまり運送業や土木工事の仕事をしたいとは思わないだろう。たとえば、働いていた会社がいきなり倒産して、新たな職場を見つける必要がある場合においても、ヒトは出来るだけ自分に向いていそうな職種を探すものである。

たとえばロックバンドというのは、ヒトが作る職能集団の中で最もチームプレイに特化した、最小人数で構成される集まりだろう。ギターが上手い個体がギターを、ベースが上手い個体がベースを、ドラムが上手い個体がドラムを担当する。最低限で三人いればロックバンドは成立し、彼らが奏でる音楽には大勢のホモ・サピエンスをノリノリにさせる力がある。

もちろん、アコースティックギター一本で大勢のヒトをノリノリにさせることができるアーティストもいるのだが、アンプラグドで音が届くのは数十人が限界だろう。スピーカーやアンプといった文明の利器を使うと、野球場に詰めかけた数万人のホモ・サピエンスをノリノリにできる。また、人類は録音機や映画といった記録メディアを発明したから、その光景を記録して再生することができる。バンドのメンバー以外にも音響スタッフであるとか会場の警備であるとか、様々な職種の人達が集まってスタジアムでの公演が可能となる。

つまり全体を動かしているのは分業制度である。分業は新たな雇用を生み出し、我々の生活を豊かにしたわけだ。ロックスターになりたい若者が大勢いたとして、その誰もがロックスターになれるわけではないのはご存じの通りだが、ロックは様々な雇用を生み出したので音響機材のメーカーや楽器メーカーの社員、はたまた楽器屋やレコード店の店員さんという形でロックと関わりながら生活できる人たちが増えたわけだ。

集団で生活する哺乳類においては、各々の得意分野をはっきりさせて、各々の得意分野に専念した方が全体としての効率、パフォーマンスは圧倒的に高まる。チンパンジーがアカコロブスを狩る際にも集団で襲いかかるのだが、チンパンジーの狩りにはチームプレイの要素が少ない。個々のプレイヤーは優秀なのだが、チームとしての合同練習をしていないサッカーチームみたいなのだ。

それに比べると初期のホモ・サピエンスが行っていた狩猟はかなり優れたチームプレイであったと考えられている。何しろ、我々の祖先は地上では最大の動物である象を狩って食べていたのだ。自分よりも大きな動物を狩って食べることのないチンパンジーから見たら、巨大な象に襲いかかるヒトの群れは狂気の集団に見えたのではないか。象を襲うというのは、通りすがりのチンパンジーから、あいつら無茶しやがって、と呆れられてもしょうがないほどに、とんでもない行為なのだ。

集団になって象を襲う動物としてはヒトの他にライオンがいるのだけれども、ライオンは滅多に象を襲わない。一対一のタイマン勝負ならライオンは象に勝てないからだ。それに対してヒトは、個体レベルではサバンナで最も弱い動物なのに、集団で象とも戦うしライオンとも戦うのである。

象のように巨大な動物を狩るためには、高度なチームワークと細かい役割分担が必要となる。また、狩った象を解体する際にも役割分担が必要だ。ヒトには個人差があり、得手不得手があるので足の速い個体がチームを組んで象を追いかけ、肩に自信のある個体がまたチームを組んで槍を投げつけたのだろう。

獲物の皮を剥いで肉を切り出したり、皮をなめして衣服に加工するのにも専門的な知識と技能が必要になるから、歳老いた専門家は若者に自分の技能を伝授しただろう。ネアンデルタール人が使っていた石器は、かなり高度な技術がないと作れないもので、師匠から弟子に時間をかけてノウハウを伝授するための教育システムが既に確立されていたらしい。分業と学習教育、この二つの制度がヒトの先祖の文化を大いに躍進させたと考えてよいだろう。

たとえば家を建てる時には大工さん、電気屋さん、ガス屋さん、水道屋さんといった専門職が集まってきてユニットを結成する。それぞれの専門職ユニットに、棟梁と呼ばれるリーダーがいて熟練の職人がいて、見習いがいて、という風に複数の人間で構成されている。この、専門職の分業化と細かいユニットを結成する能力というのは凄いもので、個人では絶対になし得ないような大きな仕事を可能にする。

ご存知のように、ビートルズは組織構成員が四人しかいないのに、世界的な成功をおさめた。たった四人で世界を永遠に変えてしまったのである。それはもう大勢の人たちが右往左往した結果、大勢の人たちをギロチンで処刑することになったフランス革命と比べたら、コスパという面で大違いである。

その後に起きたロシア革命や日本の明治維新も同じように、フランス革命のような近代化は劇薬で、それを行った意味は確かにある反面、無駄に有能な人が死ぬのでやたらとコスパが悪い、わけですよ。これはもう、ヒトの歴史における躓きの石である。コスパの良い形で世の中を変えるとしたら、革命よりも人びとの意識をじわじわと変える方が良い手立てなのだな。

ロックバンドは、ヒトが生み出した分業制ユニットの中でも最も効率の良いシステムの一つだろう。最小限ギター、ベース、ドラムの三人がいれば成立して、たった三人で世界的な知名度と財産を手に入れることができる……かもしれない。ただし、平均的な成功率は大工や電気屋よりも遥かに低いのだが……。

考古学者のスティーヴン・ミズンは『歌うネアンデルタール』という著作の中で、言語を持たなかったネアンデルタール人がHmmmmmという言語のプロトタイプのようなコミュニケーション方法を使っていたのではないか？　という仮説を論じている。

Hmmmmmを簡単に説明するとですね、赤ちゃんや子猫に話しかける時に、どういう語り口になるかを想像してください。我々は赤ちゃんに話しかける時にはナチュラルに、あばばばば〜とか言ってしまうわけだが、ミズンの言うHmmmmmコミュニケーションはそれに近いものだ。ネアンデルタール人は、進化したあばばばば〜とジェスチャーの組み合わせで、高度な石器の作り方を師匠から弟子へと伝授していたらしいのだ。そして高度な技術を持った個体は、年老いてからも教え子となる若者たちから尊敬されるから、集団の中に秩序が生まれる。

我々の文化は今も色んな分野において、名人だとか達人、マイスターと呼ばれるような人たちに称賛を送るしきたりというか習わしがあるが、あれはおそらくホモ・サピエンス誕生以前から続いてきたものなのだ。スーパーギタリストが若者たちから、羨望の眼差しで見られるのもまた何十万年も前から続いてきたことなのである。

そしてヒトには象のような大型の動物を狩る以外にも、チームを組んで戦う必要があった。我々の先祖が住んでいたと思われるサバンナ地方には、ライオンの先祖も住んでいたからだ。

ヒトとライオンが戦えばか弱いヒトに勝ち目はないし、短距離走に関してもライオンの方が圧倒的に早い。飢えたライオンを、たとえば現代社会のオフィスや電車の中に放したら、ライオンによる一方的なお食事会が始まるだろう。阿鼻叫喚である。

我々の祖先がライオンの祖先からどうやって身を守ったかについては、ジョージア出身の音楽学者ジョーゼフ・ジョルダーニアが『人間はなぜ歌うのか？』という本の中で面白い仮説を唱えている。ヒトの先祖は、集団で横並びになってライオンの祖先を大声で威嚇したというのだ。

そこにあったのは戦いのための叫び、シャウトである。顔や体にはペインティングをほどこし、毛皮の服を着ていたかもしれない。両手には石を持ち、石と石とをリズミカルにぶつけて音を出し、襲いかかってくるライオンには全力で石をぶつけた。

あまり知られていないようだが、ヒトには他の哺乳類よりも極端に秀でた能力があって、それは物を遠くまで投げる能力とマラソン的な長距離走の能力だ。短距離走でヒトよりも速い動物はいくらでもいるが、そういった動物の多くはトップスピードを長時間維持するような芸当ができない。多くの哺乳類は獲物に襲いかかる瞬間だけ、もしくは自分が獲物になりそうな瞬間だけトップスピードで移動する能力に特化しているのだが、ヒトだけがマラソンのような持久走を行う能力に長けているのである。

これはおそらく、じわじわと時間をかけて大型の獲物を追い詰めるために獲得された能力ではないか。象を狩るのは大変なことなのだが、持久戦に持ち込めばなんとかなる、のである。この、戦力に差があっても持久戦に持ち込めばなんとかなるというロジックが、たとえばベトナム戦争等においても有効であったことを考慮すると、割と怖いなホモ・サピエンス。

投擲能力に関していうと、ヒトは文句なしに化け物である。ゴリラやチンパンジーも物を投げることがあるけれども、彼らに野球のボールを渡して投げさせたとしても五メートルくらいしか飛ばないのだ。それに対してヒトがボールを投げた場合、子供でも二十メートルくらい投げてしまうしプロのアスリートなら軽々と百メートル以上遠くまでボールを投げる。ヒトは進化の過程で、その手につかんだ物体を遠くまで投げるための骨格と筋肉を獲得したのだ。

ゴリラやチンパンジーは何かを投げる時に手しか使わないから遠投ができない。ヒトは肩から背中の筋肉、更に全身の骨格を使って物を投げるから驚異的な遠投が可能になるのだ。石ころは石ころでしかないが、ヒトがそれを掴んで投げた瞬間に殺傷能力のある兵器になる。遠くにいる何かを、それで仕留めるという発想があったからこそ、ヒトは銃であるとかミサイルを発明できたわけで、ヒトのような投擲能力のないチンパンジーやゴリラの文化が今よりも発達したとしても、おそらく銃やミサイル、飛行機を発明することはないのではないか。

ヒトはライオンよりも華奢な動物だが、二足歩行をするから顔の位置はライオンよりも高い。だから集団で横並びになると巨大な化け物に見えた。確かに、こんな動物は他にはいない。また、ヒトは投擲能力が発達していたので、投石によってライオンに大きなダメージを与えることもできた。

この仮説を読んだ時は、そこに描かれるヒトの姿があまりにも珍妙なので笑ってしまった。何しろ全身にペインティングをして横並びで叫ぶのだ。まるでジーン・シモンズ率いるキッスみたいではないか。しかし、考えれば考えるほど、この仮説には説得力を感じる。これくらいのことはやらないと、ヒトがライオンに立ち向かうのは不可能ではないか。

ジョルダーニアは、こうやってライオンと対峙したヒトの集団は「戦闘的トランス状態」になっていただろうと言う。そう、集団で忘我の状態になるパントフートと似たような現象です。集団で我を忘れると、仲間同士の間に隔たりがなくなるから何らかの敵と戦う時には都合が良いのだ。個人としてのホモ・サピエンスはひ弱な動物だが、集団になるとかなり強いのである。ライオンや象と戦える動物などヒトの他には存在しなかった、のである。しかも、こいつらは海に進出すると鯨を狩るようになった。つまり我々は、力を合わせれば自分より巨大な相手でも倒せるはずだという考え方を昔から持っていたのである。やっぱり怖いなヒト。

現代においても、軍隊で訓練を行う際にはリズムが重視される。ドラミング自体は、同じ祖先を持つゴリラやチンパンジーも日常的に使うコミュニケーションツールなのだが、ヒトはそれを戦闘にも転用したのである。

パントフートは、集団が一体化するための平和なツールだけれども、ヒトはそれを軍事利用したともいえる。ヤバいなホモ・サピエンス。とはいえ、そうしなければヒトの祖先は生き残ることができなかったのである。

ゴリラとボノボは、チンパンジーやヒトと比べるとかなり平和的な動物なのだが、彼らがそういう風に進化したのはどうやら環境のおかげらしいのだ。ボノボはコンゴ盆地の熱帯雨林にしか住んでいない。そこはある意味楽園で、チンパンジーや野生のヒトと比べると、ネコ科の肉食動物に襲われることが少ないのだ。

あくまで例え話になりますが、チンパンジーやヒトはボノボよりも治安の悪い土地で育ったので、いささか暴力的なのだ。ただし、ヒトの凶暴性とチンパンジーの凶暴性に共通した点があるのは事実だが、それがヒトとチンパンジーとの共通の祖先から受け継がれたものなのかどうかはわからない。それぞれに、似たような経緯があって、似たような凶暴さを育んだのかも知れない。

少し整理しよう。集団で生活するゴリラ、チンパンジー、そしてヒトはリズミカルなジャムセッション＝パントフートを行うことによって仲間たちと一体化することができた。その中で、ヒトは自分たちよりも大きな動物を狩ったり、ライオンと戦ったりする必要があったので、パントフートで一体化する機能を、戦闘的に使用するようになったわけだ。だからヒトという動物においては、平和と戦争が背中合わせなのですね。

輪島裕介の『踊る昭和歌謡』によると、西欧の先進国では、一九世紀に真面目な音楽会を開くコンサートホールと、娯楽的な音楽施設が分離していったという。クラシック音楽は貴族的な人たちの鑑賞に特化し、大衆のための音楽はパリならばキャバレー、ニューヨークならミンストレル、と分化していった。何のことはない、大衆はずっと踊っていたのだ。

こういった音楽の細分化は、アフリカにいた類人猿がゴリラやチンパンジー、そしてホモ・サピエンスへと分岐した進化の系統樹に似ている。文化もまた進化するのである。ただしヒトが作る文化の進化は、遺伝子によってゴリラの先祖がマウンテンゴリラとローランドゴリラに分岐するよりもずっと速いスピードで分岐が行われる。そして進化というのは基本的に、必ずしも良い方向に向かうわけではない、ただひたすら分岐するだけだ。

文化というのは継続しているうちに洗練される傾向がある。西欧音楽がクラシックという洗練された芸術になったのはある意味必然的なことだろう。これも一種の文化進化だ。そして、自分たちのやっている音楽を高尚な芸術として認められたいと思うのは人情である。二〇世紀に誕生したジャズやロックの中からも、芸術化する流れが生まれた。ジャズからはモダンジャズが生まれ、ロックンロールからはアート・ロックやプログレッシブ・ロックが出現した。

ただし、クラシック音楽であっても、たとえばベートーベンの交響曲第九番を大勢で合唱すると、一体感が生まれ、パントフート的な集団的な高揚感が生じることは御存知の通り。音楽というのは物理的な振動であり常に肉体的な体験なので、文化的に洗練されて芸術的になっていったとしても、本能に根ざしたパントフート的なノリは消え去らないようだ。

そして音楽においては、芸術的な洗練に向かうベクトルとプリミティブでポピュラーな方向を目指すベクトルとが真逆になるとは限らない。ロックに先立ってポピュラーな、大衆が踊れる音楽として誕生したジャズは、わりと早い段階で芸術的なイノベーションが起きたジャンルである。

チャーリー・パーカーやマイルス・デイヴィスといった人たちのモダンジャズと呼ばれる音楽を聞くと、すぐには良さがわからない。芸術なので敷居が高く感じられるのですね。良さげなのはわかるけれども、なんだか難しい。

ところが、マイルスのアルバムを聞いていくと、明らかにパントフート的な集団でノリノリになるようなアルバムに出くわす。具体的に言うと一九七五年から翌年にかけて発表された『アガルタ』『パンゲア』というアルバムだ。これらは芸術性を追求したモダンジャズが、プリミティブでズンドコ踊るパントフート的な境地にたどり着いた作品であるように思われる。

これらのアルバムが発表された一九七〇年代の半ばは、紛れもなくロックの全盛時代だったわけだが、同じ時代を制覇したロックバンド、レッド・ツェッペリンは初期から芸術性は高かったが、それと同時にプリミティブなパントフート性が高い。ツェッペリンの曲はバラエティに富んでいるが、その要はリズムで、ジョン・ボーナムのドラムソロを電気的に加工した「モントルーのボンゾ」はどこか架空の国の民族音楽のようだ。

つまり、マイルスとレッド・ツェッペリンは、それぞれ違うルートで音楽を突き詰めた結果、洗練されたアート的な音楽でありつつパントフートのようなプリミティブな表現にたどり着いたのである。

モダンジャズもロックも、源流にあるものは同じ、アメリカの黒人奴隷の音楽である。ロックの正体を探るためには、歴史をさかのぼって奴隷貿易に目を向ける必要がありそうだ。

④ 奴隷と自己家畜化のロックンロール

ロックが黒人音楽と白人音楽の融合の産物であることはよく知られている。その頃のアメリカにいた黒人といえば、ほとんどがアフリカから奴隷として連れてこられた人たちの子孫だった。奴隷制度の歴史は古いが、アメリカ大陸が発見されたことから新しい局面を迎える。ヨーロッパとアフリカ、そしてアメリカ大陸を行き来して人と物資を運んだ、いわゆる三角貿易が始まったのだ。

イギリスにおいて奴隷貿易の拠点となったのが、ビートルズを生んだリヴァプールという港町であったことはかなり重要ではないか。リヴァプールは港町であったが故に、二〇世紀に入ってからも、いち早くアメリカのレコードが入ってきたのである。ビートルズ以降のロックが、基本的に英語の音楽であり、アメリカとイギリスが互いに影響を与え合い、更にアフリカのリズムを取り入れたりもして進歩を続けたことを考えると、ロックの歴史は三角貿易を微妙に踏襲しているし、好意的な見方をすれば奴隷貿易でさんざん使われた航路の平和利用だったとも言える。

民族音楽というのは、本来そんなにポピュラーなものではないのだが、たとえば隣接した土地で似たような民族音楽が成立する理由はわかる。日本の国内でも大阪の河内音頭と滋賀県の江州音頭はそれなりに似ていつつ、よく聞けば違いがわかる。とはいえ外国の人が聴いたら同じジャンルだと思うかもしれない。

いわゆるクラシック音楽も、言ってみればヨーロッパの一部の民族音楽な訳だが、世界中に広まったのはなぜかというと、クラシック音楽を含むヨーロッパの文化が、世界史の中で覇権を握ったからである。大英帝国が文化の覇権を握ったのだ。だからこそ、世界中の先進国の人々が日本では洋服と呼ばれるスーツやネクタイを身につけているのである。

もちろん洋服は先進国で生まれた文化なので、機能的にも優れており、現代の我々は便利だからTシャツやワイシャツ、ジーンズ（アメリカで炭鉱夫の作業着として丈夫に加工、というか再発明された西欧式のズボンである。ロックンロールの誕生以降、世界中の若者がこの作業着をファッションとして選択するようになった）にスラックスなどを着ているという面もあるのだが、その背景にあるのは、産業革命とヨーロッパの植民地主義である。

植民地主義を経過した近代以降、ある種の貿易によって変化し、文化進化する音楽が生まれる。ジャズやロック、そしてレゲエがその代表と言えるだろう。ご存知のように、レゲエを産んだジャマイカはスペインやイギリスの植民地であったわけで、ヨーロッパから持ち込まれた奴隷制度に苦しめられた歴史がある。だからこそレゲエは政治的なメッセージソングという一面を持つ。

そもそも奴隷というのは、人としての尊厳や自由を奪われた人たちである。彼らはいろんなものを奪われた。まず、アフリカで使っていた言葉を禁止された。宗教も奪われた。そして音楽も奪われたのだ。

多くの白人奴隷主は、奴隷たちが太鼓を使うことを禁止した。アフリカにはトーキングドラムという文化があって、太鼓の音で通信ができるから、奴隷主たちは、奴隷たちがドラムで連絡しあって反乱を起こすのを恐れたのである。アメリカにおいては奴隷を使役した白人たちもアメリカ大陸にやってきて間もない移民であったから、奴隷の反乱が怖かったのだ。

アメリカという国家のアイデンティティは、独立にあると考えて良いわけだが、独立こそ素晴らしいと思っていた人たちが自分たちが使役している奴隷の独立を恐れたのである。深いな人類。非常に面倒臭い動物なのだな。

この辺の揺らぎの責任は、実はアメリカよりも旧宗主国たるイギリスの方にある訳だが、大英帝国はその辺の歴史的な責任をスルーするのが上手い。というか、アメリカは割と短期間でイギリスよりも大国になってしまったのである。そしてその間に、我々ホモ・サピエンスの道徳は進歩してしまった。だからこそ現代の我々は、古の大英帝国の植民地主義も、アメリカにおける奴隷差別も、同じ様に批判的な視点で見ることができるわけだが、こういう黒歴史的な問題というのは、リアルタイムで客観視できるようなものではない。長い時間が経ったからこそ、歴史を高い位置から俯瞰的に眺めることが可能になったのだ。戦争などの過去の悪い出来事を、長い時間が経った後で批判するのは簡単なのだが、その時その場で批判するのはかなり難しいのである。

先に述べたように客観視、メタ的な認知は人類の叡智なのだが、オンタイムでそれを行うのはかなり難しいのである。そもそもヒトを含むすべての動物は、自分が今行っていることが客観的に見てどのような行為なのかを把握するのが難しい、のである。

たとえば貴方はカニを食べている最中に、自分が行っている行為を客観的に分析できるだろうか？　たとえば貴方がある程度、専門的な知識のある人であれば、カニを食べながら「ふむ、やはりこの時期のワタリガニのミソは旬のケガニのミソに匹敵するのではないか」などと思考を巡らせるかもしれないが、貴方と一緒にカニを食べている人の大半は脳内で「美味い旨いうまい、殻が固い、でも美味い旨い」状態になっているのではないだろうか。ヒトはすぐに一心不乱になる動物なのだ。己の行為を客観視できるのは心が二つあるヒトの大いなる能力であるが、行為の真っ最中に、それを客観視するのは非常に難しいのである。

だから、ヒトの多くは客観視しない方が良いような行為の最中においては、できるだけ自分を客観的に見ないようにする。たとえば不倫のセックスをする最中に、それを客観視する人はあまりいない。そこで客観的な立場をとれるような人は最初から不倫しない、わけですよ。ことを終えた後で「しまった！」と客観視する人はいるだろう。ただし我々は極端に知的な動物なので、不倫を客観的に見ることで背徳的な快楽を、極上の料理を咀嚼するように味わう人もいるだろう。これは誠にいやらしい動物であるな。同様に、オナニーをする時の若者は客観視をしないだろう。終わってから客観視をして、内省的になる若者はいるだろうが、年長者としては、そんなに内省的にならなくてもいいんだよ、と言ってあげるのが優しさである（そんな機会があれば、の話だが）。

話を戻すと、西欧の植民地主義は紛れもない野蛮な行為であった。世界で最も先進的な人たちが野蛮なことをやったのである。散々、野蛮なことをやった挙げ句の果てに西欧は、植民地や奴隷制度が悪事であることに気がついた。時間をかけて、客観的な視点を獲得し道徳化を前に進めたのだ。

とはいえ、二〇世紀の前半までのアフリカ系アメリカ人の生活環境は白人と比べると良いものではなかったし、そんな黒人と負けず劣らず貧しい白人もいたのがアメリカという国なのだ。貧しい白人は貧しい黒人と近い場所で文化を共有していたから、幼い頃から黒人音楽を聴いていた貧しい白人の子供が最初のロックンロールスターになった。エルヴィス・プレスリーである。

自分たちの歴史を奪われた過酷な状況下でアメリカの黒人たちは、おそらくは自然発生的に自分たちの音楽を生み出した。これはかなり画期的なことだったのではないか。

どんな民族であっても、音楽というのは過去の文化を継承し、伝承することで成立している。ところがアメリカの黒人においては先祖から継承したアフリカ音楽の伝統をぶった斬られ、なおかつ英語をベースにして新しい音楽を生み出す羽目になってしまったのだ。だからアメリカの黒人音楽は民族音楽の一種ではあるけれども、一旦はその歴史を切断された民族音楽なのだ。

歴史を切断されたことは確かに悲劇なのだが、そういった状況下においては、ずっと続いてきた伝統的な音楽においてはなかなか起きないような新しい表現が生まれることもある。というのも、アメリカ黒人音楽に影響を受けたジャズやロックといった音楽においては歴史の切断が頻繁に見受けられるのだ。ロンドンパンクがそうですけれども、過去の大物ロックバンドを否定するわけです。そして、我々がやっているのは新しい、現代の文化を反映した音楽である、というような宣言・マニュフェストが行われる。

アフリカから連れて来られた黒人たちは、奴隷商人によって強制的に歴史を切断されたのだけれども、その黒人たちの末裔の音楽に影響を受けた白人の音楽においては、自主的に過去の音楽を否定して歴史を切断しようという動きが生まれた。これは白人の文化にレヴォリューションという概念があったからで、要するに歴史を意図的に切断することで新しい文化を生み出すという発想が白人の文化には存在していたのだ。

たとえばマルティン・ルターによる宗教改革なんてのも歴史の切断によるレヴォリューションだろう。ここで面白いのは、ルターは新しいことを行うにあたって、実は古いキリスト教の良い面を復活させようとしていたのである。つまり宗教改革はニューウェーブでありつつ復古運動だったのだ。

アメリカにおける奴隷たちの歴史が切断されたのは理不尽な暴力でしかなかったが、その黒人音楽に影響を受けた白人のロックは意図的に歴史の切断を行うのだ。ロックの歴史においては、新しく登場したバンドが、先輩格のバンドに対して、あいつらはもう古いと言うような挑発が頻繁に行われ、それがロックの活性化に繋がってきたわけだが、それは実はルター的な、先人を批判する文化の継承なのであり、それは同時にもっと古い文化をリスペクトするようなイノベーションとルネサンスの合わせ技でもあった。ロンドンのパンクスは既成の大物アーティストを否定したが、ザ・フーやキンクスには尊敬の念を露わにした。

ロックは音楽である以上、聴くだけで人から人へと伝搬するのだが、それ以外に音楽ではない話し言葉や活字といった言語によっても伝播する。ジャズ評論家やロック評論家といった職業が成立して、彼らの言葉がレコード、CDの売り上げを左右するのはジャズやロックが音楽そのものの魅力だけではなく、「それについて語る文化」と深くリンクしている証拠である。

人類の歴史において言語は非常に重要なツールであるが、言語には恐ろしい側面もある。異なった言語が出会うと、どちらかが勝ってしまい、負けた方の言語は消滅することがあるのだ。歴史上、宗教がらみのトラブルにおいては異教徒の書物を焼いたりすることはよく知られている。言語には、他の言語を侵略、征服してしまうような恐ろしい性質があるようなのだ。実際、アフリカから連れて来られた黒人たちも生まれ故郷の言葉を奪われてしまったから、一九世紀にはアメリカの黒人音楽は英語で歌われていた。

ところが言語とは違って、音楽においては異文化が遭遇すると両者が混じり合うのである。フランスの人類学者ダン・スペルベルに『表象は感染する』という本があって、文化は感染するという説が論じられている。まさにウイルスが感染するように、文化も感染するというのだが、その代表が音楽だろう。ラジオから流れてきた流行歌が頭の中に残り、ふとした時に口ずさんだりしてしまうという経験は誰もがあるだろう。あれは感染しているのです。

ロックやジャズは黒人音楽に感染した白人の音楽だと言って良いのだが、黒人の方も白人の音楽から何がしかの影響は受けており、相互で感染は起きていると考えるのが妥当だろう。ロックが黒人音楽の財産を文化的に盗用したものであることは間違いない。文化的盗用が犯罪であるとすれば、白人によるロックは、その全てが罪深いものだという話になるのであるのだが、まるでウイルスの如く感染するようなものを止めることはできないし、それを犯罪と見なすのも無理筋な話である。黒人音楽に感染した白人音楽に、また感染する黒人もいたわけである。

だから、少なくとも音楽においては文化的な盗用の責任を問い詰めるのは理不尽ということになる。黒人音楽に影響を受けた白人のミュージシャンたちは、本人がそれを意識した時には既に、黒人音楽に感染していたのだ。

外国語を学習するのは難しい作業だが、外国の音楽に魅了されるのは簡単である。我々は素晴らしい音楽に触れた際には、一瞬で魅了される一方で、どんなに素晴らしい言葉であっても、自分が知らない言語で発せられた言葉には心を動かされることがない。

たとえばマーティン・ルーサー・キング牧師の演説、スピーチは素晴らしいのだが、英語を理解できない人たちにとっては意味不明である。言葉によるスピーチは、意味を伝えるための機能は優れているものの音楽ほど無制限かつ無秩序に広範囲に影響を与えることができない。言語と音楽は、ヒトが進化してきた上でかなり近い位置にあるのだが、異文化が遭遇した時に起きる出来事は真逆なのだ。

これは、どういうことかというと、たとえば我々は自分の知らない言語を話す人と遭遇すると、ちんぷんかんになりますね。この相手と意思の疎通をするのは困難だと思ってしまうし、実際に困難である。しかし、その人が歌を唄ったり、楽器を演奏したら、我々はどういう反応をするだろうか？　歌詞の内容が理解できなくても、歌が上手ければ拍手をするし、見たこともない民族楽器の演奏であっても、その演奏が見事であれば我々は拍手をする。つまり、その音楽の背後にある文化的なコードが全く理解できない状態であっても、これは良い音楽だ！　と判断する能力を、どうやら人類は普遍的に持っているのだ。

あと、子供の無邪気な歌声なんかにも我々の魂は敏感に反応する。幼児の歌声とお遊戯の仕草に、思わずニコニコしてしまわないホモ・サピエンスはあまりいないだろう。我々ヒトの脳は、そういう風にデザインされているのだ。もしも我々が音楽という文化を持たず、言語でしかコミュニケーションできない動物だったとしたら、世界は今よりもトラブルが多く、あちこちで無駄な争いが起きていたのではないか。

一六世紀に始まった奴隷貿易の歴史の中で、白人の文化と奴隷である黒人の文化が分断されていたのは確かだ。しかし、その分断はいつまでも続くものではなかった。奴隷である黒人たちの音楽が、あまりにも魅力的だったからだ。

一九世紀にはミンストレルショーという舞台芸が生まれた。これは顔を黒く塗った白人の芸人が黒人を演じるもので、そこで演じられる黒人はコミカルに描かれていた。黒人を笑い物にしていたわけで、現在ではポリコレ的に再現不可能な文化だが、白人は白人なりに黒人の文化を理解しようとしていたのだ。後には黒人が自らミンストレルの黒人役を演じるようにもなった。白人の奴隷主と黒人の奴隷とは、文化的に分断されていたわけではあるが、お互いに歩み寄ろうとする動きは常にあった。なぜならば、同じ土地で生きている以上、セックスをして子供が産まれてしまう、わけである。

往時のアメリカでは、黒人の血が流れていれば黒人として扱われたが、世代が後になるほどに色んな肌の色を持つアメリカ人が増えてゆくのだから、そういった線引きは後の世代になるほど難しくなる。それに加えて黒人奴隷は白人の奴隷主の子守の仕事を任されることも多かった。映画『風と共に去りぬ』で描かれているように、黒人の乳母に育てられた白人が、黒人に親しみを感じるのは当然だろう。アメリカにおける白人文化と黒人文化は、いずれ融合する運命にあったのだ。

黒人は黒人で、白人の文化の中で生き延び、豊かな生活を送るために芸能の技術を磨いた。白人主体の社会の中であっても、卓越した芸能人になれば並の白人よりも社会的強者になれるのだ。『風と共に去りぬ』でヒロインの乳母を演じたハティ・マクダニエルは黒人で初めてアカデミー賞を受賞したが、元々は牧師の父と歌手の母の間に生まれ、彼女自身も歌手として頭角を表した。黒人の音楽が多くの白人にとって魅力的であったが故に、貧しい生まれの黒人がミュージシャンとして認められることで、社会的地位と資産を手に入れるというロールモデルが成立したのだ。

白人のジャズマン、レッド・ニコルズの半生を描いた映画『五つの銅貨』でニコルズを演じたのはダニー・ケイ。いわば白人による白人の音楽映画なのだが、クライマックスでクローズアップされるのはサッチモことルイ・アームストロングのダミ声である。この映画が作られた時点で既にサッチモは別格なポジションを確立していたのだ。それくらい白人は、黒人の奏でる音楽に魅了されていた。

だから、ロックやジャズといった黒人音楽をベースとする文化そのものが、白人による黒人文化の簒奪であり、搾取であるという視点は昔からあるのだが、音楽というのはヒトが生み出した文化の中で最も伝染性が強いものである以上、一概に黒人に影響を受けた白人を泥棒扱いするわけにもいかない。黒人音楽が白人文化から影響を受けた面もあるのだし、音楽こそが白人中心の文化の中で黒人たちの地位を向上させるのに貢献してきたのだ。

黒人の奴隷による音楽に関する最初の記録は南北戦争の時期に遡る。トーマス・ウェントワース・ヒギンソンという、奴隷解放運動に熱心だった牧師は南北戦争で初めて黒人ばかりで編成された部隊の大佐となった。つまりヒギンソンは牧師にして軍人で、なおかつ文芸評論家でもあった。彼は部隊の黒人たちと接する中で、彼らの音楽に魅入られ「黒人霊歌（ニグロスピリチュアル）」という記事を書き、できる範囲で歌詞を記録した。これらの黒人霊歌はアカペラで手拍子、足拍子だけで歌われたらしい。

興味深いのは黒人霊歌の歌詞がキリスト教から大きな影響を受けていることだ。ヨルダン川、モーゼといった旧約聖書に出てくる固有名詞がしばしば歌詞の中で歌われている。アフリカからアメリカに連れてこられた人たちと、その子孫がヨルダン川を直接知っていたとは思えない。奴隷たちの日常は過酷だったので、旧約聖書の言葉が一種のファンタジーとして機能したのだろう。奴隷たちは支配者の目を逃れるように夜中に集会を開き、我を忘れて歌い踊ったと伝えられている。おそらくはゴリラのパントフートにも似た、集団で忘我となる集会だ。日々の仕事が辛いからこそ、我を忘れて踊りたくなるわけです。そこから黒人霊歌（スピリチュアル）が生まれた。これがいわゆる現代のゴスペルのルーツである。

ゴスペルはおそらく、世界で最もポピュラー音楽化した宗教音楽だろう。アメリカの黒人音楽はアメリカの白人に影響を与え、イギリスの人たちにも影響を与えた。そこから更に、アメリカの黒人音楽に影響を受けたイギリスの音楽に影響を受けたアメリカの黒人音楽が出現する。

奴隷たちは、綿花の畑で仕事をしながら歌を唄った。これがフィールド・ハラーと呼ばれるワーク・ソング、労働歌である。そして黒人霊歌やフィールド・ハラーから、ブルースが生まれる。

忘れてはいけないのは、アメリカは奴隷の労働力を搾取して経済力をつけ独立した国であると同時に、奴隷解放運動がアイデンティティともなっている国だという点である。アメリカの世論調査で歴代大統領の人気投票を行うと一位になるのはだいたいエイブラハム・リンカーンなのだ。奴隷解放で知られるリンカーンがオールタイムベストなのである。

ちなみに二位が初代大統領ジョージ・ワシントンだ。リンカーンがワシントンより人気があるということは、多くのアメリカ人にとって独立戦争以上に黒人解放と南北戦争の方が重要視されているということではないか。歴史というのは基本的に全て罪深いものなのだが、近代化のプロセスでアメリカとイギリスはかなり知的に振る舞ったと言える。

ところで、一六世紀には積極的にアフリカの黒人を商品としてアメリカ大陸に送っていた白人たちが、一九世紀から二〇世紀にかけては、自分たちが散々行ってきた奴隷制度に反対するようになった。その頃、アメリカに住んでいた裕福な白人の多くは、お父さんやそのまたお父さんが黒人奴隷を働かせて、たくさん利益を得たから裕福になったわけだ。ところが、奴隷を使役してお金を儲けた白人の子孫の中から、奴隷制度に反対する声が出てくるというのは、何らかのシフトチェンジがあったのではないか？　これはどういうことかというと人々の道徳心が進化したのである。一六世紀の白人は、黒人を奴隷として売り買いしても、あまり心が痛まなかったのだ。みんながやってることなので、それが悪いことだとは思えないのである。

ところがだ、それから三百年も経つと、自分と同じ人間を商品として売買するなんてあり得ない！　無理！　という道徳心を獲得してしまうのだ。たとえば二〇世紀の初め頃の人類と、第二次世界大戦以降の人類では戦争に対する考え方がかなり違う。第二次世界大戦は敗戦国だけではなく戦勝国にとっても大きなダメージがあったので、人類全体が大きな戦争を忌避するようになった。

前に、文化もまた進化すると書いたけれども、倫理、道徳というのも我々ヒトの文化で、常に進化を続けている。人類の平均寿命が常に少しずつ伸びているのは、複数の要因が積み重なった結果なのだが、基本的には道徳心の進化と医療技術の進化が両輪となって稼働しているからだと考えて良いだろう。雑な言い方をあえてすると、道徳心が進化すると、ミクロでは殺人事件が減少して、マクロでは大きな戦争が減少する。これを文明化と呼ぶ。

ヒトは累積的な文化を有効に活用するので、常に新たな規範・法律を作る。日本でも昔は仇討ちというシステムが認められていたが、現在は廃止されている。これはどういうことかというと、個人的な復讐は良くない因果につながるので、あくまで公的な法律で裁きましょう、という話だ。たとえば家族を殺されたら、その相手を殺してやりたいと思うのは人情である。だがしかし、全ての復讐を認めてしまうと社会のルールが揺らいでしまうから、公正な裁判に任せて個人的な復讐はやめましょう、という話になった、わけである。大昔のヒトが考えた法律の一つであるハムラビ法典には、目には目をと書いてある。その時代と比べたら、道徳が進化して文明化が進んだので、犯罪者に対する罰則を、個人の復讐心から切り離すことになったのですね。

こういった道徳心の進化に関して霊長類学者のリチャード・ランガムは『善と悪のパラドックス』の中で人類の自己家畜化という視点を導入した。我々は凶暴な野獣から大人しい家畜へと進化したわけである。

家畜というと、あまり良くない印象があるかも知れないが、さしあたっては可愛い猫や犬をイメージしていただきたい。家畜化された動物の特徴はもちろん攻撃性が低下することだが、それだけではない。どの動物も、家畜化されると野生種よりは比較的小柄になり可愛くなるのである。

たとえばね、野生の狼は耳がピンと立っているのだけれども、子供の頃は耳が垂れている。ご存じのように、家畜化された狼である犬の中には成犬になっても耳が垂れている犬種がけっこういる。セントバーナードやゴールデンレトリバーのような、大型犬の耳が垂れているのは象徴的であります。彼らはデカくても可愛く見えるのだ。猫の耳はあまり垂れていないけれども、ライオンと比べると全身から可愛いオーラを放っているではないか。

つまり、家畜化というのは攻撃性が低下して大人しくなるのと同時に、小さくて可愛いやつに変化すること、らしいのである。ちいかわだ。小さくて可愛い、つまりちいかわ化こそが平和への道だった、のではないか。可愛いは正義、というのはまんざら出鱈目でもなかった。だから、我々ヒトもおそらく、野生種であった頃よりもちいかわになっているのだと思われる。

いやいや、うちの家庭には小さくて可愛いけれども凶暴なホモ・サピエンスがいるのだ、という人もいるかもしれないか、それは人類という種の問題ではなく、貴方のご家族の問題なので、こちらとしてはお悩みの相談に乗るくらいのことしかできないのである。

この、自己家畜化に伴うちいかわ問題は、実はかなり重要な疑問を我々に投げかけているのである。ヒトならば誰もが持っている、可愛い（きゅん！）という感情は、おそらくは赤ちゃんや幼児を守るために進化の過程で獲得されたものだが、それ以外にも我々がフレンドリーな社会を持続するのにも使われてきたのかもしれない、からである。

たとえば大柄な男性というのは頼もしく見える反面、怖く見えることもあるだろう。そんな巨漢が何かの拍子に照れたりして、愛嬌のあるところを見せると可愛く感じてしまう。てなことはよくあるだろう。

我々は社会的な動物であるが、ヒトとヒトとの交流はともすればストレスを生んでしまうことを、我々は経験的によく承知しているのではないだろうか。そんな中で、可愛いという感情はストレスに対する潤滑油のようなものとして進化してきたのではないだろうか。

チンパンジーやボノボも個人と個人の間で軋轢を感じ、ストレスが生ずることは多々あるようなのだが、そんな時にはハグしたりキスしたりで相手と和解するのである。ボノボのメスはお互いの性器をこすり合わせたりもする。それで平和が保てるのなら、けっこうなことではないか。

ヒトは分業と協力で激しい文化の進化を遂げたわけだが、お互いがお互いを飼い慣らすことで揉め事を減らしてきた。この、人類の自己家畜化は非常に重要なキーワードである。

我々は、赤の他人から道を尋ねられると親切に対応する。ここで重要なのは、道を聞かれた時の我々が見返りを期待していない点である。なんと親切な動物なのだろう。見ず知らずの他人に対して道筋を説明するのは、我々がお互いに親切にしあって自己家畜化を成し遂げたからなのだ。

黒人たちの音楽は、宗教的な方向と世俗の歌に一旦はわかれた。古いブルースを聴くと、そこでは女性とのトラブルや日々の労働の辛さなど、日常的なことがよく描かれている。神の国やモーゼを歌う黒人霊歌とは対照的なわけだが、ブルースは悪魔の音楽とも呼ばれた。実際、歌詞の中で悪魔が登場するブルースがあるし、ロバート・ジョンソンには十字路で悪魔と契約したから凄まじいギターテクニックを手に入れた、というフォークロアがある。ジョンソンは二十七歳で死んだので十字路・クロスロードでの悪魔との契約は伝説になった。彼の死因はよくわからない、それもまた伝説化、神話化に寄与した。

後に若くして名を成したロックミュージシャンであるジミ・ヘンドリックス、ドアーズのジム・モリソン、ジャニス・ジョプリンなどの享年が軒並み二十七歳であったために、優れたミュージシャンは二十七歳で死ぬという27クラブの伝説が生まれたが、ヘンドリックス、モリソン、ジョプリンらは端的にいうとドラッグ禍の被害者でしかない。

交通ルールが確立していない状態で、自動車の数が増えれば交通事故の件数も増えるだろう。彼らが二十七歳で死んだのは単なる偶然でしかないが、因果関係のないところに因果を見出すのがヒトという動物である。ロックという文化においては、現代の出来事なのに神話とか伝説とかが簡単に生まれてしまうのである。

これは、ロックという音楽の魅力がどのような過程を経て伝播するかという話とリンクしている。ロックは主にラジオと、ティーンの口コミ、フォークロアによって広まった音楽である。なのでロックにまつわる神話、伝説の類は都市伝説と同じようなプロセスを経て広まる。

有名なミュージシャンがドラッグに酩酊してホテルの窓からテレビを投げたとかいう武勇伝は星の数ほどあり、ミュージシャン自身も率先して無茶をしたからロックスターに憧れるティーンたちの間でそれらの出来事は神話のように語られたし、音楽雑誌もそういったスターの武勇伝を無邪気に書き立てた。皮肉なもので、新しい文化であるが故に神話とか伝説といったものが好まれるわけだ。

しかし、ロックというのは革新を謳いながら、実は割と保守的な文化である。多くのミュージシャンは自分に影響を与えたレジェンドに対してはかなり素直に尊敬の意を表する。二十歳そこそこのエルヴィス・プレスリーが三十路のB・B・キングと初めて出会った時、プレスリーはBへ尊敬の念を込め、貴方の音楽を聴いて育ったと語ったという。

プレスリーは裕福ではない白人家庭の生まれで、黒人音楽が盛んなメンフィスで育った。一〇代で黒人音楽に感染していたのだ。BBの方もプレスリーの音楽を認めている。プレスリーは彼なりの方法で黒人音楽を継承したわけだが、それはアカデミックなものではない。

アカデミックな伝統の継承というのは、茶道とか華道をイメージするとわかりやすい。宗家から宗家へと洗練された高度なスキルが受け継がれるような文化だ。

『文化進化論』を書いたアレックス・メスーディによると文化の継承には三つのパターンがある。まず重要なのは親から子へと受け継がれる縦の継承だ。これは変化する速度が遅い。黒人ブルースマンから、次世代の黒人ブルースマンに継承されるのはこのパターンだろう。それとは対照的に、変化する速度が速いのが友達から友達に伝達、感染するようなパターンで、メスーディはこれを横の継承と呼んでいる。もう一つのパターンは師匠から弟子に伝達する斜めの継承だ。B・B・キングからプレスリーへと継承されたのは斜めのパターンだと思われるが、黒人文化から白人文化へという越境、ある種の貿易が行われている。

越境はイノベーションを生みやすい。たとえば、明治時代に日本の柔道を身につけた前田光世という人がいた。この人は世界各国を渡って柔道を普及させたのだが、ブラジルに滞在した時に地元の人たちに柔道を教えたら、教わった人たちは前田の技術を吸収してブラジリアン柔術という新たな競技体系を作ってしまった。BBの音楽が講道館で鍛えた前田の柔術だとしたら、プレスリーの音楽はブラジリアン柔術（aka グレイシー柔術）だったわけだ。

ロックンロールの始まりはというと、一九五一年にアラン・フリードというラジオのDJが「レコード・ランデブー」という番組の題名を「ムーンドッグズ・ロックンロール・パーティ」に変更したことがきっかけだ。

フリードはこの番組でチャック・ベリーやリトル・リチャードといった黒人のR&Bをかけまくった。フリード自身は白人で、彼の番組も白人向けのものであった。日本人にはにわかに理解しがたいものがあるけれども、人種の坩堝と呼ばれたアメリカでは、白人向けの音楽、黒人向けの音楽というように市場が分離していたのだ。ある時、白人のティーンエイジャーたちが、黒人が演奏するR&Bで踊るのを見たフリードは、白人の若者に黒人音楽を広く聴かせようではないかと思い立ったわけだ。

彼の思惑は的中した。彼の番組を聴いて黒人音楽で踊る白人のティーンエイジャーが大勢出現したのだ。これは人類の歴史の中ではなかなかに画期的なことである。何故ならば、チャック・

ベリーの音楽に合わせて踊る白人の若者たちは、彼らの親の世代よりも黒人への偏見が少なかっただろうからだ。リンカーンの時代から幾星霜、文明化が進んでいた証拠である。

黒人解放運動で有名なキング牧師は、有名な演説の中でリンカーンの演説を引用した。一九世紀に生まれて一九世紀のうちに死んだリンカーンと、二〇世紀に生まれたキング牧師の間に直接的な面識があったとは思えないが、リンカーンの演説はアメリカという国の文化資産として広く記憶されていたから、キング牧師はそれを有効活用したわけだ。

リンカーンの演説は一回こっきりのライブであったが、一九世紀のアメリカには活字メディアがあったので色んなメディアで印刷され、永久保存されることになった。文化の要はデータを保存することなのである。リンカーンが生きているうちにエジソンを筆頭とする発明家たちが音声を録音するメディアを発明していたら、彼の演説はレコーディングされていただろう。残念なことにエジソンが蓄音機を発明するのはリンカーンが暗殺された十二年後である。惜しかった。

とはいえ二〇世紀の前半には録音技術が発達したから、戦前の黒人ブルースマンの演奏がレコーディングされ、現代の我々がそれを聴いて楽しむことができる。今では、戦前のアメリカのブルースをYouTubeで聴いた、どこかの国の二一世紀の若者がそれに影響を受けて、自分なりの音楽を発信したりできる。

フリードは一体何を発見したのだろうか。それは、消費者としての一〇代の若者たちである。

第二次世界大戦が終わって何が起きたかというと大がかりな経済成長だ。それによってティーンのお小遣いが少しばかり増えたのである。

ロックに先立って黒人音楽から生まれたのがジャズなのはよく知られているが、ロックンロールの消費者はジャズよりも低年齢層だった。一〇代の少年少女がロックンロールにお金を使えるようになったからこそ、ロックは七〇年代に世界を制したのだ。

七〇年代から八〇年代にかけては、全世界で販売されるレコード・CDの大半はロックとディスコミュージックだった。世界で最も売れたレコードアルバムはマイケル・ジャクソンの『スリラー』で、『イーグルス・グレイテスト・ヒッツ1971―1975』とAC／DCの『バック・イン・ブラック』がそれに次ぐ。音楽産業を支えていたのはまさにこの面子である。ビッグヒットが出ると業界全体が潤い、大して売れないけれども文化的な価値のあるアーティストの作品も商品化されるのである。つまりメジャーなコンテンツはマイナーなコンテンツの商品化を陰で支えているのだ。

『スリラー』に収録された楽曲に、ポール・マッカートニーやエドワード・ヴァン・ヘイレンといった白人ミュージシャンが参加していることは注目に値する。まさに黒人文化と白人文化が交差する場となったからこそ、『スリラー』は世界で最もポピュラーなアルバムになった。

異文化が交差した時には、両方の文化が前に進む。二〇世紀のアメリカで勃興したジャズやロックンロールは、まさに文化の交差だったが、それは経済成長によって消費者としての若者たちが小銭を持つようになったからなのである。

ロックンロールはティーンの間で急激に広まった。広めるためのブースター的な役割を担ったのは何かというと、日本製のポータブルなトランジスタラジオだったのだ。

先駆的なメディアとして登場したラジオは、テレビの出現によって衰退するかと思われたが、ポータブルなトランジスタラジオの出現によって息を吹き返した。テレビは一家に一台だったけれども、ラジオは一人に一台というのが可能になったのだ。

戦後の経済成長によってティーンの購買力が上がったとはいえ、レコードを何枚も買うにはお小遣いがいくらあっても足りない。しかし、ラジオがあれば、ヒット曲を何度でも聴けるのだ。

ポータブルなラジオはウェアラブルで、自分の部屋でラジオを聴くとそこは自分一人の空間になる。多くの若者にとって、自分一人だけの空間というのは魅力的であった。戦後の日本のSONYという企業が、それを可能にしたのだ。

ポータブルなラジオと電卓は紛れもなく戦後の日本が生み出した革命だ。液晶の技術を大幅に推進したのは日本製の電卓で、これがなかったら現代のスマホ文化はない。CASIOやSONYは確実に、一度は世界を変えたのである。

そして六〇年代にはコンパクトなカセットテープが登場する。大きなオープンリール式のテープレコーダーをコンパクトな規格にしたのはオランダのフィリップス社だったが、フィリップス社はこの企画を今で言うオープンソースソフトウェアのようなやり方で解放し、日本の企業にも働きかけた。この頃、既にSONYはオープンリールのテープレコーダーでは大きなシェアを占めていたのだ。

ちなみに日本の企業はオランダ人がカセットテープを発明する前から、ラジオ付きのテープレコーダーを作り始めていた。敗戦からまだ十数年、日本という国は戦前とはまた違う個性的な工業国家として欧米から注目されるようになっていた。

一九六七年に後のPanasonicである松下電器が、翌年にはアイワがラジカセを発売する。日本は、ポータブルなトランジスタラジオ、ポータブルなテープレコーダー、その二つが合体したポータブルなラジカセというカテゴリーにおいて最先端だったわけだが、一九七九年にはウォークマンという怪物的なデバイスを発明してしまう。来日公演で日本にやってきたロックミュージシャンがウォークマンをお土産に買って帰り、これは凄いぞ！　と友達に自慢することでウォークマンの存在は世界中に知られることとなった。基本的に英語圏の文化であるロックが世界中に流通したのは、戦後の日本という工業先進国がハブとして機能したからだ。そして、ウォークマンに衝撃を受けたアメリカ人が後にiPodを発明する。iPodは更に進化してiPhoneとなり、我々の生活を根本から変えてしまった。

ロックが英語圏の文化であることは言うまでもないが、日本とドイツは英語圏ではないにもかかわらず割と早い段階から自国のロックが生まれた国である。ドイツにはスコーピオンズのようなハードロックバンドから、カンやファウストといった特異なプログレバンドがいたし、日本のグループ・サウンズにはモップスもいればジャックスもいた。

言うまでもなく、この二国は第二次世界大戦の敗戦国である。日本にもドイツにも米軍基地があったので、アメリカの最新の音楽が入ってきたのだ。それは、奴隷貿易で栄えたリヴァプールという港町に、いち早くアメリカのレコードが入ってきた構図と似ている。奴隷貿易も戦争も人類にとっては負の歴史なのだが、そこに人の行き来があり流通が派生すると思わぬ副産物が生まれる。文化というのは罪の歴史を背負いながらも前に進むのである。

⑤ 協力と競走の協奏曲

初期のロックンロールはチャック・ベリーにファッツ・ドミノ、リトル・リチャードといった黒人ミュージシャンと、エルヴィス・プレスリー、ビル・ヘイリー、エディ・コクランといった白人ミュージシャンが共存していた。これはかなり画期的なことである。何故なら一九五〇年代のロックンロールには、一九六〇年代後半に盛んになったカウンターカルチャー的なイデオロギーの萌芽はあったものの、まだ本格的には政治性を有していなかった、にもかかわらず黒人文化と白人文化が共存していたのだ。

人種差別というのは我々人類が文化的な生活を営む上で最大の問題点ではある。黒人と白人では、パッと見た瞬間にかなり違うように思ってしまうわけだが遺伝子レベルで見ると違いはない。逆に、遺伝子レベルではほぼ同じなのに、日常生活における個体差が大きいのがヒトという動物の厄介なところだ。

世の中には、リズム感が悪くてダンスが下手な黒人だとか、日常会話の中で面白いギャグを飛ばせない大阪人もいて、そういう人たちは日々の中で生きづらい思いを抱えていたりする。ヒトは極度に社会性が発達した動物なのだけれども、個体差がめちゃくちゃに大きいのだ。ヒトと同じくらい社会性に依存して生きる動物としてはハチやアリがいるわけだがハチやアリは我々ヒトほど個体差が大きくない。

創成期のロックンロールを今聴くと、まさに百花繚乱である。ロックに限らずポピュラーミュージックは個性を競い合う競技のような面がある。ここがヒトの文化の面白いところで、ミュージシャンたちはロックンロールという流行を盛り上げるために協力しあっている面があるわけだが、ロックンロールという同じジャンルの中では個性を競うレースを行っているのだ。

これはスポーツにたとえるとわかりやすい。プロスポーツの競技者は、全員がそのスポーツを盛り上げるために協力し合っている関係なのだが、個人個人のレベルでは競い合っている。圧倒的に優秀なプレイヤーが現れると、普段はそのスポーツに興味のない層まで興味を示して、そのジャンルが注目され活性化する。

しかし、スタープレイヤーだけではその業界は成立しない。業界を支えているのは大勢のスタープレイヤーではない人たちであり、野球場でビールを販売する人たちもまたその業界の繁栄に貢献しているし、そのビールを飲みながら選手にヤジを飛ばす観客も業界を支える一員だ。

何らかの業界を成立させるという点で、その業界に関わっている人たちと、その消費者は全員が協力関係にあるわけだが、しかし個々のプレイヤーたちは競争をしているわけだ。この協力する力と競争する力が上手く噛み合うと、そのジャンルは大きな発展を遂げる。

今の日本だと、たとえば東京の個人経営のラーメン屋がそういう様相を呈している。個々のラーメン屋同士は言ってみれば商売がたきである。彼らは他のラーメン屋よりも美味しいラーメンを作るためのレースに参加しているが、ラーメン業界を盛り上げようとする点では協力関係にある。

Twitterで個人経営のラーメン屋を何軒もフォローしているとわかるけれども、自店とは全く違うタイプのラーメン屋の告知ツイートをRTし合っている。お互いに競い合う関係でありつつ、お互いに相手の実力を認めている場合には、進んで相手の宣伝に協力するわけだ。彼らは休日にはライバルであり仲間でもあるお店に足を運び、その味を確認し合ったりもする。ちょっとインディーズのロックバンドや地下アイドル、小劇場演劇のような趣がある。

協力と競争は相反するものではあるが、同じ文化を共有する者同士の間でリスペクトがあると、まるであつらえた歯車のように上手く噛み合い、その文化を大きく推進させる。そしてラーメン屋さんたちが競争すると、我々エンドユーザーは個性豊かで美味しいラーメンを食べられるようになるのだ。

ヒトは、ありとあらゆる局面において協力と競争を組み合わせる。生きることは生存競争だから、競争があるのはわかる。野生の動物は何よりもまず自分が生き延びるために食料を食べる。過酷な環境の中では、他人よりもできるだけ多く食べた方が生き残れる確率が高いから、他人を押しのけて自分だけ美味しいものをたくさん食べようとするような利己主義の塊みたいな奴が出てくる。

しかし、食料を独占しようとする奴がいる反面で、食料を他人に分け与えようとする親切な人もいますね。学生時代に、お弁当を忘れてきたクラスメイトに自分のお弁当を分けてあげた、みたいな記憶は誰しもあるだろう。他人にご飯を分け与えるような、親切な行動を利他主義と呼ぶ。

ちなみに南米に住む吸血コウモリは、哺乳類の血をご飯にして生きているのだが、ご飯を手に入れ損なった仲間に自分のご飯を分けてあげることがある。世間一般が吸血コウモリに抱いているイメージは、吸血鬼ドラキュラ的なダークなものだと思われるが実際の吸血コウモリはなかなかに仲間思いの親切な動物なのだ。

だからと言って、コウモリに血を吸われても良いと思う人はあまりいないだろう。吸血コウモリの利他主義には微笑ましいものを感じつつ、自分の血を吸われたいとは思わない。この辺は上手く問題点を切り分けるのがヒトの叡智ではないか。何しろ我々には心が二つあるのだからね。

我々は基本的に他人に親切な動物だが、その親切さには優先順位がある。親、兄弟、自分の子供といった血縁者は他人よりも大事にしようとする（ですよね？）。

この辺の話を理解するには、まずイギリスの進化生物学者リチャード・ドーキンスが書いた『利己的な遺伝子』を参照する必要がある。ドーキンスによれば、大前提として、全ての生物が生きるために行動する、その主体は遺伝子にある。遺伝子はとにかく自分の複製を残したい。だから動物のオスとメスは交尾をするしヒトの男女はセックスをする。だから、赤の他人よりは自分と近しい遺伝子を持つ血縁者を大事にする。自分の子供は自分の遺伝子を最も多く持っているから、最優先で大事にする。その次に大事にするのが兄妹で、その兄妹関係から派生した甥とか姪、従兄弟といった遺伝子を共有する率が高い個体を大事にする。自分の命が最優先ではあるが、自分の子供が死にそうな時には、自分の命を投げうってでも子供を助ける、というのはわかりやすい。それで自分が死んだとしても、自分の遺伝子を持った子供が生き残れば、遺伝子は残るわけだ。

『利己的な遺伝子』が出版された当時は、その主張がショッキングでラディカルに思えたけど、大筋ではドーキンスは間違っていなかった。ちなみにドーキンスはなかなかのイケメンで今までに三回結婚している。二度目の奥さんとは病気による死別なので同じく三回結婚した谷崎潤一郎のような人と一緒にしてはいけないのだが、まあモテる男性なのは事実だろう。

ただし、ドーキンスの本に書いてあることが正しいとすれば、彼が三度も結婚した理由は彼の遺伝子が自分の複製をたくさん残したかっただけだ、ということになる。『利己的な遺伝子』が読者の心にショックを与えてしまうのはこの辺の理由による。一九世紀にダーウィンの進化論が出た時も「え？　僕たちってサルの子孫……ってコト？」という感じでショックを受けた人が欧米には大勢いたという。この時は、神様がいると思っていたのに実はいなかったようだぞ、というショックと重なったのでダメージが大きかった。

『利己的な遺伝子』ショックを一言で言うと「我々はしょせん、遺伝子の操り人形なのかよ」という絶望感である。我々が胸を焦がすような恋愛をするのも、我々の遺伝子が複製を残したいだけだからなのだ。

しかしながら、全部が全部、操り人形というわけでもないんだよ、という説をとなえる人もでてきた。トロント大学の人間発達・応用心理学者であるキース・スタノヴィッチは『心は遺伝子の論理で決まるのか』という本の中で「ロボットの反乱」という言い方、ものの見方を提唱した。

これを説明しだすと長くなるので端折るけど、要するにヒトは遺伝子の言いなりに動かされているだけじゃなくて、しばしば遺伝子の目的に逆らうようなこともする。ということである。難しい本ではありますが、これはヒトの尊さを斜め上から説いた人間讃歌である。

ダーウィンによって我々の、我々ヒト自身に対する視点が更新されてしまったわけだが、スタノヴィッチが提供するのは、ダーウィニズム以降の新たなヒューマニズムである。我々ホモ・サピエンスが骨の髄まで遺伝子の言いなりになるロボットであるとしたら、プラトニッククラブなんて言葉は生まれてこなかったのではないか。

『利己的な遺伝子』の理屈が正しいとするとだ、自分の血族、身内に親切にするのは理にかなっているわけだ。貴方自身の兄妹だとか、その兄妹の子供である甥や姪は貴方と同じ遺伝子を持っているからだ。

ところが我々は（南米の吸血コウモリも含めて）直接血縁関係のない他人にも親切にできる。ここに着目したのが進化生物学者のロバート・トリヴァースで、彼は互恵的利他主義という理論を提唱した。

我々は、誰かに親切にしてもらうと、その相手に対して別の機会に恩返しをする。自分がお弁当を忘れた時に、おかずを分けてくれた同級生が、別の日にお弁当を忘れてきたら、その時には自分のおかずを分けてあげる。吸血コウモリがやっているのは、まさにこういうことで、こういった助け合いの精神が社会を豊かにすることは我々もよく知っている。

ただし、我々は親切には親切で返す素直な生き物だけれども、意地悪をされたら意地悪を仕返す生き物でもある。チンパンジーやホモ・サピエンスのように集団で生活する動物においては、自分だけで食料を独り占めにしようとするわがままな個体が出てくる。そういったズルい個体には、何らかのしっぺ返しをしないと集団の秩序が乱れてしまう。ジャイアンみたいに体が大きくて力も強いオス＝男性が食料を独り占めにして、なおかつ美女たちを独占しようとしたら非常に困ったことになる。集団の中での格差が大きくなりすぎると、その集団そのものが衰退してしまうだろう。

実際、人類の歴史を顧みると我々の社会には何度も傲慢な独裁者が現れては人々を苦しめてきた。我々の遥かな先祖が、こういった暴君にどう対処してきたかというと、力の弱いのび太的な個体が力を合わせて、暴走状態にあるジャイアンを倒したのである。レジスタンスの勝利だ。拍手。

ただし、『善と悪のパラドックス』を書いたリチャード・ランガムは、こういった弱い個体の集団による暴君への反乱と制裁を「処刑理論」と呼んだ。そう、我々はやり過ぎた個体を共同で処刑する動物なのだ。ちょっと怖いですね。

実際、我々の脳はズルいことをした奴が処罰をされたり、悪者が退治されると気持ち良さを感じるようにできている、らしい。なるほど、小説やドラマなどのフィクションにおいて、勧善懲悪の物語が大衆に人気があるわけだ。

だがしかし、よくよく考えてみるとこれは更に怖い話でもある。我々の脳は、悪が倒される物語を歓迎するけれども、時として冤罪とかで悪でない人を悪人だと思い込んでしまう場合もあるだろう。その場合、我々はピントの外れた正義感でもって罪の無い人を総攻撃してしまうかもしれない。そう考えると、正義感というのも注意して運用する必要がありそうだ。

ランガムの「処刑理論」が重要なのは、これが歴史上で人びとから愛されてきた「虐げられてきた民衆が蜂起する物語」と近しいからである。一人ひとりは弱い存在だが、力を合わせて立ち上がれば、巨大な悪に立ち向かい倒すことができる！　という物語には、ある種の心地良さがある。

ロックンロールの誕生からひと世代後のカウンターカルチャーは、かなり優しい「民衆の蜂起」だった。その辺はまた後ほど詳しくやるけれども、「民衆蜂起」の物語が庶民から愛されるのは、前提として権力者やお金持ちは悪い奴だ！　という、ある種の「物語」が共有されていたからだ。マルクスが搾取や疎外をやたらと気にしたのも、彼が生きていた時代の資本家が今よりも遥かに悪徳経営者に見えたからだ。

世の中には、赤ちゃんの行動を観察、研究する人たちがいて、それらの観察結果によれば生まれたばかりの赤ちゃんであっても、他人が困っていた場合には助けようとする動きを見せるのだという。つまり、我々の道徳心の根っこにある優しい人助けの心は、親や教師から後天的に教わったものではなくて本能のレベルで染みついているようなのだ。

もしもそうでなければ、赤ちゃんは生まれてからの数ヶ月で急速に人助けの心を学習したことになる。この場合、道徳心は最初からインストールされていたわけではないのかもしれないが、我々の脳＝ハードウェアには道徳心というソフトウェアを短期間でインストールするための仕組みがあると考えて良いだろう。

たとえば言語は本能ではないけれども、言語を習得するためのソフトウェアは最初からインストールされているわけで、道徳も同じような仕様なのではないか。そして、そんな赤ちゃんたちに音楽を聴かせると、一斉に体を動かし踊り出す。やはり音楽で踊るのも本能に極めて近い行動なのだ。

さて、ここで互恵的利他主義だけではまだ説明できない謎が残る。近所のおばさんとかクラスメイトに親切にするのはわかる。彼らは親戚ではないけれども、同じ共同体の仲間だから親切にしておくと、いずれ自分が困った時に彼らが助けてくれるだろうから。

だがしかし、我々は見ず知らずの他人にも親切にする。このヒトの互恵的な性質については昔から色んな議論がなされてきたが、最近ではオランダの進化心理学者であるマルク・ファン・フフトという人が競争的利他主義という非常に面白い仮説を唱えている。

読んで字の如し、我々ヒトは赤の他人に親切にすることを競い合っているというのだ。この仮説によると、困っている人がいたとして、その人を誰が助けるかというレースをしているということになる。

何だそれは？　と思われるかもしれないが、よく考えたら割と説得力があるのである。数人の友達が集まって食事をして、お勘定の際にその中の一人が「ここは私が支払います（全額私が出します）」と言い出した場合、すぐに他の誰かが「いやいや、ここは私が」と言い出し、また別の人が「いえいえ、私が払います」と言い出したりすることはよくある。皆であれこれ言い合った挙句、割り勘になったりするのだが、あれは「気前の良さ」を競い合っているのだ。

もっとわかりやすい例を挙げると、ヒトは日常における様々な局面で「お先にどうぞ」とか「いえいえ、貴方からお先にどうぞ」という会話を繰り広げる。この場合、ヒトという動物の習性である協力と競争が完全に合体しているのである。

時には協力したり、時には競争したり、ではないところに注目してほしい。譲り合いの精神は、協力でありつつ競争という稀有な状態である。我々は、善人であることすらも競い合う動物なのだ。私は親切な貴方よりも、より一層親切なんですよ、というマウンティングでもって親切心を競い合うのだ。

ヒトはどうしてこのような不思議な習性を身につけたのだろうか？　どっちも親切な善人なら、それでええやん！　と思うわけだが、そこに競争心が発揮されてしまうのである。

我々ヒトの祖先は親戚であるチンパンジーとは違って、やたらと生息範囲を広げる動物である。およそ二十万年前に誕生したホモ・サピエンスが三万八千年ほど前には日本列島に到達していた。チンパンジーもオランウータンも日本列島には来なかったし、ホモ・サピエンスと極めて近しいネアンデルタール人ですら日本には来ていないと思われる。ホモ・サピエンスはどこまでも遠くまで引っ越しをする類人猿なのだ。

アフリカで誕生したホモ・サピエンスがアラスカの北極圏に住んでいるのは、かなりとんでもないことで、ヒトが環境に適応する能力は、おそらく全ての哺乳類の中でもダントツに優れている。北極圏に生息する動物たちはいずれも進化の果てにアラスカの寒さに耐えうる肉体を獲得したわけだが、ヒトには文化の力があるので防寒具を使ってアラスカでの生活に適応したわけだ。おそらく、ヒトがアラスカに到着した時点で既に毛皮などの衣服を作るスキルはあったわけだが、それだけでは極北の寒い土地での生活に適応できないから、時間をかけて寒冷地で使うのに適した色んな道具を生み出したのだ。

ヒトの先祖が遠くまで移住することになった遠因はおそらく生まれ故郷の森が砂漠になってしまったとかの、環境の変化による食料難だと思われる。もちろん遠くまで移住することができたのは、直立二足歩行によってどこまでも遠くまで歩いて行ける脚と、知らない土地でも食べ物を探すための、知恵のある脳を獲得していたからである。

そして、遠くまで移住する過程においては、血縁関係のない集団と争うこともあり、逆に血縁関係のない集団同士が力を合わせて大型の動物を狩ったりしたこともあっただろう。見ず知らずの他人同士が、時には戦ったり、時には協力し合ったりするのを何万年も繰り返しているうちに、本来は相反するものである協力と競争が融合してしまったのがヒトという動物ではないのか？みたいな話です。

協力と競争は本来なら別の機能なんだけど、この相反するように見える協力と競争をヒトの脳はどうやら同じ一つのソフトウェア、アプリで処理しているらしいのだ。そして赤ちゃんの行動から察するに、このアプリはデフォルトでヒトの脳に装備されている。昔から、善と悪とは背中合わせとか言われますが、それもそのはずだ。仲間を大切にする気持ちと、仲間でない奴を阻害しようとする気持ちは、同じ心のアプリケーションの作動によるものなのだ。

昭和の時代には、不良少年（いわゆるヤンキー）同士が街で遭遇すると、顔を見ただけでケンカが始まるような文化があった。そんな時、不良少年たちはお互いに「テメェ！　何中だ⁇」と相手に言う。お互いの出身中学を質問し、確認するのである。それで、相手が自分の出身中学の名を告げると、「○○中ってことは、××さんの後輩か？」みたいな会話になる。それで相手が「××さんなら、オレの尊敬する先輩だよ！」とか言い出すと、そこで両者の戦いはほぼ収まる。ヤンキー漫画でありそうな場面であるが、こういうことが実際にあったのである（詳しいことはゲッツ板谷の著作が参考になります）。

これはかなり興味深い景色だ。自分たちとは相容れない異種族として遭遇した相手が、共通の知り合い（先輩といった上位概念であるほど効果的に機能する）がいることを確認することで敵ではなく、仲間の仲間であるという認識がされて無駄に戦うリスクを回避できたわけだ。路上で喧嘩を起こすような文化が理知的であるわけはないのだが、中学の先輩の名前が出たら戦闘を回避できるようなシステムはかなり理知的ではないか。

実際に喧嘩を行うと怪我をするリスクや警官が飛んでくるといったリスクがあるわけだが、昔の不良少年の文化というのは、お互いに勇猛果敢な面を誇示しようとするので（競争である）、初めから喧嘩を避けるような温和な人間だとは思われたくないのである。なので、まずは喧嘩を始める姿勢をとりながら、出身中学などの情報から大きな被害を生みかねない本気の戦闘を避ける方向を模索するわけだ。これは一種の軍事外交であり、頭の悪そうな言動の裏では巧妙なコスト計算が行われている。

ファン・フフトは「競争的利他主義」論文の中で生物学的市場理論（バイオロジカルマーケット）という概念を紹介している。これはストラスブール大学のロナルド・ノエとベルリン・ファンボルト大学のピーター・ハマースタインが言い出したもので、生物学に経済学の考え方を導入したようなものだと思ってもらいたい、と言っても何が何やらわからないですよね。

ノエが自分のサイトで紹介しているのは、いわゆるドクターフィッシュの話だ。スーパー銭湯によくある、足の角質化した皮膚を食べてくれる魚です。

ドクターフィッシュの入った水槽に足を突っ込むと、寄ってきたドクターフィッシュが足の垢を食べてくれる。我々は垢が取れて気持ち良いし、魚の方はご飯が食べられるわけでウィンウィンである。これって、経済学的なやりとりですよね？　というのが生物学的市場理論である。マッサージをしてもらって、マッサージ師に料金を払うのと同じことが行われている。ドクターフィッシュから見た場合、角質化した皮膚をたっぷり蓄えた足の持ち主は良いお客さんである。我々の側から見ると、お腹を空かせて角質化した皮膚をたくさん食べてくれる魚が、良いマッサージ師なのだ。

クマノミとイソギンチャクの共生もこれと同じで、自然界にはこういった例が数多く存在する。我々は市場経済をヒトが発明したように考えがちだが、少なくとも市場経済の土台、プロトタイプと考えて良いような経済的な行動は、ホモ・サピエンスが誕生する遥か以前から自然界にあったのである。

霊長類においては、グルーミング・毛づくろいが個体間のコミュニケーションにおいて重要な役割を果たすことが知られている。そして、ノエの論文で紹介されたピーター・ヘンズとルイーズ・バレットの研究によると、霊長類の世界ではグルーミングと共に「寛容さ」が一種のサービス業的な商品として流通しているという。

わかりやすく言うと、マッサージ屋さんのようなものですね。仲間に対して親切で、なおかつマッサージをしてあげたりすると、ご飯を皆で分け合う時や、セックスをする時に得をすることが多いのですね。実際、チンパンジーのオスはメスにエサを与える代わりに交尾を行うことがある。売買春のルーツか！　ここで重要なのは我々ホモ・サピエンスを含む霊長類が、集団で生活をする社会的な動物であることだ。

集団の中に、他の個体よりも親切で熱心にグルーミングを行う個体がいたとする。こういう個体は、自然と他の個体の間で高く評価されるのではないか。「あの人のグルーミング、とっても丁寧で気持ちいいわぁ」とか「そうそう、その上に優しくて……」といった情報が他の個体の間で共有されたら、その親切でグルーミング上手な個体の評価は上がるだろう。結果的に、その個体は他人から褒められて様々な面で美味しい思いをするのではないか。バイオロジカルマーケットにおいては、他人よりも高い評価を得ることが、自分の得に繋がるのである。

残念ながら我々ホモ・サピエンスは毛の少ない動物なので、グルーミングをする機会に恵まれてはいないのだが、ヒトには言語がある。ロビン・ダンバーは、ヒトはグルーミングのかわりに「おしゃべり」、「噂話」をコミュニケーション能力として発達させたのではないかという仮説を唱えた。言語の情報量は滅茶苦茶に多い。これがまた、ヒトの社会においてはバイオロジカルマーケットを活性化させるわけだ。

近所の人たちの間で「誰それさんは力持ちで親切な人だよ」という噂が広まったとする。そうすると、引っ越しの際にはその人に手伝ってもらおう、そのかわりに働いてもらった分だけたっぷりとお礼をしよう。という話になる。実際に引っ越しを手伝うのは重労働かもしれないが、本人が力持ちならさほど苦にはならないし（グレコローマンレスリングで三度の金メダルを獲得したソ連・

ロシアのアレクサンドル・カレリンは、友人が引っ越しする際に冷蔵庫を一人で持ち上げ階上まで運んだという。常人にとっては信じられない芸当であるが、本人にとっては余裕だったようだ）お礼もいただけるのならウィンウィンである。そして、その人に引っ越しを手伝ってもらったので凄く助かったわ〜、という噂がまた拡散され、それがまた当人の利益につながる。

バイオロジカルマーケットにおいては、他人からの評価によって個人の価値に値打ちがつけられる。おそらく、最古の市場経済である。貴方の値打ちを決めるのは貴方自身ではなく、近くにいる見知った人たちなのだ。

バイオロジカルマーケット理論と競争的利他主義理論がどのように連動するのか簡単に説明すると、例えば車に轢かれそうになった老人や子供を助けるのにはリスクがある。自分が車に轢かれてしまうというリスクだ。とはいえ、我々は本能的に人助けをしたい動物なので、車に轢かれそうな老人や子供を助けてしまう。それを第三者が見ていた場合、自分が車に轢かれるリスクを承知の上で老人なり子供なりを助けた人に対する評価は飛躍的に高いものとなる。第三者の眼が評価を下すわけだ。

我々はそういう社会に生きている。それはあまりにも自然なことなので普段は意識することがないけれども、我々は社会生活を送る上で普段からお互いの価値を値踏み、値付けをしているのだ。

ミシェル・フーコーは監獄のシステムからヒトの眼差しに権力の萌芽を見出した。これは鋭いのだけれども、ホモ・サピエンスの誕生以前からバイオロジカルマーケットはあったわけで、我々ヒトにおいては言語を駆使した相互監視ならぬ相互値踏みを続けてきたからこそ高度な文明社会を築くことが可能になったのだ。フーコーの指摘は有効だが、権力の母体にあるのは動物としての我々の習性だったのだ。我々の多くが基本的に良い人なのは、つまり善人であった方が周囲からの評価が高くなり、結果的に自分が得をするから、なのである。

こう考えると偽善とか偽悪という考え方にはあまり意味がないことがわかる。偽善と偽悪という観点からすると我々はほぼ全員が偽善者なのかもしれないが、大半が偽善者で構成された社会は間違いなく良い方向へと進むからだ。

我々は何故、お互いに値踏みをするのだろう？　我々は自分にとって、より値打ちのある人と知り合い、より深い関係（結婚したり、バンドを組んだり、一緒に会社を経営したり）を築きたいからだ。

誰だって、値打ちのある人と結婚したいし、値打ちのある人と友達になりたい。仕事でパートナーとなる人も値打ちのある人が好ましいだろう。もちろん、値打ちのあり方にはかなりの多様性がある。もしも、貴方がレストランの経営者ならば、腕の良い料理人に値打ちを感じるだろう。もしも貴方がギタリストなら、優秀なベーシストやドラマーに値打ちを感じるだろう。単なる技術的な水準だけではなく、人としての付き合いやすさも値打ちを測る要素になる。自分にとっての相性の良さというのはかなり大事で、だからこそバイオロジカルマーケットにおける値打ちは常に変動的だ。とはいえ、基本的にマーケットで高く評価されるのは力持ちであったり、頭の回転が良かったり、器用だったりといった個人としてのスペックが高い人であり、また他人に寛容で人当たりの良い世話好きな人格者だろう。そこから（個人のスペック）×（人格）＝その人の値打ち、てなことになるはずだ。

先に紹介したリチャード・ランガムの「自己家畜化」仮説は、おそらくバイオロジカルマーケットが生み出したものだ。とにかく、お互いに親切にしていた方が、自分の値打ちが上がることになるのだから、我々はせっせと他人に親切であることを競い合うのである。それが競争的利他主義で、これを延々と続けてきたから自己家畜化が進み人類は昔よりも温厚で平和な動物になっていった。

ホモ・サピエンスの社会は、基本的に良い人である方が得をするのであるが、その礎は経済的なシステムなのだ。このシステムが自然発生的に生まれたからこそ我々は道徳心を進化させる動物になったのである。

ところが一九五〇年代に登場したロックンロールにおいては、非道徳的であることが良しとされたのである。「反逆」を良しとする文化は実は昔からあるのだが、それはおいおい説明するとして、一九五〇年代のアメリカで何があったかというと一九五一年にJ・D・サリンジャーの小説『ライ麦畑でつかまえて』が出版されている。これは世界中で売れに売れた。そして一九五五年にはニコラス・レイ監督でジェームズ・ディーン主演の映画『理由なき反抗』が公開された。

この『ライ麦畑でつかまえて』の主人公であるホールデン少年と『理由なき反抗』の主人公の

ジムは同じ一七歳なのである。どちらも大人、親の世代と良い関係を築くことができなくて悩む若者の物語だが、ディーン演じるジムはリーゼントヘア（正確にはポンパドールという）に革ジャンとジーンズ、自動車を運転し未成年なのに飲酒する。親の世代に反抗するための、不良少年の型が、五五年には出来上がっていたわけだ。

ここはかなり重要な点で、十代の少年が自分と大人の世界との間に齟齬を感じているという点において『ライ麦畑でつかまえて』と『理由なき反抗』は通底しているのだが、『理由なき反抗』では不良化するという方法をとることで大人に対する反逆が成立している。大人に対して自分たちの価値観を主張するという点において、無垢な少年が不良少年になって社会に反抗するというのは、進歩であり方法論の確立でもある。『理由なき反抗』は『ライ麦畑でつかまえて』よりも進んでいるのだ。その反面、不良になるということは人類の文明化という視点からすると後退でもあるのだ。ややこしいな人類。ちなみにリーゼントを世界中に広めたと思われるエルヴィス・プレスリーは五四年にデビューしている。

ロックンロールの流行と、それに伴う不良少年の文化はバイオロジカルマーケットにおける公式を大きく変動させた。（個人のスペック）×（人格）ではなくて、（個人のカッコ良さ）×（非道徳的な不良の価値観）が若者たちの公式となったのである。これが後々、大きく世界を揺るがせることとなる。何故かというと、ヒトが本来持っている道徳心の進化とは真逆の方向に向かって若者たちの文化が進むことになったからである。かといって、それは悪いことばかりでもなく、素晴らしいものも山ほど生まれたから、論ずるのが面倒なわけです。

⑥ ロックンロールがロックに変化して実存主義と出会う

カリフォルニア工科大学で認知科学や神経経済学を専門としているスティーヴン・クウォーツと政治学者のアネット・アスプが書いた『クール――脳はなぜ「かっこいい」を買ってしまうのか』によると、一九五〇年代の初め頃にアメリカの男子高校生がクラスで存在感を示すためには、スポーツで結果を出すしかなかったという。

その頃にJ・D・サリンジャーが書いた『ライ麦畑でつかまえて』は世界中でベストセラーになった。スポーツで一等賞になるような価値観とは無縁の、ある種の生きづらさを抱えた少年の物語だ。ちなみにジェネレーションギャップという言葉が注目されたのもこの時代である。それから数年後にロックンロールが誕生する。アメリカの高校生たちはリーゼントヘアと革のジャンパー、ジーンズを発見した。スポーツでナンバーワンにならなくても、仲間たちから評価される新しい価値基準が生まれたのだ。

ここで文化の多様性というのは何故に重要なのかという視点が必要になってくる。ヒトは尊厳とかプライドとかを大切にする動物だ。他人から自分が価値のある人間だと思われたいのはホモ・サピエンスという動物の特性である。

しかしながら、個々人の値打ちを決定するのは他の個体との競争だ。他人から値打ちのある個体だと思われたいからこそ、ヒトはひっきりなしに競争をおっ始める。競争というのは争いであって、これが極端になるとマクロでは国家間の戦争になるしミクロでは殴り合いの喧嘩になってしまうので、あまりよろしくないわけだが、さりとて人類から競争する心がなくなってしまうのも困るのである。何故なら競争する心は人類の大切な「やる気」と深いところで結びついているからだ。

我々は、他人から評価されたいからこそ、頑張るぞ！　という気持ちになれるわけです。もしも世の中にスポーツ競技が一種類しかなかったら、世の中は今よりもギスギスした社会になっていただろう。

たとえば長距離走の選手が短距離走の選手と、短距離走で競走した場合、まず間違いなく短距離走の選手が勝つが、負けた長距離走の選手は別に悔しいとは思わないだろう。何故ならば、長距離走で競い合った場合には必ず自分が勝つからである。

ボクシングのチャンピオンが卓球のチャンピオンと卓球で競えば必ず負けるし、ボクシングで競えば必ず勝つ。競技の種目が多ければ多いほど、傷つく人の数が少なくなるし、チャンピオンに対する尊敬の念も抱きやすくなる。つまり、波風立たない世界になるわけだ。

この、異分野でなら負けても悔しくない、というのはヒトによる大発明だと言って良いだろう。だからeスポーツであるとか、けん玉、ヨーヨー、ペン回し、エアギターなどの遊びの分野に世界大会があるのはかなり素晴らしいことだと考えていい。

競い合うことがヒトの本能と結びついているのであれば、出来るだけ平和な方法で競い合える種目を増やし、様々なルールを設定して、多種多様化するのはなかなかに人類の叡智ではないか。というのも、規範・ルールこそが安定した社会を築くためのツールだからだ。何らかの競技に参加して、若い頃からルールというシステムに触れることは、大人になってから社会の一員として生きてゆくうえでかなり役に立つのではないか。

一九世紀フランスの天才数学者エヴァリスト・ガロア、ロシアの文学者アレクサンドル・プーシキン、ミハイル・レールモントフの三者には共通点があって、三人とも決闘で亡くなっているのである。現在では、ヒトのオスはプライド、名誉を傷つけられた時に相手を殺してしまったりすることが多い動物であることがわかってきたのだが、一九世紀にはまだそういう知識も視点もなかった。

ガロアにしろプーシキンにしろ、レールモントフにしろ当時としては抜きん出た知性の持ち主だったことは間違いない。そんな頭の良い人たちであっても、プライドを傷つけられたから決闘をするという、極めて動物的な行動をとって死んでしまったのだ。

彼らはそれが、動物的な本能と深いところで結びついた行為であることを知らないまま決闘を行った。一九世紀といえば、科学、数学、文学、いずれも相当に発展していた、現代とそれほど変わらない時代である。しかし、今どき決闘で命を落とすような人はあまりいない。一九世紀と今とでは一般常識が大いに異なるからだ。これが文明化である。

ヒトの道徳心は常に進化しており、我々は常に前の時代に生きた人たちよりも温和な方向に進んでいる。昭和のテレビドラマなどを観ると、公僕である刑事がタバコの吸殻を路上で踏み潰したりする場面が多々あって、現代を生きる我々の目から見ると非常に野蛮に見えたりもするのだが、四十年から五十年ほど前の時代においてタバコの吸殻を路上で踏み潰していた人たちは、その時代の倫理観に従っていただけである。道徳心は緩やかに進歩しながら進化するのだが、どうやら後の時代になるほどその速度は速くなるようである。

ここで一旦、進歩と進化を切り分けて考えたい。進化というのは原則的に、必ずしも良い方向に向かうわけではない。ただ分岐するだけだ。遺伝子による進化も文化の進化も基本的には同じことである。

それに対して、良い方向に転がったケースを進歩と呼ぶのが妥当な線だろう。道徳心が進化することは基本的には良いことではあるが、あまり急激に進むと好ましくない方向に向かってしまう恐れもあるのだ。

たとえば、動物倫理などの視点から肉食は良くないという動きが近年になって高まっており、ヴィーガンの人も少しずつ増えている。ただし、肉食を止めるのが基本的に正しいことであったとしても、人類全体がいきなり、一斉に肉食を止めるような原理主義に走るのは好ましくない。世界中で食肉産業に従事する大勢の人たちが職を失って、そのうちの何人かは餓死するかもしれないし、食肉用に飼育されてきた牛や豚、鶏などがヒトから必要とされなくなることによって絶滅してしまう可能性もあるからだ。

『火の賜物』を書いたリチャード・ランガムの仮説が正しいとしたら、ヒトは肉を加熱して食べることで大いに繁栄した動物である。それが肉食をやめるということは、自然の理に逆らう行為でもある。肉食をやめるのが正しい行為だとしても、時間をかけて緩やかにやめた方が大きなトラブルは起きないだろうし、大豆から作られた代用肉や科学的に培養された培養肉の研究も進んでいるから、近い将来には倫理的な肉食が可能になるかもしれない。

ここで注目すべきは、現代において代用肉や培養肉の研究を進めるのに既存の食肉産業が深く関わっている点である。肉食を積極的に推し進めたいはずのハンバーガーチェーンが、大豆ミートのハンバーガーを売り出すのは、動物倫理などの社会の趨勢を踏まえた上での倫理的な行動である。

カウンターカルチャーが大きな力を持った二〇世紀であれば、肉食を止めようとする革新派ヴィーガンと肉食を続けようとする保守的なハンバーガーチェーンが激しく対立することになったかもしれない。しかし、それはあくまで前世紀の話なのだ。

社会全体の道徳心が高くなった今世紀においては、資本家であるハンバーガーチェーンの方が革新派との対立を好まなくなっている。対立は分断を生むだけなので、ハンバーガーチェーンの方から積極的に妥協点を見出そうとする姿勢を取るわけだ。これぞ倫理の進化である。

基本的に我々ヒトは常に良い方向に向かっている。だからこそ医療技術が発達して平均寿命が伸びる。公衆道徳が発達すると殺人などの暴力事件が減少する。世界規模の戦争が起きることも少なくなった。これぞ進歩である。人類の歴史をかえりみると、今が最も平和な時代であり、明日は今日よりも更に平和な時代、という公式がほぼほぼ成立する。

ともあれ一九五〇年代のアメリカの若者はロックンロールを発見した。もはやスポーツだけで優劣が決まる時代ではなくなったのだ。髪型を整え、ジーンズに革のジャンパーを着てエレキギターを持てばスーパースターになれる、かもしれない。先に紹介したバイオロジカルマーケットにおけるマーケット、市場が拡大したのである。

優れたロックバンドを結成するためには、自らが優秀な楽器演奏者であることが好ましい。その上で優秀なベーシストやドラマーを探す必要がある。そう、ここにもバイオロジカルマーケットがあるのだ。

二〇代の中頃といえば、特にバイオロジカルマーケットの市場活動が盛んになる時期である。男の子はそれ以前よりもたくましくなり、女の子はそれ以前よりも女性らしい体型になる。肉体的な面で男女の違いが明らかになるからこそ、生物学的な市場活動が活発になるのだ。

ベイルート生まれでイギリスで学んだ社会学者のキャサリン・ハキムは、その著作『エロティック・キャピタル』で、性的な魅力は一種の文化資産であるという妙に説得力のある、しかし身もふたもない仮説を唱えた。

これを簡単に説明すると、モテは資産なのだという話である。この仮説の何が身もふたもないかというと、これが正しいとするならば、お金持ちの家庭に生まれた健康な美男美女には誰も勝てないことになってしまうのである。理不尽である。

だからフェミニズム研究家の中には、エロティック・キャピタルを女性差別的であると断罪する人もいる。ハキム自身が女性であり、それまでも女性の雇用問題などを追求してきて、この仮説に至ったわけだが、どちらも女性の幸せと地位の向上を考えているのにも関わらず、フェミニズムと対立してしまうのだ。

これは理想を追求しようとしているのに意見が割れて対立してしまったりするという、ヒトとヒトのイデオロギーが常に直面する問題で、これに関しては後ほど詳しく説明することになるだろう。先に言っておきますが、イデオロギーというのは基本的にとても便利でかなり危険なもの、なのである。

エロティック・キャピタルが不公平なのは事実である。我々は、誰しもお金持ちで健康な美男美女には勝てない、と思ってしまうものである。そう思わないのはお金持ちで健康な美男美女だけだよな、とか思ってしまう、のが我々である。

話は逸れるけれども、知り合いで物凄い美女がいてですね、この人は普段から化粧をしないのだが、ある時「化粧に頼らずスッピンで勝負すべき」てなことを言い出したのでスリッパで頭を叩いてやろうかと思ったことがあります。その人は、容姿に関しては恵まれているのだが、恵まれているがゆえにそれを自覚できないわけです。だから、パンがないのならケーキを食べればいいじゃない、みたいなことを言ってしまったのである。

この問題を美醜から政治権力の問題にスライドさせて考えてみると、かなり興味深い仮説にたどり着く。普段からスッピンで平気な美人が、出かける前にはメイクをしなければならない（と考えている）同性の気持ちを理解できないのと同じように、権力者には権力のない人たちの気持ちが理解できないのだ。

エロティック・キャピタルに話を戻すと、何故こんなに理不尽で不公平なことがあるのかという話になるわけだが、それはもちろん我々が動物だからだ。実際、我々の近しい親戚であるチンパンジーの社会においては、体が大きくて戦闘能力の高いオスが最も美味しい思いをするのである。最も美しくて派手な羽根を持つ孔雀のオスが一番モテるのである。

野生は不平等を容認する。非情である。逆にいうと自然界では当たり前の不平等に対して、社会的な問題があるという視点を獲得したのは我々ホモ・サピエンスだけなんですわ。そこは自画自賛しても良いと思う。

それというのも、我々ホモ・サピエンスには文化を進化させるという能力があった。文化は多様性を生む。生まれながらに美男美女であることは、確かに有利な要素ではあるが、外見が良いことだけがヒトの魅力の全てではない。頭が良い、ユーモアがある、親切で優しい、といった要素はパッと見た時の外見よりも重要な資産としてカウントされることが多いし、見た目そのものも筋トレやメイクによってかなり加工し、良い方向に変えられる。これらは全て文化の力である。

体を鍛えたりお洒落にお金をかけたりすることで、自らの文化資産に磨きをかけることができるわけだが、我々はそれを体験的に良く知っている。ヒトには、他人の目から見て、魅力的に見えるように努力し、そこにリソースを注ぎ込む癖がある。それはつまり自分への投資なのだ。たとえばロックンロールがポピュラリティーを獲得した社会においては、誰よりもエレキギターを上手く演奏できる能力は巨大な資産となる。だから、ギターが上手くなれば女の子にモテるかもしれないと考えて、一生懸命練習した二〇世紀のギター小僧たちは、決して間違ってはいなかったのである。

ベースが上手いのも、ドラムが上手いのも立派な資産である。だからアマチュアのミュージシャンたちは、ジャムセッションをしたりしながらお互いの演奏を聴くことでお互いの技量を品定めし合ってメンバーを選びバンドを組むのである。

とはいえ、ロックバンドをやりたいと思った若者が最初にやるのは何かというと、とりあえずは近所の友達に声をかけるのだ。ロックバンドをやりたい！という思いは往々にして衝動的なものだから、上手い下手よりはまず頭数を揃えなければ話にならない。

ビートルズにせよ、ローリング・ストーンズにせよ、元々は近所の友達の集まりである。ヴァン・ヘイレンやAC／DCのように実の兄弟で組んだバンドでプロになり、世界的な成功を収める人たちもいるのはご存じの通り。近所にいる幼馴染や兄弟といった身近な顔ぶれだけでもバンドは組める。実際、多くのミュージシャンたちは近所の友達、同級生の兄弟といった身近な人たちとバンドを組むところからキャリアをスタートさせている。

つまりバンドという文化は参入するための障壁がやたらと低いのだが、その背景にあるのは弱い社会的紐帯で結ばれたネットワーク社会である。世の中には一匹狼という言葉があるのだが、完全な一匹狼というのはヒトの社会には存在しない。ロビンソン・クルーソーでもない限り、全てのヒトは何らかの形で社会と、つまりは他の人たちと繋がっている。

多くのロックバンドが解散したりメンバーチェンジを繰り返すのは、仕事仲間として優秀でありなおかつ友人としても気の置けない関係を維持できるようなメンバーを固めるのが至難の業だからだろう。

とはいえ、天文学的な確率ではあるが一〇代のうちにプロとして活動してゆくだけの力量があり、なおかつ音楽的にも一緒にやれて、友達としての関係を続けることができるようなメンバーが集まることもある。そういった好条件が重なれば、近所の友達を集めただけのバンドで世界制覇することも可能になるのだ。

たとえばミック・ジャガーは、彼の音楽人生における相棒たるキース・リチャーズと初めて出会ったのがいつだったか覚えていないという。それは、彼らが知り合ったのが五歳から七歳くらいの幼児期だったからだ。覚えていないのも当然である。彼らはヒトが幼児から少年期に至る時期において、大勢いる同世代の遊び仲間であり、それ以上の深い関係ではなかったらしい。最初から親友というような関係ではなかったのである。同じバンドのメンバーとして、成功を収めた後も、この二人が何度も揉めているのはファンならば良く知っているだろう。仕事をする上では最高のパートナーであるが、私生活でずっと一緒にいたいと思うほど仲良しなわけではないのだ。

これは我々ホモ・サピエンスにとって、なかなかにリアルな人間関係ではないか。多くのヒトは、この相手とずっと一緒にいても良いと思うから結婚するわけだが、たまには一人になった方が気が晴れるのである。

どのような関係であっても、適切な距離感を保つのが末永く相手とつきあうための秘訣であることを我々は経験的に知っている。ミックとキースは本当に幼児の頃からの付き合いだからこそ、その関係性の維持に苦労したのだろう。

そもそも幼児には幼児なりの社会があり、その中で弱い紐帯で繋がっていただけなのだ。それが十代の半ばでたまたま再会し、持っていたレコードから音楽の話題で意気投合したのがローリング・ストーンズの結成に繋がる。ミックとキースの間にあったのは、幼児期の弱い社会的紐帯である。アメリカの社会学者マーク・グラノヴェターのいう弱い繋がりが、世界最大のロックバンドを生み出したのである。

一九五〇年代のアメリカのロックンロールは、基本的には一過性の流行音楽であった。一九五七年にリトル・リチャードが引退、五八年にエルヴィス・プレスリーが陸軍に招集され、ジェリー・リー・ルイスは十三歳の少女を妻にしていたことが問題となり、チャック・ベリーは十四歳の少女と交際していたことが問題視された。

チャック・ベリーは数多のミュージシャンから尊敬されるレジェンドの中のレジェンドだが、一九九〇年には自分が経営するレストランの女子トイレに盗撮するためのカメラを設置したことで逮捕されている。なかなかの最低人間である。そして五九年にバディ・ホリーが飛行機事故で、翌年にはエディ・コクランが交通事故で死んでしまう。ロックンロールはここで一旦、終わったとされている。

ただし、ロックンロールは一〇代の少年少女の音楽であったが故に、次の世代にバトンが渡されていた。一〇代でロックンロールに接した少年たちが大人になって、自分たちのロックンロールを演奏し始めたのだ。デビュー前のビートルズがリーゼントヘアだった写真が残っているのは文化的に大いなる遺産である。

そう、ブリティッシュ・インヴェイジョンが起きて状況が変わったのである。

ロックンロールの誕生よりずっと前、二〇世紀の前半にスキッフルという音楽文化があった。いつどこで始まったのかもよくわかっていないが、手作りの楽器や洗濯板をかき鳴らしたりする、あり合わせの楽器によるバンドミュージックだ。音楽的にはジャズでもあり、ブルースでもあり何でもありの混血文化である。要はその辺にあるものを叩いて鳴らしてアドリブで演奏するような文化だ。日本でも、横山ホットブラザーズがノコギリを鳴らして演奏しますね。基本的には、ああいう感じだと思っていただきたい。このスキッフルが、一九五〇年代のイギリスでブームになった。ジョン・レノンが初めて組んだバンド「クオーリメン」もスキッフルのバンドだった。

アメリカでロックンロールが誕生した時に、イギリスではスキッフルが流行していたというのはかなり重要だ。イギリスにはそれ以前からジャズ文化があったが、スキッフルは器用なアマチュアが音楽に参入するハードルを下げたのである。

ロックンロールはアメリカの白人が、アメリカの黒人の音楽を物真似して始まった文化なのだが、それを更にイギリスの白人が物真似する、という現象が起きたわけです。そもそもアメリカの黒人音楽はアフリカから連れてこられた奴隷が生み出したものである。その際に母国での言語や太鼓のような打楽器を禁止されたこともあって、アフリカの伝統音楽とはかなり違うものになったわけだが、手作りの楽器や洗濯板などの身近にある物を演奏に使ったのは重要である。

たとえばヨーロッパのクラシック音楽はモーツァルトが活躍した一八世紀あたりで既に洗練の極致に達していた。一八世紀に発明されたピアノは、音域の広さなどから完全楽器と呼ばれたが、それで素晴らしい演奏をするためには相当な修練を必要とするし、そもそもお金持ちの貴族でもない限りピアノに触れる機会がない。

ヴォルフガング・アマデウス・モーツァルト氏に音楽的な才能があったのは確かだろうが、そもそも彼の父親は宮廷音楽家なのである。つまりモーツァルトの音楽は世襲的に相続した文化資産の上に成り立っていたわけだ。

それに対してアメリカの黒人奴隷たちは、先祖から受け継ぐべき音楽的な資産を奪われた状態で、自然発生的に自分たちの音楽を生み出すしかなかった。クラシック音楽はストレートに文化進化を重ねた結果、貴族とか富裕層でないと演奏者になる機会のないハイカルチャーになっていたわけだが、アメリカの黒人奴隷による音楽はその辺に転がっている洗濯板を鳴らしたりして演奏するものだったので、参入障壁がかなり低かったのだ。

ロックが黒人音楽から受け継いだ最大の文化的な遺産は、この音楽への参入障壁の低さである。つまり、ロックンロールは、誰でもロックスターになれるかもしれないという夢を世界中に撒き散らしたのである。

世界中に色んな民族音楽があるのはご存じだろう。音楽はヒトの本能と結びついているので、民族音楽のない民族というのは、ほぼほぼ存在しない。

たいていの民族音楽は、その土地ならではの文化から生まれ、長い時間を積み重ねて洗練されたものなので、よその土地から来た人が簡単に真似できるような代物ではない場合が多い。非常に優秀な音楽家であっても、モンゴルのホーミーを聴いて、その場で同じことをやるのはほぼ不可能ではないか。世界最高レベルのギタリストに三味線を渡したら、それなりの演奏をするだろうけど、本職で津軽三味線を弾いてきたような人と同じような演奏ができるとは思えない。アフリカ土着の音楽の、最高の演奏者を連れてきてピアノの前に座らせたら、それなりに凄い演奏をするかもしれないけれども、モーツァルトのようにはいかないだろう。

何が言いたいかというと、基本的に全ての音楽は民族音楽みたいなものなのだ。クラシックはヨーロッパ人の民族音楽なのである。そして、全ての民族音楽は、長い時間をかけて洗練されたが故に、他の土地から来た人が簡単に再現するのがかなり困難なのだ。

たとえば日本の北海道にソーラン節という民謡がありますね。あれは元々、青森で鰊漁の際に歌われたワークソングで、鰊場木遣り歌とか、鰊場音頭と呼ばれたものが少しずつ変化して今の形になった。近代の音楽なので、わりと記録が残っておりどのような文化進化が起きたのかわかりやすいのだ。

アメリカの黒人奴隷の音楽も、おそらくは似たようなプロセスを経て黒人霊歌やR&B、ブルースといったものが生まれていったのだと思われる。ソーラン節を誰よりも上手く歌えるのはもちろん北海道生まれの人だろう。たとえばフランス人であっても、生まれてすぐに北海道に来て、日本語を母国語のように話し、ソーラン節が身近にある環境で育ったのならば関西や四国、九州で育った人よりは上手にソーラン節を歌うのではないだろうか。

民族音楽というのは基本的に各々の環境下において習得するものである。たとえば、アメリカで育った人や、アフリカで育った人が北海道にやってきてソーラン節に感動したとする。その人は、熱心にソーラン節を覚えようとするかもしれない。だが、その人が歌うソーラン節は、北海道育ちの人が歌うソーラン節よりはいささか奇妙に聴こえるのではないだろうか。

逆に、西欧の人でなくても子供の頃から西欧のクラシック音楽の教育を受けた場合には、クラシック音楽の専門家として成功することも可能である。実際、海外で活躍する日本人のクラシック音楽家は何人もいる。クラシックは楽譜を教材として教育、指導する方法が発展したので、こういうことが可能になったのだ。

それに対してロックンロールは指導や教育によるものではなく、黒人の模倣から始まった。更にイギリス人が黒人を模倣したアメリカの白人を模倣することで文化が連鎖したわけである。青森の鰊場木遣り歌と、それに影響を受けた北海道のソーラン節でも微妙に違うのである。

黒人からアメリカ白人へ、さらにイギリスの白人へと伝言ゲームのような伝達がなされたわけで、そりゃあオリジナルとは違ったものになるのは当然だろう。メソッドに基づいた教育、指導を伴わない物真似では、オリジナルと同じものは生み出せないのだ。

しかし、だからこそロックというジャンルではすぐに新しいものが、新種が誕生するのである。数々のメソッドが確立されたクラシック音楽の中で、革新的なことを行うのはなかなかに困難だろうし、伝統的な民族音楽の中で革新的なことを行うのも困難だろう。それに対して、ロックにおいては比較的簡単に革新的なことが起きるのだ。

たとえば二〇世紀の終わり頃にワールドミュージックのブームがあり、革新的な変化を遂げた各国の民族音楽を我々は聴くことができたが、あれはロック以降の文化であり、ロックやディスコミュージックといったエレクトリックな音楽が世界中に流れたことを受けての動きである。ロックやディスコが民族音楽に刺激を与え、文化進化を促したのだ。

アメリカ黒人からアメリカ白人に、アメリカ白人からイギリスの白人にと、バトンが渡される度に化学変化のようなことが起きている。もちろんイギリスにいた白人の若者たちは、プレスリーのような白人のロックンロールだけでなく、アメリカの黒人のブルースもダイレクトに聴いていた。この、ブリティッシュ・インヴェイジョンの代表をとりあえずビートルズだとしても問題はなかろう。

真に驚くべきは、後にビートルズのような楽曲を演奏するバンドがアメリカからも出現したことである。つまりアメリカの黒人に影響を受けたアメリカの白人に影響を受けたイギリス人に影響を受けたアメリカ人の音楽が出現したのである。

ビートルズを聴いたアメリカ人の中に、これはアメリカのロックンロールの影響を受けているけれども、オリジナルのアメリカ音楽よりもカッコいいんじゃないか？　だったら、こっちを真似しよう！　と思った人が少なからずいたのだろう。

もちろんブリティッシュ・インヴェイジョンにはビートルズだけではなく、ローリング・ストーンズもいたしキンクスもアニマルズもいた。七〇年代以降のアメリカでブレイクしたバンドの多くはブリティッシュ・インヴェイジョンの影響を多大に受けている。アメリカのロックンロールは一時代を築いたが、ブリティッシュ・インヴェイジョンというハブがなかったら、六〇年代後半以降のアメリカンロックは我々が知っているものとはかなり違うものになっていただろう。

ブリティッシュ・インヴェイジョン以降のアメリカの動きとして重要な人が二人いる。ジミ・ヘンドリックスとボブ・ディランだ。

アメリカでギタリストとして仕事をしていたヘンドリックスは、アニマルズでベースを弾いていたチャス・チャンドラーに見出されて渡英、エレキギターの革命家として歴史にその名を残す。そのままアメリカで雇われギタリストを続けていたとしても、それなりの名を残したかもしれないが、一旦イギリスに渡りそこからデビューしたのは大きかった。アメリカ人の目からから見ても、イギリス人の目から見ても桁外れに凄いことがはっきりとわかったからだ。

後にノーベル文学賞を受賞するボブ・ディランは、フォークソングの旗手としてかなり若い頃から注目されていた。デビューも二十歳そこそこだが、文学者、詩人としての実力は早くから認識されていた。ジャズ評論家でもある歴史家にしてマルクス主義研究の大家でもあるエリック・ホブズボームはかなり早い段階で詩人としてのディランを高く評価していたし、ミック・ジャガーもディランの詩を評価していた。

一九六五年にニューポート・フォーク・フェスティバルでディランはエレキギターを持って演奏した。その時点でフォークソングの世界ではディランは既に第一人者であったが、彼がエレキギターを持ったことで従来のファンからはブーイングが起きたという。これはエレキギターを使ったロックンロールがティーン向けの低俗な文化だと思われていたからである。しかしディラン自身は少年の頃にロックンロールを聴いていたので、その魅力をよく知っていた。

ちなみに同じ一九六五年の八月にビートルズはニューヨークのシェアスタジアムで歴史に残るライブを行っており、一〇月には外貨獲得で女王エリザベス二世からMBE勲章を授与されている。

ビートルズを理解する上で重要なのは、彼らは短期間で滅茶苦茶に売れて、なおかつ音楽的に変貌し、解散してしまったということである。ビートルズ以前に、ポピュラー音楽がここまで大きな社会的影響力を持ったことはなかったし、ビートルズ以降もない。人類史の特異点である。マイケル・ジャクソンやイーグルス、AC／DCはビートルズ以上に売れるレコードを作ったが、文化的な影響力ではビートルズにかなわない。

ビートルズが突出して売れたのは客観的な事実である。ビートルズ解散後、第二のビートルズと呼ばれるようなバンドがいくつも出現したが、それらはどれも初期のビートルズを模倣したような音楽だった。後期のビートルズのような音楽でデビューしたバンドがいたとしても、第二のビートルズとは呼ばれないのだ。それくらい、初期のビートルズは売れる音楽だった。その、誰よりも売れたビートルズが少しずつ変容するのである。

ビートルズの音楽が短期間で変化したのはよく知られているが、音楽性の変化よりも先に内面の変化があった。初期のビートルズの楽曲のタイトルを見ればわかるが、「彼女は君を愛している（She Loves you）」とか「私はあなたを抱きしめたい（I Want To Hold Your Hand）」と歌っていた人たちが、「仕事がつらい夜（A Hard Day's Night）」であるとか「助けて！（Help!）」といった歌に変化するのだ。実存主義である。

一九五〇年代のロックンロールには六〇年代半ばからのロックにあるような深い思想性はあまり感じられなかった。一〇代の男女が踊り、出会い、恋をしたりするのに特化した音楽だったたからである。デビュー当時のビートルズやローリング・ストーンズも似たようなものだった。

だが、最初から詩人であったボブ・ディランがエレキギターを持ってロックというフィールドに参入し、他愛のないラブソングを歌っていたビートルズが実存主義めいたことを歌うようになった一九六五年、ローリング・ストーンズは、満足できないことを延々と訴える「(I Can't Get No) Satisfaction」を発表する。こちらも実存主義の臭いがするではないか。ティーンの性的な目覚めや欲望が主題であったロックンロールに文学性と実存主義が侵入したのだ。ディランの文学性に着目していた読書家のミック・ジャガーは、自分たちのバンドにも文学性のある歌詞を採用するようになったのである。

一九五〇年代のロックンロールは一〇代の少年少女が口うるさい親に反抗する音楽であったが、六〇年代のロックは社会に反抗する音楽へと変貌したのである。旧来のロックンロールとの差別化をはかるために、六〇年代後半のロックはニューロックとかアートロックと呼ばれることが多かったが、時間が経つにつれて単なるロックになった。

カナダの哲学者ジョセフ・ヒースとコラムニストのアンドルー・ポターが『反逆の神話』で熱く語ったカウンターカルチャーの時代が到来したのだが、もちろん彼らが同書の中で嘆いたように良いことばかりではなかった。

⑦ 良かれと思って Highway to Hell

ジョセフ・ヒースとアンドルー・ポターの共著『反逆の神話』は、六〇年代のカウンターカルチャーが色々と失敗をしでかしたことについて詳しく述べており、その背後に第二次世界大戦でのナチス・ドイツに対する恐怖があったことを指摘しているのは鋭い。実のところ、カウンターカルチャーがやらかした失敗とは、ヒトという動物がしばしば行う「良かれと思って始めたことが良くない結果を招いてしまう」行為の一つだからである。

これはヒトの理想主義が抱くジレンマである。たとえば毛沢東は、良かれと思って文化大革命を行い、四十万人が死んだ（と言われている。被害者は一億人という説もある）。スターリンだって、良かれと思って独裁を続けたわけだがソ連では七十八万人が犠牲になった。

オーストリア出身の哲学者カール・ポパーの『歴史主義の貧困』によると歴史は決して繰り返さないのだが、世間の人々はしばしば「歴史は繰り返す」という言い回しを好む。これは何故かというと歴史の中で、似たようなことが何度でも起きるからだ。しかしながら、歴史は繰り返しているわけではない、別の時代の別の人たちが先人と似たような失敗をしてしまっただけなのである。

たとえばね、ピクニックの途中、森の中で小さな子熊を見つけたら、貴方はどうしますか？

当然のことながら子熊はめちゃくちゃ可愛い。哺乳類の子供は全部可愛いけど、熊の子供は特に可愛い、リアルちいかわだ。

ヒトは小さくて可愛い奴の魅力にはあらがえない動物である。そういうふうにプログラミングされている。我々は共同体を作って生活し、時には自分の子供以外の子供の世話をすることもある動物なので、子供の哺乳類を見かけたらその可愛さにキューンとなってつい手を伸ばしたくなる。それは人情であり本能なわけだけれども、森の中の子熊には絶対に手を伸ばしてはいけない。お弁当の残りのソーセージをあげようかしら？　なんてことを考えるのも良くない。子熊を見つけたら、慌てず騒がず静かにその場から離れる以外の選択肢はない。

なぜなら、すぐ近くに子熊のお母さんがいて、子供に手を伸ばした貴方を見つけたら、必ずや貴方の首を吹っ飛ばすだろうから。子熊に手を差し伸べて、お母さん熊に襲われた場合、悪いのは熊の親子ではなくて貴方の方なのだ。

この場合、貴方は良かれと思って子熊にソーセージをあげようとしたのかもしれないが、お母さん熊はそうは判断してくれないのである。ヒトが、森の中の子熊に近寄ってエサを与えようとする度に、お母さん熊はヒトを襲うことになるだろう。

このことは、今ではよく知られているので、リテラシーのある現代の登山者は子熊を見かけてもエサをあげようとはしない。しかし、今よりも熊の習性が広く知られていなかった時代には、子熊にエサを与えようとする人は多かったのではないだろうか。

歴史は繰り返す、という表現が使われるのは主に良くない事件が起きた時である。スターリンの失敗と毛沢東の失敗はよく似ているし、それより後に起きたポル・ポト政権の惨劇も似ている。歴史を遡ると、似たような惨劇は何度も起きているし、ヒトラーとナチス・ドイツの行ったこともやはり似ているのだ。ヒトラーやスターリン、毛沢東にポル・ポトが根っから悪い人たちであったと言うのは簡単だが正解ではない。彼らは彼らなりに良いことをしようとして歴史的な惨劇を起こしたのである。

森の中での子熊に手を差し伸べて母熊に襲われるという惨劇はなぜ起きるのだろうか？　熊という動物の習性をよく把握していないからである。動物と接するためには、その動物の習性という情報が必要なのだが、スターリンも毛沢東もヒトという動物の習性をよく把握しておらず、必要な情報がない状態でより良い社会を築こうとしたために「良かれと思って始めたことが良くない結果を招いてしま」ったのである。

何事も、必要な情報がない状態では間違った前提条件が入力されてしまう。間違った前提条件は、当然のことながら当初の目的とはかなりかけ離れた結果を招いてしまう。理想的な社会を築こうとして惨劇が起きてしまったという話は昔から山程あるから、歴史は繰り返されるように見えるわけだが、これらは全て前提条件が間違っていたのである。権力を握った悪人が悪いことを行ったというよりも、権力の中枢でバグが生じて巨大なシステムエラーが起きた、という風に理解した方が正解に近いだろう。

スターリンも毛沢東も、ヒトという動物の習性をよく把握していないにも関わらず、人間がわかっているつもりで独裁政治を行ったわけだ。ヒトラーも同じで、おそらく彼らは自分のやっていることが歴史的にかなり悪いことだという自覚はなかっただろう。良かれと思ってやったのである（だからといってヒトラーが悪人ではない、などという訳はないのである）。

これは論理学で言うところの誤謬である。ある種の認知バイアスが彼らを狂った行動に駆り立てたのだ。

認知バイアスについては、近年になって注目が高まり、ヒトが数々の認知バイアスにとらわれていることが明らかになってきたわけだが、これはつい最近の話である。行動経済学などが台頭してきた二一世紀の現代になって、人類はようやくこういう話ができるようになったのだ。

一九七八年のノーベル経済学賞を受賞したハーバート・A・サイモンは『人間活動における理性』（『意思決定と合理性』）という短かいけれども凄い本の中で面白いことを書いている。ヒトラーが書いた『我が闘争』を分析的に読むとためになるというのである。

ヒトは本を読むと、そこに書かれていること、著者の考え方などに影響を受けてしまうことがあるけれども、ヒトラーの本だったら大抵の人は最初から批判の目を持って読むので、これに影響されてユダヤ人を撲滅しよう！　などと言い出す人はまずいないでしょ？　という論旨である。この発想はなかった。そしてサイモンの視点から見ると、確かに現代史において最悪の独裁者であったヒトラーの言説を、今の我々のためになる参考資料として使えるのだ。

サイモンによると、ナチスの活動の目的はドイツ国家の安全保障とドイツ国民の福利厚生だ。これ自体は悪くない。ところが、ヒトラーが語る事実がおかしいのである。ヒトラーは欧州における経済活動が困難な原因を主にユダヤ人とマルクス主義者のせいにしている。しかも、ヒトラーはユダヤ人とマルクス主義者は見分けがつかないとも書いているのだが、これらは全部間違っている。

ナチス・ドイツの行動が間違っていた理由は、前提条件が間違っていたからなのは明白だ。つまり、ヒトラーは間違った前提条件でピタゴラスイッチを動かしてしまったのだ。スターリンも毛沢東も、ポル・ポトも右に同じ。だとしたら、ソ連や中国が奉じていたマルクス主義そのものが間違っていたのだろうか？　という話になるのだが、これについては資本主義という難物と並べて説明する必要があるので、後ほど詳しくやります。マルクス主義、共産主義、コミュニズムといった名称で呼ばれるイデオロギーは今でも人気があるので、その支持者の皆さんと対立してしまうような事態は避けたいし、できるだけ穏当に対立を避けるための筋道を用意している、のである。本書のスタンスはあくまで用意周到、なのである。

ヒトの社会においては、とにかく対立と分断が一番良くないのである。実際、ヒトラーが行ったことは「我々」と「やつら」を分断する作業である。

人類にとって、分断が何よりも良くない理由はチンパンジーを見れば明らかだ。我々と同じく集団で生活するチンパンジーは、別の集団と縄張り争いを行い敵と認識した個体を襲撃して殺す。

つまり「我々」と「やつら」という分断が成立した時に集団内部でのトラブルとは違ったレベルの殺戮が起きるわけだ（ちなみに、チンパンジーの集団内部での殺し合いは、たとえばメスとの交尾をめぐるトラブルなどによって起きる。この辺もヒトとよく似ている）。我々は同じ部族の仲間を守るために道徳心を育んだ動物なので、別の部族だと認識してしまったら途端に冷淡になれるのである（この辺のお話は心理学者のジョシュア・グリーンが書いた『モラル・トライブズ』が参考になるだろう）。

分断が良くないのだとしたら、カウンターカルチャーが起こした失敗の理由も明らかではないだろうか？　そう、カウンターカルチャーは「我々」であるところの若者たちと、「やつら」であるところの大人たちを分断してしまう側面があった。

当時の活動家であったジェリー・ルービンは「Don't trust anyone over thirty（＝三十歳以上の奴らは信用するな）」というスローガンを唱え、これがえらくウケたわけだが、実際に社会を良くしようと思うのなら世代を超えた協力が必要なはずなのに、老人を敵に回してどうするのだ。しかし、当時の若者たちはノリノリで、三十歳以上は信じるな！　と叫んだようである。全ての若者は、あっという間に三十歳を過ぎてしまうのだが、残念ながらその事実に気がつくのは三十歳を過ぎてからなのである。

ここでヒトラーの話に戻る。ヒトラーが提示した前提条件はデタラメばかりだったのに、何故それが当時のドイツで通用してしまい、なおかつ多くのドイツ人から支持を得たのだろうか？　理性溢れるサイモンは、そこに注目するのだ。

ドイツと言えば哲学の盛んな国である。論理的な考え方ができる人は大勢いただろう。冷静に考えたら、当時のドイツ人だってヒトラーの間違い、嘘に気がついたはずではないか。しかし、彼らの多くはヒトラーの呼びかけに乗ってしまった。これは何故か？　ヒトラーがドイツ国民たちの感情に訴えたからだ。

第一次世界大戦後のドイツが経済的な苦境に直面したことはよく知られている。ドイツの国民はみんなが苦労していたのだ。そこに雄弁で情熱的なヒトラーが現れた。当時のヨーロッパではドイツ以外にも反マルクス主義や反ユダヤ主義が蔓延していたというのも彼の言動に説得力を持たせてしまった理由の一つだ。ヒトラーを支持する側に回った人たちは、たとえそれが論理的でないとしても、本人の中で納得してしまったのだ。あ痛ぁ！

通常の場合、納得とは論理的な理解と把握を意味するが、こういう場合において納得はバイアスとして機能してしまう。サイモンは『我が闘争』での理由付けは「冷たい理由付け」ではなく「熱い理由付け」だったと書く。

そう、人類は色んなことを言葉にして文章を書くのだが、世の中には「熱い言葉で書かれた文章」と「冷たい言葉で書かれた文章」が存在する。ヒトラーの本や演説はどれも熱い言葉で構成されていた。だから国民の心を揺さぶってしまったわけだ。

熱い言葉は熱い認知から来る。熱い認知とは情熱だ。感情、情動と結びついた言葉は熱いのである。でもって、どうやらヒトは情動が高まると理性というか冷静な判断力から遠ざかってしまうようなのだ。

物事を論理的に解決したいのであれば、できるだけ冷静に対策を考えるのがベストだろう。何しろ我々には心が二つあるので上手く使いこなせば帰納と演繹を使って様々な問題を回避できるのだが、心が熱くなると、それができなくなる、らしい……。

ヒトラーと当時のドイツ国民も、スターリンや毛沢東も、もっぱら熱い言葉ではなく冷たい言葉と冷たい認知でことを運ぶべきだったのだが、そうはいかないのがヒトという動物のつらいところである。何故なら、大抵の選挙においては冷たい言葉で演説をすると選挙で当選する確率が低くなってしまうのである。

選挙で当選したいのなら、熱い言葉で市民の感情に訴えかけた方が良いことは、冷たい思考で冷静に考えても明らかである。だから冷静な候補者であれば、落ち着いて冷静な思考で、選挙演説のために聴衆の多くが興奮して同調してくれるような熱い言葉を選ぶのではないだろうか。そして、その候補者が良心的な人であった場合には、選挙で当選した後は熱い言葉だけに頼ることなく、冷たい言葉と上手く使い分けて人々に語りかけるのではないだろうか。

とはいえ、そんな理想的な政治家がなかなかいるわけでもないことを我々はよく知っている。ヒトラーは主に熱い言葉ばかり使っていたようだし、一緒にしたら怒られるのだけれども六〇年代のカウンターカルチャーにおいても熱い言葉が飛び交っていた。

ここで更にややこしい話をしますけれども、熱い言葉というのは、どこまでもエスカレートする傾向がある反面で、冷たい言葉というのはその冷たさをエスカレートできない。冷静に結果だけを報告するような文章があるとして、それを更に冷静な方向に盛り上げるための方法は存在しないのである。

熱い言葉というのは、無制限に盛り上げることができる。この馬鹿が、と言った直後に、アホ、ボケ、カスが、といった積み重ねを容易に行える、のである。これを我々は経験的に知っているのではないだろうか？　更に面倒なことに、我々は簡単に熱い言葉を使うことができる反面で、完璧に冷たい言葉というものを持ってはいないのだ。

我々が普段から使う言語のうち、本当に冷たい言語と言えるのは数式や音符だけである。これはどういうことかというとですね、熱い言葉というのは情動、エモーションに働きかける言葉なのですね。ということは、冷たい言葉というのは、出来るだけエモーションを刺激しないような言葉、ということになります。我々は普段から、さして意識せずに日常の中で熱い言葉（例・この野郎、ぶっ殺すぞ！）と比較的冷たい言葉（例・お昼ご飯、何にする？）を使い分け、エモーションに働きかける言葉（例・愛しています！　結婚してください！）と、あまりエモーションを刺激しない言葉（例・そこのお醤油とってくれる？）を使い分けている。最初から二つある心を、それと意識することなく使いこなしているのだ。

使い分けないと日常生活ができないから、我々は簡単に熱い言葉と冷たい言葉を普段から使い分けているのだが、完璧なまでに冷たい言葉、つまり全くエモーションに働きかけることのない言葉というのは、実は存在しない、のである。

たとえば、山上たつひこの漫画『半田溶介女狩り』には、「娘」という文字を見ただけで欲情する人物が登場する。これはもちろん、極度にカリカチュアされたギャグ漫画だからこそ面白いわけだが、ヒトという動物の認知システムを非常に上手く描いているのである。

目には青葉山ほととぎす初鰹、という有名な俳句がありますよね。名詞を並べただけにも見えるし、実際に名詞が並んでいるだけなわけだが、我々の脳はこのシンプルな俳句から、初夏の風景を過剰に読み取る。大盛りで有名なラーメン二郎のファンたちは、二郎という漢字二文字を見ただけで、丼に山盛りになったモヤシと、その上に載っている背脂と刻まれたニンニク、そして醤油の色に染まった太い麺の食感などをまざまざと思い出す。

言葉というのは基本的にデジタルなはずなのだが、それを受け取るヒトの脳は、勝手にエモーションを湧き上がらせるのである。だから、完全に冷たい言葉で書かれた文章というのは存在しえない。

とはいえ、これはこれで決して悪いものではないのだな。たとえばピーター・ゴドフリー＝スミスの『タコの心身問題』という本は、かなり高度な哲学書なのだが、著者が実際に海に潜りタコを観察する人なので良質の海洋ドキュメンタリーを読んでいるようなエモさがあり、それが難解な哲学書を読むための良い手がかりになっている。アンガス・ディートンの『大脱出』は経済学の本であるが、読んでいるうちに親子の絆の大切さみたいなものに思いを馳せるエモ味がある。つまり難しい本を読む際にエモーションは、その本の中に入っていくための手助けとなる。何かを理解するための補助として情動は便利なツールなのだ。

知性というか論理性というのはヒトにとっては最高に便利なツールであるが、ヒトはその便利なツールを使うためには、エモーションで論理性にアクセスするしかない、らしいのである。というわけで、人間というのは個人を運営するのも国家を運営するのもかなり面倒くさい動物なのだが、実際問題としては熱い認知と冷たい認知、熱い言葉と冷たい言葉を上手く使いわける道を模索するしかないのだろう。

ちなみに、当時のドイツにも冷静な判断ができた人たちはいて、その多くはアメリカに亡命した。戦前のドイツは映画の先進国だったので優秀な映画人が大勢いたのだが、彼らの多くがアメリカに移動したために、アメリカの映画産業は大きく発展した。

戦時中のアメリカ映画には反ナチス映画がたくさんあるが、それらの多くはドイツ人の監督や俳優が作ったものだ。彼らはヒトラーに激しい恨みを抱いていたので、映画監督は喜んでヒトラーの悪行を効果的に演出し、俳優は喜んで悪いドイツ兵の役柄を演じたりしたのである。その結果、『カサブランカ』や『死刑執行人もまた死す』といった映画史に残る名作が誕生した。これらは、亡命ドイツ人が異郷であるハリウッドで情動・エモーションと理性を上手く使い分けた好例だろう。ヒトラー許すまじ！　という情動を、的確に多くの人に伝えるために、冷静に脚本や演劇プランを練ったからこそ名作になったわけだ。

亡命ドイツ人が、アメリカ映画の中で悪者であるドイツ兵を見事に演じるというのは、かなり高度な知性の産物である。『カサブランカ』でドイツの軍人を演じたコンラート・ファイトは、歴史に残る名優だが奥さんがユダヤ人だったのでイギリスに渡り、その後ハリウッドに移った。『カサブランカ』の監督であるマイケル・カーティスはオーストリア＝ハンガリー帝国の出身だ。生まれ故郷では『ノアの方舟』のような超大作を撮っていたが、ドイツを経由してハリウッドに招かれた。亡命したわけではないが、ヒトラーのせいで状況が変化して帰れなくなったのだ。アメリカではリーズナブルな作品ばかり撮っていたが、決して大作ではない『カサブランカ』はハリウッドの歴史に残る名作である。悪役ドイツ人を演じたコンラート・ファイトとカーティスは歴史に残る良い仕事をしたと言える。

六〇年代カウンターカルチャーの当事者たちは、当然のように熱い言葉で語った。おそらく当時はそれが最も良い方法であると思われていたのだ。ただ、熱い言葉を優先すると論理性を欠いてしまい、さまざまな齟齬が生まれるという弊害がある。とはいえ、変な比較になるけれども、カウンターカルチャーによる副産物的な被害はスターリンや毛沢東、ポル・ポトに比べれば可愛いものなのだ。これはやはり建前とはいえラブ＆ピースがあったのと、中央集権的な運動ではなかったからだろう。カウンターカルチャーの中には急進的なマルクス主義者もいたが、ヒッピーたちの多くは資本主義を頭から否定するスタンスはとらなかった。ヒッピーは色んな面でユルかったのである。そして、ユルいことはヒッピーにとって最大の美徳であったと思う。

一九一七年、二〇世紀が始まってまだ間もない頃にロシア革命が起きた。人類はそこから、共産主義にしますか？　それとも資本主義を続けますか？　という二択問題に悩まされるようになった。この問題は、人類にとっては深刻な問題なのだけれども、人類が物事を考えるための能力を鍛える上でドリルとしては非常に好ましい課題として機能した。

革命が起きてリアルに共産主義を実現したのはロシア・ソ連だった。革命って良いよね？　的なことの言い出しっぺはフランスであるが、フランス革命は副産物としての被害が甚大だった。フランスでフランス革命は起きたけれども、それはブルジョワ革命であって、フランスでロシア革命は起きなかった。変な言い方になりましたが、要するにフランスではロシア革命が行ったような、国家規模で共産主義に基づいた社会形態の変革は起きなかったのだ。続いて中国が共産主義化するわけだが、革命の総本舗たるフランスが共産主義国になったりはしなかった。イギリスも同じことだ。

共産主義に移行したロシア・ソ連と中国は、どちらも国土がやたら広くて人口も多い。面積と人口で見るとフランスやイギリスは小国である。しかし、歴史的な影響力はやたらと大きい。イギリスの植民地政策がなかったらアメリカという国家はなかったし、イギリスが奴隷貿易をやらなかったらジャズやブルース、ロックンロールは生まれていなかった。

大英博物館のコレクションが他の国の博物館よりも凄いのは、大英帝国が侵略、略奪、文化的盗用といった現代の視点から見ると悪事に見えるような行為を、他の国々よりも上手く行ったからである。だから歴史的に見ると大英帝国はラスボス級の悪役に見えることもあるのだが、文明化においても先進国だったので、いち早くシフトチェンジを行い、二〇世紀前半におけるナチス・ドイツのような世界史の中の悪役になることを、回避したのである。

これは、どういうことかと言いますと、ヒトはチンパンジーやゴリラと同じように集団で生活する動物であること、そしてヒトだけがその集団の規模を拡大させて国家を作る動物であることはすでに述べた通りだ。

歴史の本を読むと、神聖ローマ帝国だのモンゴル帝国だのと、昔は帝国が多かったことがわかる。どうやら初期条件でヒトが作る国家は、帝国という体裁をとりやすいようなのである。これはなんとなくわかる。要するにアルファオスたるボスザル的な権力者が頂点に君臨する社会である。しかし、ヒトには利他性がある。他人を思いやる心がある。ヒトは公平さを求める動物なので、道徳心を進化させるうちに、帝国とか奴隷制度とか、あんまり良くないよね？　と思うようになる。植民地主義も良くないよね？　現地の人に迷惑かけるから。

植民地主義というのは基本的に帝国の産物である。帝国は、どんどん領土を広げようとしますよね。モンゴル帝国などは、ユーラシア大陸全域に広がるところまでいった。ヨーロッパの植民地というのは、海の向こうの土地にまで領土を広げようとした結果である。

ところがイギリスの植民地であったアメリカが独立する。その後を追うようにフランス革命が起きる。これが一八世紀の話。日本はまだ江戸時代だったから、えらく昔のことのように思えるけれども、人類の歴史を文明の誕生、農耕社会の誕生からカウントすると一万年で、二百年前とか三百年前というのは割と最近のことなのだ。

これがホモ・サピエンスの誕生からカウントするとなると二十万年前である。だから、我々が今、比較的平和に過ごしている民主主義の社会というのは、人類史のスケールで考えるとわりと最近できたものなのだ。

理想的な社会とはどのようなものなのだろうか？　ということに関しては昔から色んな人が考えてきたのだけれど、（ちなみに、プラトンが『国家』を書いたのが二千四百年くらい前です）、実際に帝国ではない、新しい形の社会を作れたのはわりと最近で、しかもそれがベストなのかどうかはまだ誰にもわからなかった。

国のやり方を大きく変えるというのは、一種の社会実験なわけだが、スケールが大きすぎるのと、失敗したら目も当てられないので滅多にできない、というか滅多に起きないイベントである。ロシア革命は、この滅多に起きないイベントが起きたわけだが、その少し前から第一次世界大戦が始まっている。

言い換えると、第一次世界大戦が引き金になってロシア帝国やドイツ帝国、オーストリア＝ハンガリー帝国などの旧態依然とした帝国がバタバタと倒れたとも言えるわけだ。第一次世界大戦が終わってから第二次世界大戦が始まるまでに二十年の年月があるが、戦後の混乱期があり敗戦国は経済的な苦しみを味わい、小さな規模の戦乱、軍事介入はたくさんあった。そのうらに大恐慌がありファシズムが台頭する。つまり、戦間期とはいえ相対的に平和な時代は数年しかなかったのである。

本当に二〇世紀の前半は戦争に終始した。第一次世界大戦が終わった時点で、ヨーロッパ各国の被害は甚大だったので、もう戦争は懲り懲りだと思った人は大勢いた。

イギリスの政治学者で外交官でもあったE・H・カーは、戦間期に『危機の二十年』という名著を書いたのだが、出版されたのは既に次なる世界大戦が始まってしまった一九三九年だった。これは今読んでも面白く値打ちのある本なのだが、人類のやらかす行為というのはつくづくタイミング一つで印象が大きく変わる。そもそも第一次世界大戦が始まったきっかけも、ある種のイレギュラーなアクシデントでしかないのだが、そこから壮大なスケールのドミノ倒しが始まり、戦間期にはカーのような聡明な人が何人もいたのにも関わらず、更に大規模な第二次世界大戦に突入したわけですよ。

ヒトは愚かな動物なので戦争をやらかすわけだが、同時にヒトは賢い動物なので戦争を見て、ヒトは愚かな動物であるという認識も生まれる。ニヒリズムだね。

この辺の、ヒトという動物が抱えた矛盾は簡単に解決できるものではないが、ヒトという動物の習性などをじわじわと解明して行けば、それなりに対処できないものではない、と考えるのが良いのではないか。

ヒトの歴史を鳥瞰的に眺めると、ある時は性善説が正しいようにも思えるし、またある時は性悪説が正しいようにも思えてしまうわけだが、この際に性善説か性悪説かという二者択一問題として受け止めてしまうのはあまり賢明ではない。それはどちらも同じ程度には正しくて、そもそも二択では解決できないのである。それを二択のように受け止めてしまうのはトラップのようなものだ。ヒトの本性にまつわる問題を二択のように捉えてしまうと我々の思考はそこで立ち止まってしまう、のである。

なにしろ我々には文化を、道徳を進化させるという能力があるのだから、時間をかけて熟慮しながら前に進むしかない。ともあれ、二度にわたる大きな戦争が終わって、人類全体が、戦争は良くないものだ、というコンセンサスを獲得したのは誠にめでたいことではあった。

カウンターカルチャーが勃興した六〇年代の世界は、問題だらけだった。まずは環境問題。一九六二年にレイチェル・カーソンの『沈黙の春』が出版され、ベストセラーになった。この本は公害の恐ろしさを描いたものだが、実際に公害が酷いことになっていたからこそ、ベストセラーになった、のである。

奇しくも同じ年にキューバ危機が起きている。第二次世界大戦が終結した後、アメリカとソ連が冷戦に突入したことはよく知られているが、キューバ危機は本当に世界全体のピンチであった。アメリカとソ連がそれぞれ所持していた核兵器を使っての全面核戦争が起きた場合、全世界規模の核爆発で人類が絶滅すると言われていたのである。

キューバ危機の時は本当に、全面核戦争に突入しそうになった。つまり、六〇年代から七〇年代にかけて、世界中の人間が〈我々の文明が生み出した公害によって地球が滅びてしまうかもしれない〉恐怖と〈明日、いきなり全面核戦争が起きて人類が滅亡するかもしれない〉恐怖、この二つをずーっと抱えて暮らしていたわけだ。

当然のことながら新聞や本には地球が滅びる可能性について書かれた言葉がたくさん踊っていたし、映画のようなフィクションの世界でも人類滅亡をテーマにした作品が量産された。実は、人類は良い方向に向かって繁栄しているんですよ、というテーマの『繁栄』を書いたマット・リドレーが、同書の中で熱心に人類の未来は明るいのだという話を繰り返すのは、リドレー自身が子供の頃に「人類の未来はお先真っ暗だ」というニュースやフィクションが山のようにあって、そういう暗いニュースが多いこと自体が人類のために良くなかったと考えているからである。

一九六二年といえば、ビートルズがデビューし、翌年デビューするローリング・ストーンズが結成されて初めてのライブをやった年である。ジョン・レノンやポール・マッカートニー、ジョージ・ハリスンは、生まれて初めてのレコードが発売されてわずか十日ほど後にキューバ危機のニュースを知り、せっかくデビューしたのに世界が破滅するかもしれないという恐怖を味わったことになる。

今すぐにいきなり、世界規模の核戦争が起きるかもしれないという恐怖は、基本的にソ連が崩壊し冷戦が終わったと認識されるようになるまで続いた。その一方、公害に関しては色んな国のいろんな企業や市民団体などが、時間をかけて取り組み、海や空は徐々にきれいになっていった。

日本でも六〇年代後半から七〇年代にかけての河川や空は凄まじく汚染されて本当に汚かったのだが、今の海や空しか知らない若い世代にそれを伝える術がない。最も良いのは映画『ゴジラ対ヘドラ』を観てもらうことかもしれない。今観ると奇天烈な映画だが、そこに描かれている公害の恐怖は当時はリアルなものだったのである。リドレーも、昔の空や海を自分の目で見てきたからこそ、シフトチェンジした際の人類の底力を高く評価し、未来は明るいぞと言えるわけだ。

漠然とした社会的な不安が人々の行動にどのような影響を与えるかについては、なかなか計測したりできるようなものではないが、我々はまだ終結していないコロナ禍において、色んな国で暴動が起きたのをネットの動画で見たばかりである。たとえばBlack Lives Matterはコロナとは直接は関係ないが、誰もがコロナ禍におけるストレスを感じていたので騒ぎの規模が大きくなった面もあるのではないか。

六〇年代というのは今よりも治安も悪く、社会的な恐怖は遥かに大きかった。かてて加えて、超大国アメリカは山のような問題を抱えていた。深刻化するベトナム戦争、アフリカ系アメリカ人の公民権運動、女性解放運動。ビートルズやローリング・ストーンズ、ボブ・ディランらが世に出たのは、そういう時代だったのである。

ビートルズもローリング・ストーンズも初期のアルバムはオリジナルの曲だけではなく、彼らが影響を受けた人たちのカバーが含まれていた。どちらも、アメリカで発売されたアルバムはイギリスでのオリジナル盤とは少し曲目が違う。これは、レコード会社もアーティスト自身も、ロックのアルバム作りとはどういうことなのか、まだよくわかっていなかったのでオリジナル盤には入っていなかったヒットナンバーを加えたりしたのである。その方が売れると思ったわけですね。

ところが、どちらのバンドもあっという間にオリジナルアルバムの作り方を確立させた。ロックにおけるコンセプトアルバムの先駆けはビートルズの『サージェント・ペパーズ・ロンリー・ハーツ・クラブ・バンド』だと言われるが、映画のサントラ盤でもあった『ハード・デイズ・ナイト』あたりから既に全体に統一感のあるアルバム造りが始まっている。

エリック・ドルフィーやマイルス・デイヴィスといったモダンジャズのアーティストたちは、早くからアルバム単位で統一感のある作品を作っていたわけだが、ロックミュージシャンたちもそれに倣ったのである。

ロックンロールから六〇年代ロックへの移行で大きな変化があったのは、エルヴィス・プレスリーと彼のバックバンド、という形ではなくバンドが主体として扱われるようになったこと。そして、シングルレコードよりもアルバム単位で扱われることが多くなった点だ。

アメリカの音楽評論家でボブ・ディランが初めてエレキギターを持ったニューポート・フォーク・フェスティバルの現場にもいたイライジャ・ウォルドは、ビートルズがロックンロールを破壊したと主張している。ジュークボックスでかけられるシングルレコード主体のロックンロールが、ビートルズによってもたらされたアルバム至上主義によって破壊されてしまったという論旨である。言いたいことはわかる。確かにロックは、ティーンが気楽に踊るだけの音楽ではなくなってしまった。とはいえ、時計の針を元に戻す方法はないのだ。

ビートルズの歌う歌詞は、短期間でどんどん実存主義やシュルレアリズムの影響を受けたようなものになっていった。ほんの数年前まで、「愛はお金では買えない（Can't Buy Me Love）」と歌っていた人たちが「私は海象（I Am the Walrus）」など歌い始めたのだ。貴方たちの人生に、いったい何があったんですか!? と訊ねたくもなる。

ビートルズのメンバーたちはドラッグカルチャーとサイケデリックカルチャーを真っ正面から受け止めた人たちでもある。何しろ彼らには有り余るほどのお金があったので高価なドラッグがたっぷり手に入った。

ローリング・ストーンズも歌詞の内容を文学的で社会派な方向にシフトしていった。ジョン・レノンやミック・ジャガーはおそらく、自分たちがどうやら単なるポップスター、アイドルではなくて社会的な影響力を持つ文化人であることに気がついていたのだ。レノンもジャガーもアートスクール出身である。七〇年代にパンクロックの時代になってもブリティッシュロックの牽引者はアートスクールの出身者が多かった。日本にたとえると、美大や芸大である。ジャガーはアートスクールを経由して経済学を学んだ。ロックの時代においても学歴や教養といった文化資産は役に立ったのだ。

ブリティッシュ・インヴェイジョンの旗手たちが、軽いラブソングから文学的な表現に移行できたのは何故だろう。

イギリスでは、ロックンロールの誕生に先立つ一九五〇年代に「怒れる若者たち」と呼ばれる作家たちが出現していた。短編集『長距離走者の孤独』で知られるアラン・シリトー、『怒りを込めて振り返れ』で知られる劇作家ジョン・オズボーン、カウンターカルチャーに多大な影響を与えた評論『アウトサイダー』で世に出たコリン・ウィルソンたちである。

そしてアメリカにはビートニクと呼ばれる作家たちがいた。『路上』や『禅ヒッピー』で知られる放浪の作家ジャック・ケルアック、『吠える』の詩人アレン・ギンズバーグ、『裸のランチ』で知られるドラッグまみれの作家ウィリアム・S・バロウズたちだ。ロックの文学性や実存主義的なイメージはこれらの作家たちから受け継がれたものである。

さらに源流をたどると、一九世紀のイギリスには『阿片常用者の告白』で知られるトマス・ド・クインシーがいた。イギリスにはジョン・キーツ、ダンテ・ゲイブリエル・ロセッティといった詩人がおり、彼らもまた阿片に耽溺していた。キーツもロセッティもロマン主義の詩人であることに注目。薬物による酩酊はロマン主義、デカダンスと相性が良かった。だから二〇世紀のロックとも当然のごとく相性が良かった。ド・クインシーやキーツらが阿片にハマった理由は簡単で、手に入りやすかったのである。一九世紀の初頭からイギリスは植民地であったインドで現地の農民にケシを栽培させて阿片を大量に生産した。これが阿片戦争に発展したのは歴史の教科書に書いてある通りだ。

当時のイギリスでは町の薬屋で阿片が買えた。ジョン・レノンやルー・リードといったドラッグ体験を歌にしたアーティストたちは、ビートニクを経由してロマン主義の文学を継承しているのだが、二〇世紀のドラッグは前世紀の阿片よりも洗練され、効き目が強かった。それが数々の悲劇を生む……。

⑧ メインストリートの文学者

ボブ・ディランやビートルズ、ローリング・ストーンズらが文学的な表現を行うようになったのは、人類の歴史の上でかなり重要なことだった。ジョン・レノンやミック・ジャガーは言ってみればアイドルとして世に出たわけだが、彼らはあっという間に文学者に変貌した。

ディランだって、デビューアルバムにはオリジナルの歌は二曲しかなく他はトラディショナルのカバーだ。しかしディランはセカンドアルバム以降、オリジナル曲を大量に作り始めた。彼がノーベル文学賞を受賞した今の視点で見ると、ディランがウォルト・ホイットマンやヘンリー・D・ソローといったアメリカ文学の精神を受け継いでいることは明らかである。ディランとは直接、交友のあった詩人アレン・ギンズバーグを、ディランとホイットマン、ソローの間に置くとかなり見通しの良いアメリカ文学史になるのではないか。

個々のアーティストたちは一見、革新的に見えはするのだが、実はそれぞれに良い形で先人の仕事を継承しているのがわかる。文化の伝達、継承には縦横斜めと三つのパターンがあるわけだが、ディランの文学性は同時代の若者へと横の伝達で広まった。

なのでレノンもジャガーも、そしてジミ・ヘンドリックスもディランから強い影響を受けた。そう、ロックの基本である「我流の物真似」が彼らの表現を深化させたのだ。

同時代の若者同士だから、ディランへの尊敬の念はあっただろうが、同時に負けるもんかという競争意識もあっただろう。ヒトはリスペクトと負けるもんか！　を同じアプリケーションで行える動物である。バイオロジカルなマーケットの中で、ディランを高く評価したからこそのリスペクトであり、同時に自分も文学的な詩を書こうではないかとモチベーションが上がるわけだ。

要するに、自分もディランのように文学的な歌詞を書いた方が、今という時代において、今以上に輝けるのではないかと、当時既に有名人であったレノンやジャガーは考えたわけである。この先も甘いラブソングだけを歌い続けていたら時代遅れになってしまうかもしれない、という危惧もあったかもしれない。

彼らの目の前には、文学的な修辞を駆使したロックという新たな地平が開けていた。その頃に同じような思いを抱いた若者が大勢いたであろうことは間違いなくて、彼らの後から登場したミュージシャンたちの多くは最初から文学的な表現を駆使していた。

こう考えると、ある種の芸術的な表現に対する評価、批評精神というものが生物学的かつ経済学的な行動であることがよくわかる。現代社会においては、芸術として高く評価されると収入が増えるのだ。だとしたら、己がやっている表現を芸術として認知させたいと思うのは人情である。

たとえばだ、色んな人がパブロ・ピカソや谷崎潤一郎を各々の分野において高く評価したので彼らの懐にたっぷりとお金が入り、元から浪費家であったピカソや谷崎は主に自分の身の回りにいた女性たちのために湯水のようにお金を使った、わけである。その結果、どちらもそのジャンルにおいては売れっ子なのに経済はいつも火の車というはたから見たら面白いことになったのだが、彼らが浪費したお金は経済を回し、どこかの誰かを少しばかり助けたはずである。資本主義経済においては、極端な浪費は個人を破滅に導くが、浪費されたお金は回り回ってどこかの誰かを豊かにするのである。

とはいえ、生物学と経済学が極めて近しい親戚だということが判明したのは、かなり最近のことである。当時は誰もがその辺のことがよくわからないままに、ある種の情熱を持って衝動的に市場に参加していったのだ。そう、社会運動に身を投じるという行為もまた、バイオロジカルなマーケットへの参入なのだ。街頭でデモを行うのも、大勢の他人に見せる行動である。見てもらわないと効果がないですからね。

そもそも社会的な運動、ムーブメントの類において渦中にある人間には、確固たる意図や目的、理想などはあるかもしれないが、現在進行形で自分が行っていることが客観的に見てどのようなことなのかを理解することができない。ヒトは誰しも目の前のプロジェクトに対して、近視眼的にならないと集中できないわけだが、近視眼的になるということは客観視という理性的で便利なツールから距離を置くことにつながる。生きている限り、人には近視眼的にならなければならない時が必ず訪れる、のである。

自分を客観視することはヒトにとってとても良いことである。客観視は冷静で理知的な思考とつながっているので、事あるごとに自分を客観視しようとする姿勢でいると人生において大きなミスをしでかす可能性がかなり低くなる。

しかしながら、たとえば外出中に激しい便意に襲われた時に、近視眼的になるなと言われても無理である。だとしたら、ヒトとしてより良い生き方をするためには、常にバランス良く、人生をロングスパンで理知的にとらえる視点と、近視眼的になるしかない問題に対して直感的に判断を行う行動を上手く使い分けるしかないではないか。そもそも基本的に二重過程理論でものを考える動物なのである。ヒトは歳をとるごとに、落ち着いた聡明さを手に入れることができる反面、歳をとるごとに尿漏れや想定外の脱糞といったトラブルに襲われることが増えてゆくのだから。

カウンターカルチャーの時代には公害、ベトナム戦争に公民権運動など様々な解決すべき問題が山のようにあったので、人々は近視眼的に興奮し世情は揺れに揺れた。

ヒトはとにかく喫緊の課題に対しては感情的になりやすい動物である。喫緊の課題とは、どのようなものかというと、たとえば目の前で自分の家が火事で燃えているとか、帰宅したら自分の奥さんが自分の親しい友人と裸で抱き合っていたとか、そういう事態に直面することである。感情的になるなというのは無理な話だ。

この、喫緊の課題に直面した際に燃え上がる我々の感情とは、おそらく我々の遥かな祖先が、ライオンの祖先に食べられそうになった時、はたまた自分の子供や親しい仲間が食べられそうになっているのを発見した時の感情なのだろう。そういう時に対策を深く考えている暇はないから脊髄反応で動くしかない。

しかしながら、環境問題というのは脊髄反応で解決できる類の問題ではないし、反戦運動や公民権運動もまた持続的にやるしかない。特に環境問題や反戦運動には基本的にゴールがない。永遠にも近いようなスケールで、気長に計画的かつ継続的に取り組む類の問題である。必要なのは段取りを踏んだプラグマティズムな姿勢である。だから、いつだって二つの心を使いこなすのが肝要なのである。

実のところ、人類は気長に取り組むことで環境問題や反戦運動に関してはそれなりに良い結果を出しているのだが、当時の人々には汚染された海や空がそれなりに綺麗になる未来がとても予想できなかった。カウンターカルチャーの時代には、色んな本が書かれ多くの読者を獲得したが、どれもハーバート・A・サイモンがいうところの熱い言葉で書かれており、冷静かつ客観的に自分たちの行動を分析したような文章はあまりない。彼らは自分たちが何を行っているのか客観的に理解していなかった、とも言えるし、哲学者ダニエル・C・デネットがいうところの「理解力なき有用性」が作動していたとも言える。

理解力なき有用性を理解してもらおうとすると、やたらと長い話になるのだが、かなり端折って説明するとこうなる。たとえばアリやハチはガウディの建築なみに凄い巣を作るけど、個々のアリやハチは自分が何をやってるのか理解してないよね、てなことである。それと同じようにヒトも自分が何をやっているのか、客観的なことはわからないままに凄いことをやってしまう場合があるのだ。

たとえばピカソの『ゲルニカ』は、戦争反対というメッセージが込められた素晴らしい芸術作品であるが、勢いに任せて描かれたものなのでロジカルに解釈してもあまり意味がないようなところがある。なんで牛が泣くの？　とか考えるより、天才画家がノリノリで描いた筆致に圧倒された方がピカソのメッセージを素直に受け止められるのではないだろうか。

我々ヒトは、何かを伝える際には論理性をもって相手に説明し、論理的に理解してもらう。大人が子供に、一足す一は二、を教えるのは、論理性でもって大人自身と子供の間に橋をかけるような作業である。この、論理性がどれだけ便利なツールかというのは誰もが知っているのではないだろうか。その反面で我々は、ノリ重視で、エモーションとかパッションに任せたメッセージの伝達もまた重要であることを良く知っている。

たとえばカール・マルクスという人がいる。マルクスの考え方は実はキリスト教の影響を凄く受けているのだが、マルクス自身は自分がキリスト教の影響下にあることを自覚出来なかった。それは無理もないのだ。マルクスは言ってみればマルティン・ルターが考えたビジョンの、神様が存在しないバージョンを思いついたのである。画期的であったのは間違いない。とはいえ、彼がキリスト教から大きな影響を受けていることは現代のマルクス研究者も認めている。ヒトというのは実はそんなには革新的な、クリエイティブな動物ではないのである。

たとえばスマホは我々の生活を大幅に変化させた大発明であるが、パソコンの歴史や携帯電話の歴史、その前には電話の歴史などが積み重なり、いくつかの文化の流れが合流して誕生したものである。天才ジョブズが何か奇跡的なアイテムを生み出したわけではない、彼はただApple社のトップにいて企業の舵取りをしただけだ。極端なことを言うと、我々の遥かな祖先が石斧を道具として使い始めることがなかったら、我々の文化はiPhoneを生み出すことはなかっただろう。

ヒトは多くの先人たちから、はたまた同時代の人たちから受け継いだ文化の積み重ねに、ほんの少しオリジナルな何かを上乗せすることしかできないのだが、時にはそのほんの少しの上乗せが大きなブレイクスルーに繋がることがある。そこだけを見れば何か爆発的なことが起きたような印象を与えるのだが、その背後にあるのはひたすらに長い時間をかけた文化の継承による積み重ねである。

いわゆる、巨人の肩の上に乗ることでしか文化は前に進まないわけでありますね。一九五〇年代のロックンロールは一過性の流行音楽でしかなかったが、黒人奴隷の音楽を継承しており、ボブ・ディランやジョン・レノン、ミック・ジャガーといった次世代の表現者に大きな影響を与えるだけの豊かさを内包していた、のである。

それにしても、ブリティッシュ・インヴェイジョンの波には最初から文才のある人たちが集まっていた。レノンはルイス・キャロルのフォロワーであることを隠そうとしなかったし、ミック・ジャガーはミハイル・ブルガーコフが書いた小説『巨匠とマルガリータ』にインスパイアされて「悪魔を憐れむ歌」を書いた（彼にこの小説を読むように勧めたのは当時交際していたマリアンヌ・フェイスフルらしい）。ブルガーコフはドストエフスキーやトルストイ以降では最大のロシア作家だが、ソ連の体制から抑圧された不運な人である。彼はドストエフスキーから非常に重要な要素を継承していた。

『巨匠とマルガリータ』の終盤では、民衆がある種の熱狂に駆り立てられて祝祭状態になるわけですが、ドストエフスキーの作品もクライマックスで民衆がゴリラのパントフート的に盛り上がった挙句に悲劇が起こる場面がけっこうある。『罪と罰』ではマルメラードフが死ぬ場面やその妻、カテリーナが死ぬ場面。『悪霊』ではクライマックスの場面において、無責任な群衆がその場のノリで熱狂する様が描かれる。ドストエフスキーはヒトという動物が集団で興奮、熱狂した時の危険性をよくわかっていたのだ。かてて加えて『罪と罰』も『悪霊』も今で言う厨二病による若気の至りを描いた作品で、だからこそ世界中からの支持を得たわけだ。

苦悩する若者を描いた実存主義的な文芸作品というのは割と近代の産物で、ゲーテの『若きウェルテルの悩み』が一八世紀の後半だ。ゲーテには『ファウスト』という、これまた苦悩する個人を描いた超大作があって、読んだ方ならご存知だろうけれども『ファウスト』は二部構成で第二部はなぜか祝祭劇になるのである。もっとわかりやすく言うと『ファウスト』の第二部は延々とミュージカルな場面が続くのだ。個人の苦悩から始まって、第二部で意味がよくわからないミュージカルになるから『ファウスト』は後半が難解だとよく言われてきたのである。実際、『ファウスト』第二部は難解であるが、とにかく祝祭にしてしまえという作者の強い意志は感じられる。

ところで何故『ファウスト』の話を持ち出したかというと、『巨匠とマルガリータ』にインスパイアされたと言われる「悪魔を憐れむ歌」の歌詞の内容が、『ファウスト』の影響をも受けているように見えるからだ。この曲は、人類の愚行の歴史を悪魔の視点から描いたものだが、その道化師じみた語り口調はどこか『ファウスト』に登場する悪魔メフィストのようではないか。

もちろんブルガーコフも『巨匠とマルガリータ』を書くにあたっては『ファウスト』を意識しているのだし、作詞の大半を行ったミック・ジャガーはおそらく両方とも読んでいるのだが、驚くべきは、他のメンバーたちとのスタジオでの試行錯誤の末に完成した「悪魔を憐れむ歌」のリズムが、サンバというきわめて祝祭的なダンスミュージックだったことである。

個人を誘惑する悪魔という文学的なテーマを、ゲーテ、ブルガーコフから継承したのはミック・ジャガーであったが、それにふさわしい呪術的かつ祝祭的なリズムを発見したのはキース・リチャーズであった。ミックの歌詞にある文学性をキースが的確に解釈したので、歴史に残る名曲になったわけだ。

ゲーテの『ファウスト』が一九世紀前半、ドストエフスキーの『罪と罰』が一九世紀後半、そしてブルガーコフの『巨匠とマルガリータ』が二〇世紀で、これらの作品は個人の苦悩を描きつつ、後半で集団的な祝祭劇になるという点で通底している。

個人vs集団というのは、人類にとっては普遍的な問題である。個人は尊重されなければいけない、そうでないと我々の傷つきやすい自我は日常生活のさまざまな場面において立ち直れないほどのダメージを受けてしまう可能性がある。その反面、我々は単独で生きる術を持たない。社会的インフラに依存して生きている動物である。だからこそ葛藤が生まれ、個人は苦悩する。実存主義が生まれるわけだ。

実存主義といえばフランスのジャン＝ポール・サルトルだが、彼が広く注目されて人気を集め、英語圏でも認知されたのがまさに戦後すぐの時期である。サルトルがある種のポップスターであったことは間違いない。フランスは知性の商品化に長けた国であった。

サルトルが出てきた背景にはパリのセーヌ川の左岸、サン・ジェルマン・デ・プレ界隈にたむろして「実存主義者」と呼ばれていた若者たちの風俗があった。彼らはアメリカのビートニクに似て、自由を愛し古臭い社会に縛られることを嫌った、わけであるが大正時代の日本ではモガ、モボというクラスタが発生し好き勝手なことをやった。似たような現象でありますね。

モガと呼ばれたモダンガールが誕生したのは都市部での若い女性の職業的な選択肢が増えたからだ。これら若い世代による、我々は年長者とは違う存在なのだという主張が大きな運動となり得たのは文化的な資産と、それを支える経済的な資産が交差して文化的な場が形成されたからだ。

たとえばフランスの場合、一六八六年にル・プロコップというカフェが誕生し、ここにラ・フォンテーヌやモリエールのような作家たち、ヴォルテールやルソー、ディドロといった文化人が集まり、啓蒙思想や社会変革について語り合った。これがフランス革命につながったのである。革命期には大勢の人をギロチン台に送り込んだ挙句、自分もギロチンで処刑されたロペスピエールや、彼のせいでギロチン台に送られ「次はお前の番だからな」と言ったジョルジュ・ダントン（もちろん彼の言った通りになった）のような政治家もやってきた。

フランス革命後の悲惨な時代が過ぎても、芸術家や文化人がカフェをサロンとして文化人たちが語り合う文化は続いていた。明治維新以降、日本は脱亜入欧を掲げていたので藤田嗣治のようにフランスに留学する芸術家が大勢いた。それでカフェのサロン文化は日本にも入ってきたのである。

大正時代のカフェには、大杉栄のような政治活動家、佐藤春夫のような文学者が出入りして社会や文化を語りつつ、酔っ払って暴れたりしていたのである。なんとなく、後世のロックスターのようであるが、そういった文化が入ってきたからこそ大正時代にモダンガールが生まれたわけだ。明治天皇が国民に向けて脱亜入欧を煽り、海外の文化を何でもかんでも取り入れたので、社会主義まで入ってきて大杉栄みたいな人が現れたのだ。

文化の系統樹で考えると、大杉栄もサルトルたちサン・ジェルマン・デ・プレに集っていた当時の「実存主義者」たちも、ルソーやロベスピエールから何がしかの文化を継承しているわけだ。

第二次世界大戦の後、やってきたのは情報化社会でありどの国でも出版はより盛んになったから英米で学のある若者たちはサルトルを読んでいたし一九四六年のノーベル文学賞を受賞したドイツ語の作家ヘルマン・ヘッセも読んでいた。そう、この時代のロックとカウンターカルチャーというのは、それなりに教養のある層が不良の文化に参入したからこそ成立したわけである。

一九六八年にデビューし映画『イージー・ライダー』で使われた大ヒット曲「Born to Be Wild（ワイルドでいこう！）」で知られるステッペンウルフは、そのバンド名をヘッセの『荒野のおおかみ』からいただいている。サンタナのセカンドアルバム『天の守護神』の原題は「Abraxas」で、ヘッセの小説『デミアン』の中で語られる神の名前だ。ずっと後の世代ではブラーのデーモン・アルバーンがヘッセの熱心な読者である。ボブ・ディランを別にすれば、ヘッセは最もロックに影響を残したノーベル賞作家かもしれない。

ザ・フーのピート・タウンゼントも、ヘッセに影響を受けてロックオペラ『トミー』の構想を得たとインタビューで語っている。そして英国にはキンクスのレイ・デイヴィスがいた。彼は英国文学の伝統であるブラックユーモア、諧謔的な表現の正統な継承者である。諧謔的であることに秀でていたが故に、商業的成功においてはビートルズやローリング・ストーンズに及ばないが、歴史上最も成功したアーティストの一人であることは間違いない。

ちなみにタウンゼントはかなり早い段階からデイヴィスの文学性を称賛していたわけだが、デイヴィスの方は諧謔の人なのでタウンゼントからのリスペクトに対しては皮肉で返すという微笑ましい関係が半世紀ほど続いている。

後に旧世代のロックに対して批判的なロンドンパンクが勃興した際、ザ・フーとキンクスは他の旧世代のバンドと違って元祖パンクスとして称賛されたが、これは音楽的な影響もさることながらロンドンパンクが皮肉と諧謔の継承者であったからだ。

キンクスを有名にした名曲「ユー・リアリー・ガット・ミー」は男女関係を何やら意味深な比喩で歌っている。男女の関係を比喩的に表現するのはアメリカ黒人のブルースで多く使われていたもので、その点ではブルースを継承しているのだがデイヴィスの歌詞には具体性が少なく抽象的である。直訳すると、二人称で「貴女は僕を魅了した」みたいな感じになるのだが、抽象的な言葉で書かれているので形而上学的に読めないこともない。その上、曲調は後のヘヴィメタルに影響を与えたと言われるほどに激しいのに、熱いボーカルにはどこか物憂げなところがある。

この曲が発表されたのは一九六四年である。この後のブリティッシュロックからは文学的、形而上学的、実存主義的な歌詞を伴った名曲が山ほど生まれるわけだが、レイ・デイヴィスはその先駆者だった。もともとアメリカ黒人のブルースには、男女の機微をシンプルな言葉で表現しながら、人生の深淵を垣間見るような文脈があったのだがデイヴィスはそれを継承しつつ更に掘り下げたと言える。

ここで顧みるべきは、戦前から伝わる黒人ブルースの、口承文学としての重要性だ。アフリカからアメリカに奴隷として連れて来られた人たちは、母国の言語や音楽といった文化を剥奪された状態で自分たちの文化を紡いだ。かろうじて録音が残された戦前のブルースで歌われる歌詞は俗っぽい表現で描かれた生々しいアメリカ文学だったのである。それを、かつての宗主国たるイギリスの若者たちが、文化的な表現手段として継承したのである。

宗教音楽である黒人霊歌は、割合に早い段階から文化的かつ文学的な意義を認められて歌詞が記録されたが、世俗の歌であるブルースは悪魔の音楽といわれた。だがしかし、黒人霊歌とブルースはどちらも貴重であり重要なフォークロアなのだ。

歴史を奪われた状態で派生した近代的な民族音楽であり口承文芸であるマイノリティの音楽文化が、ここまでの影響力を伴って世界的に波及したというのは、おそらく世界史的にも前例がなく、これから先の未来において同じようなことが起きる可能性はまずない（だって奴隷貿易がもうないからね）。そもそも大英帝国の植民地政策がなかったら、こんな文化は生まれていないのだ。

大英帝国は、植民地に領土を広げてお金を儲けるために奴隷貿易を行っただけなのだが、それは誰も予想しなかった社会実験の始まりだったのである。アフリカ人から母国語と母国の音楽、楽器などを奪った状態から彼らはどのような音楽、文化を生み出すだろう？　という壮大な規模の実験だ。当たり前の話だが、誰もそんな実験をやってみようと思って奴隷を売り買いしたわけではない。結果的に、奴隷貿易が行ったのは壮大な実験だった、という話である。

人道的な面から見ると、今では絶対に成立してはいけない類の、それこそ悪魔の実験である。その結果、何が起こったかというと宗主国イギリスの若者たちが、黒人奴隷の子孫が生み出した新たな音楽に魅了され、あからさまに影響を受けた音楽を奏でるようになったのである。

イギリスには固有の民族音楽があり、ややこしいことにイギリスとは微妙に異なるアイルランドの民族音楽があった。大英帝国イギリスとアイルランドのややこしい歴史を説明しようとしたら、それだけで一冊の本になってしまうのであるが、ともあれイギリスとアイルランドというのは政治的かつ文化的な葛藤のある関係だ。そしてイギリスは文化的な豊かさを重要視する国であるが、アイルランドは文学と音楽、そして酒といった文化がまことに豊穣なのである。

個人的な話であるが、その昔、大阪のパブでアイルランドから来たという三人組の若者と意気投合して「私が思うに、アイルランドの文学とウイスキーはbetter thanイングランドである」というような意見を述べたら、彼らはそれこそロックコンサートのようにイェーッ！と叫んで盛り上がり、お前はわかっとるな！お前は正しい！と同意してくれたものだ。アイルランドとイングランドの問題の根深さを実感すると共に、アイルランド人が大酒飲みだというのは事実であることを体感した瞬間であった。翌日の二日酔いは本当につらかった、のである。

広義の英国文化というのは、イングランド、スコットランド、ウェールズ、アイルランドの複合文化である。全くもってややこしく面倒くさい話であるが、アイルランドは一二世紀のノルマン人による進攻から始まるイングランドの植民地化政策によってえらい苦労をしてきた。

アイルランドの人たちは元々はゲール語で会話していたが、今現在ゲール語を話すアイルランド人は全人口の一パーセントくらいだという。イギリスお得意の植民地政策がゲール語を侵略し尽くしたわけである。異なる言語と言語が出会うと、強い方の言語が相手の言語を滅ぼすのだ。言語こそはヒトが発明した最強のツールなのだが、最強であるが故に危険なのである。

アイルランドのゲール語問題は、奴隷にされてアメリカに送られたアフリカの黒人が母語を奪われたのと良く似ている。言語とか音楽というのは、その集団にとっての存在意義、アイデンティティである。それを侵略者の手によって奪われた場合には、侵略者側のメンタリティと同化するか、新たに自分たちの文化を作るしかないだろう。

アメリカの黒人音楽はモロにオリジナルの自分たちの文化を創造する行為であったが、アイルランドにおいても似たような事例が起きた。ゲール語を奪われて久しい二〇世紀のアイルランドの文学者は、侵略者たるイギリス人の英語を使って、イギリス人には到底できないような英語文学を構築しようとした。具体的にいうとジェイムズ・ジョイスである。

ジョイスは二〇世紀の前半に英語を使って誰よりも前衛的な作品を書き成功した。その結果、ヘミングウェイやフィッツジェラルドといったアメリカの作家から大層尊敬されたし、フォークナーはジョイスの手法を踏襲しつつ更に前に進めようとした。

アメリカの文学は歴史が浅いにもかかわらず相当に豊穣なものだが、それもこれも白人と黒人奴隷との分断を前提とした社会があったからだろう。黒人の多かった南部の田舎にいたフォークナーのような人が、都会にいたフィッツジェラルドのような人よりも前衛的（プログレッシブ）な手法で世界を震撼させたのだ。

話がいささかややこしくなってきましたが、何が言いたいかというとですね、大英帝国の植民地主義政策は現代の視点で見ると人道的にかなり問題のある国際的犯罪行為に見えるわけだが、音楽や文学においては大英帝国様が行った植民地主義政策によって（他にも色々あるだろう）異様に豊かな文化が生み出されてしまったわけだ。因果である。

人類の歴史はどこを切り取っても因果な事実に満ちている。イギリスはアイルランドに対して、アフリカに対して、新大陸アメリカに対して、植民地主義というツールを使って壮大かつ無責任な社会実験を行ったわけである。もちろん誰も、そんな実験をするつもりはなかったのだが、結果的に凄い実験が行われて、現代に生きる我々はその恩恵を受けているのですね。ロック好きですし、そのルーツであるブルースやR&Bも大好きですし、ジョイスもフォークナーも好きなわけですが、それらを生み出すきっかけとなったのは植民地主義で、それは現代人の目から見るととても悪いことに思えるわけです。面倒くさいな人類。

だからこそ我々は実存主義を発明して、あれやこれやと具体的な方法では解決できないような悩みを抱えるようになったのかもしれない。忘れてはいけないのは、植民地主義自体は人類にとって罪の歴史であること、その罪の歴史が我々にとってとても素敵な文化をたくさん生み出したことである。

というわけで、二〇世紀の後半に誕生したロックは、植民地時代以降にしか成立し得ない最先端の音楽と文学が出会う場となった。ロックは常に最先端であることを自慢する文化であったが、実際に最先端だったのだ。

ボブ・ディランがエレキギターを持った時、ブーイングした人たちは、エレキギターを使う音楽というのは通俗的で下品なものだと思っていたわけである。二一世紀の視点で見ると、通俗的なブルースやロックンロールの歌詞も口承文学として重要な文化だといえるわけだが、六〇年代にはそういう視点がなかった。高尚で文学的なフォークソングのディランが、金儲けのために低俗なロックンロールを始めたのか？　と思ったから憤りを感じたわけだ。

思えばアメリカのフォークソングというのも不思議な存在である。アメリカのように歴史のない国で、フォークたる民衆の民族音楽というのは成立するのだろうか。

実際のアメリカンフォークは移民たちの音楽が交わったものだった。アイルランド、スコットランドなど、当時の英語圏の民族音楽のエッセンスが混じり合ってアメリカのフォークソングになった。白人の移民たちは、黒人奴隷よりも教養があったので、黒人音楽よりも文学的に見えたのである。

構造主義的な視点で見ると、黒人のブルースも立派な口承文学なのだけれども、当時のディランのリスナーはたぶん構造主義を知らなかった。その時のディランが何を考えていたのかはさておき、彼がエレキギターを弾いたことでアメリカの文学を継承していたフォークソングと、黒人が踊る音楽、更には黒人音楽を聴いて踊る白人の若者たちの文化が合流したわけだ。確かにこれはダイナマイトを発明したアルフレッド・ノーベルの賞に値する功績ではないか。

ディランに刺激されたイギリスのジョン・レノンやミック・ジャガーたちが、ポップなラブソングを歌うアイドルから、文学的で実存主義的なロックスターに変貌したので、アメリカでロックバンドを組む若者たちも文学的な表現を使うようになった。そして、元から文学者気質の人もロックを歌いはじめる。

ドアーズのジム・モリソンは子供の頃から絵に描いたような文学少年だったが、進学先のUCLAの映画学科でキーボードのレイ・マンザレクと知り合い、ロックバンドという表現を選ぶことになる。問題は、モリソンのようなインテリがドラッグにハマってしまったことである。

⑨ ドラッグ・フロイト・ロックンロール

ドラッグ禍はもちろん、六〇年代カウンターカルチャーにとって最大の蹉跌である。この時代に、才能のあるミュージシャンが何人もドラッグで命を落としたのは有名な話だ。

ただし、ドラッグで死んだ人たちの症例を見ると、ドラッグとアルコールの併用で吐瀉物が喉に詰まって窒息死というパターンがけっこうある。どうやらドラッグだけではそう簡単に死なないらしいのである。その証拠にキース・リチャーズやブライアン・ウィルソンといった、薬物使用の歴史に残るヤク中が生き残っているし、ウィリアム・S・バロウズだって長生きした。

新型コロナも似たようなところがあって、感染しても無症状だったり軽症だった人たちが気軽に出歩いたせいで感染を拡大させてしまったところがある。軽症で済んだ人は、コロナなんて大したことないですよ、というバイアスでもってあちこち歩き回り感染を拡大してしまったりしたわけだが、その軽症の人から感染して死ぬ人もいるのだ。その辺りはドラッグ禍とよく似ている。

その被害は甚大であったが、いったい誰が一番悪いのか？　という難問が後に残るのである。『阿片常用者の告白』で知られるトマス・ド・クインシーには「芸術の一分野として見た殺人」というブラックユーモアに満ちたエッセイもあって、二〇世紀後半のカウンターカルチャーの源流にいる一人である。倫理・モラルは人類の叡智であるが、一九世紀には既にモラルに反するのがカッコいい的な価値観が存在したのである。

そもそもイギリスの植民地政策がなかったらアメリカという国家は存在しなかった。植民地主義と奴隷貿易、そして阿片貿易という三つの要素がなかったら、少なくとも我々が今日知っているようなロックという音楽は存在しなかった。だから、ロックンロールは基本的にアメリカで生まれた文化なのだけれども、イギリスやドイツ、日本といった他国との貿易によって前に進むのだ。

貿易とはすなわち資産の移動であり、資産が移動した際に付加価値が生まれる。都会で新鮮な魚介類や野菜を食べようとすると、原産地でそれを買うよりは高いお金を払うことになる、それが貿易である。

アメリカの黒人奴隷が生み出した文化資産が、アメリカの白人の若者に消費され、それがさらにイギリスの若者に消費されてブリティッシュ・インヴェイジョンが起き、それを聴いたアメリカの白人や黒人の若者たちが影響を受けて新しい音楽を作った。

文化的な貿易が行われる度に、新たな音楽が生まれ文化進化が起きているわけだが、その源流にあるのは大英帝国がやらかした、現代の我々から見ると蛮行と思えるような植民地主義であり奴隷貿易であり阿片貿易であることは繰り返し書いておきたい。我々は歴史上の蛮行、愚行から生まれた文化を延々と享受し、消費し、それで踊り続けているのだ。

二〇世紀の文学者たちもドラッグに魅了された。たとえばオルダス・ハクスリーである。一九三二年に『すばらしい新世界』という、かなり素晴らしいディストピア小説を書いたハクスリーは神秘主義に興味を持っていた。それが、ドラッグカルチャーと合流するのだ。

ハクスリーが『知覚の扉』を発表したのは一九五四年、日本では『七人の侍』と『ゴジラ』が公開された年である。

ハクスリーはドラッグによって人間の知覚が拡張されることに多大な期待を抱いた。彼の『知覚の扉』というフレーズは一八世紀イギリスの詩人、ウィリアム・ブレイクの作品『天国と地獄の結婚』に由来するのだが、ハクスリーが抱いたビジョンは現代の読者にはわかりにくいと思うので少し説明すると、ブレイクの詩にはロマン主義的な、彼方への憧憬がある。今ここではない場所に対するロマンである。これは割と普遍的なものだと思う。

そして、ブレイクとハクスリーの間にはジグムント・フロイトという影響力が甚大な人がいた。ジム・モリソン率いるドアーズのバンド名は、ハクスリー経由のブレイクに由来する。モリソンはフロイトからも影響を受けていた。

フロイトの功績は、無意識という広大な沃野に目を向けたことだ。ヒトの脳には無意識という領域があり、それが実は凄い仕事をしている、というフロイトの視点は間違ってはいないのだが、無意識の具体的な働きを調べる上ではフロイトはかなり間違っていた、のである。

我々は日常生活において頻繁に頭をかいたりお尻をかいたりする。かゆみを感じたらポリポリと頭なりお尻なりをかくわけだ。その際に、わざわざ脳内で「お尻が痒いからポリポリかくことにしよう」てな感じで言語化したりすることはまずない。
我々の手指が頭やお尻をポリポリとかくのは、脳というオペレーションシステムが的確に作動しているからなのだけれども、主体としての我々の自我は、お尻が痒いからお尻をかくぞ！　みたいな意識をすることはあまりない。だいたい、痒いと自覚した時には既にその部位をかいているでしょ。蚊に喰われた時にも、痒い！　と思った瞬間には体が動いており、その部位を掻いているのではないだろうか。これが両手に荷物を持っている時に蚊に喰われた場合、速やかに手を動かすことができないので脳内で「痒い！　蚊に喰われたか？」というような思考の言語化が行われるわけです。

たとえば、朝起きて「今日も一日、心臓を動かして全身に血液を循環させるぞ」とか「肺を動かして血液中に酸素を取り込もう」とか考える人がいないのと同じく、我々は普段から意識せずに脳を使っているのである。

『自分を知り、自分を変える』を書いたティモシー・ウィルソンは、無意識という言い方が良くなくて非意識と言った方がわかりやすいと述べている。アメリカの言語学者レイ・ジャッケンドフの『思考と意味の取扱いガイド』によれば、ヒトはそもそも思考の大半を無意識で行っている。ウィルソンの言うところの非意識である。

思考が、頭の中で非意識・無意識ではなくなり顕在化するのは思考が言語になった時である。

たとえば忙しくて食事をとれない時、いきなり空腹を自覚することがありますわね。すると頭の中で「お腹すいた！」とか「何を食べようかしら？」とかの言語化が行われる。実際には、それ以前の時点から空腹状態は始まっているのだが、それが脳内で言葉の形をとった時に我々は明解に空腹を意識できるわけだ。ジャッケンドフによれば、言葉とは無意識の海から必要な思考（この場合は空腹と、それの解決策である食事）を意識できるところまで引っ張り出すための取手のようなものだという。

我々は毎日のように職場や学校に行く。そのプロセスにおいては駅前まで自転車を漕いで行って駐輪場にその自転車を預け、更に駅の改札で定期券、今ならPASMOとかSuicaとかのカードを、あるいはそれらのアプリをインストールしてあるスマホを自動改札機にかざしてピッと音が鳴るようにする。こういった複数のタスクをこなしているのだが、習慣として毎日繰り返すことで複数のタスクをほとんどオートマチックに行っている。

初めてその職場に出社する時には、なかなかオートマチックには行えなかっただろう。降りる駅を間違えてはいけないし、途中の乗り換え駅を確認するのも重要な作業だ。駅に着いてからも、どの出口から出るのが良いのかを確認する必要がある。日常生活を快適に送るために、こなさなければならないタスクの数はかなり多いのだ。

しかし、我々はこれらの、客観的に見たら面倒臭いタスクを、毎日行っているうちに半ばオートマチックで行えるようになる。夜、寝ている時にお尻や頭をポリポリとかくのは意識してやっている行動ではない。脳というオペレーションシステムが勝手にやっているのだ。そして、朝になって起きてから歯を磨き、朝食を食べて身なりを整え駅に向かい、自転車を駐輪して駅の改札で定期をかざす、といった一連の行動をなかばオートマチックに行えるのは、我々の脳が優秀だからである。

無意識が重要な役割をになっているという点に着目した時点でフロイトは偉大だったが、無意識の凄さというのは、実は本人が意識する前にお尻をかいたり頭をかいたり、スマホをかざして改札を通ったりする行為を、深く考えずに行える点だったのである（もちろん、それだけではないのですが……）。

日本人の大人なら、ご飯を食べる時に、いちいち箸の持ち方を確認しないだろう。我々は、ほぼ毎日箸を使っているので無意識のうちに自分にとっては最も慣れた持ち方で箸をもってご飯を食べる。カレーライスを食べる時に、スプーンの持ち方をいちいち気にする人はあまりいないだろう。各人がそれぞれに、自分にとって最適なスプーンの持ち方を、大人になるまでのどこかで習得しており、今に至るまでの間にそれを修正する必要を感じなかったからだ。

たまに、箸の持ち方が変な人がいますよね。ああいう人は、変な持ち方で箸を使えるようになった後に、それを修正しなければいけないという必要性と直面しなかったので、本人とその無意識が子供の頃に覚えた変な持ち方を継続して使用しているのだ。

ヒトの脳はとんでもなく優秀な情報処理装置で、我々は自分の脳が行うタスクの全てにアクセスすることはできない。この辺のことは進化心理学者のロバート・クルツバンの『だれもが偽善者になる本当の理由』を読むとよくわかります。

重要なのは、自分の脳がやっている作業なのに自分自身はそこにアクセスできないポイントがある点だ。これも心臓のような不随意筋をイメージするとわかりやすい。

もしも自分の意思で心臓の動きを止めることが可能であった場合、簡単に自殺ができてしまいますわね。苦悩する自殺者だけでなく、酔っ払って心臓を止めてしまう人だっているかもしれない。何しろ我々は頻繁にミスをするから、そういったミスによる事故が起きないように、我々の意識は不随意筋の動きにはアクセスできないように進化したわけだ。そして、脳にもそういう領域があるのである。

だから無意識の働きというのは本人にとってはかなり親切な他人の仕事のようにも思えてしまう。実はコレがヤバかった。自分の中に、自分とは違う何かがいるようなイメージを抱いてしまう、わけです。フロイトの理論では、人間の意識の奥深く、無意識の領域に本人には確認し得ない超自我が存在するというお話になっている。彼の無意識解釈はかなり魅力的であった。

一九五六年に公開されたSF映画『禁断の惑星』には、目には見えないイドの怪物が登場するのだが、このヒトの無意識、潜在意識の中には怪物が潜んでいるのだというアイデアはフロイトに由来する。『禁断の惑星』自体は一九五〇年代を代表する傑作の一つである。

たとえば湖の奥深くに、ネス湖の怪物ネッシーが潜んでいるかもしれないと思ったら、誰もがワクワクするのではないだろうか。それでなくても、深海に生息するお魚は奇想天外な形をしているではないか。実際問題として、深海には確実にまだ人類の知らない生物が生息している。深淵にはロマンがあるのだ。

深淵でなくとも、自分が行ったことのない土地には自分が知らない凄い物があるとヒトは考えがちだ。アフリカの奥地には恐竜がまだ生き残っているかもしれないし、ヒマラヤの山奥にはイエティ、雪男と呼ばれるヒトによく似た巨大な類人猿が住んでいるかもしれない。七〇年代まではまだそういうロマンが現役だったのである。

ヒトは自分の知らない世界には、やたらとロマンを抱くのである。それは、今ここにある現実があまり面白くない時に、ここではないどこかにはもっと楽しいことがあるのではないか？　とか思ってしまう心とリンクしている。

基本的に、生きることはしんどいのである。ただし、時として凄く楽しいことがありますね。我々は経験的にそれを知っている。だから、日々の生活のしんどさと、たまに遭遇する楽しさへの期待を天秤にかけて、今はつらいけれども明日は休日なので秋葉原に行ってメイドカフェで楽しい時間を過ごそう！　とか考えることで、今現在のつらさを上手くごまかして生きる。明日は給料日なので、お気に入りのお寿司屋さんに行ってコハダを食べよう！　とか考えると、なんとか今の生きづらさをやり過ごせるわけです。

ヒトの記憶のシステムは客観的に見るとかなり面白い構造をしているのだが、極端につらかったこととか極端に楽しかったことに関してはすぐに思い出してしまうし、日々の暮らしにはしんどいことが山ほどある。だから、ヒトは今ここではないどこかにロマンを抱く。そのような形でフロイトの精神分析は大衆の間に広がり、消費されたのだ。

それにフロイトの本には、人類なら誰もが気になるセックスについてのあれこれが書かれていた。セックスもまた、無意識と同じく普段は人目に触れないところに隠されている。だからこそ誰もが気にする。精神分析について語ることで、普段は人前では話せないようなセックスの話ができるのである。あくまで、心理学の話をしているんですよ、というスタンスでセックスの話ができるという点で画期的なコンテンツだったのである精神分析は。そりゃあ売れるわ。

実際、フロイトの本は広く読まれたし、読んでいない人たちもフロイトについて語るようになった。ダーウィンの『種の起源』やフロイトの『精神分析入門』といった、その時代その時代に評判になった本はたくさん印刷されて今でも売っているのだが、買った人が全員その本を最後まで読んだかというと、おそらくそうでもない。

最近だとトマ・ピケティの『21世紀の資本』である。これはかなり分厚い本なのにベストセラーになった。今はブックオフに行くとすぐに買える。全部読んで理解したからブックオフに売った人もいるとは思うけれど、最初の方だけ読んで、飽きてしまって売った人も少なからずいるのではないだろうか。きちんと統計をとったわけではないが、個人的に見た限りではブックオフに並んでいる『21世紀の資本』は綺麗な状態のものが多いように感じられた。

ピケティの本はそこそこ難しいので、最後まで読んだ上で著者の意図をある程度飲み込めた人は一握りだと思われる。にもかかわらず、ピケティがそれなりに社会に影響を与えたと言えるのは、ピケティの本を読んでいないであろう人がトリクルダウンという言葉を使ったりするのをリアルで目撃したからである。

ここで重要なのは、我々はトリクルダウンという言葉の意味をちゃんと理解していなくても、日常会話の中でトリクルダウンという言葉を使えるという点である。やたらと売れた本は、それを読んでいない人にまで影響を与えるのである。こういうのは、ことの本質とは関係ないし客観的な計測ができるような代物ではないのでアカデミックに研究しようとする人もあまり出てこないし、出てくるとしてもかなり後の時代になってからだ。

我々はコンプレックスやトラウマという言葉を日常で使う。コンプレックスもトラウマも別にフロイトが作った単語ではないのだが、世間に広まったのはフロイトやユングといった精神分析の大物たちが書いた文脈があったからだ。

ちなみに、フロイトが提唱した学説の中で最も有名なエディプスコンプレックスは、進化心理学によって存在しないことが確認されたが、ジム・モリソンは名曲「ジ・エンド」の中でエディプスコンプレックスからの影響が明らかな歌詞、というか台詞を書いている。

昔は道徳の水準が低かったので乱暴な父親も多かったのである。躾と称して子供に暴力を振う父親がいた場合、その暴力親父に対して殺意を抱くのは単なる護身である。道徳の水準が低かった時代においては、教育や躾といった本来は子供のために行う行為が、度が過ぎてしまったために子供の側に被害を与えてしまうことがあった。わかりやすく言うと体罰ですね。

体罰というのはつい最近まであったし、今でもあるところにはあるだろう。体罰は、子供のために良かれと思った愛情が暴力という形をとってしまう、ある意味では興味深い行動である。ヒトという動物の最善の部分と最悪の部分が、同一のアプリケーションによって作動している。

これは何度でも繰り返し書くけれども、ヒトという動物は最善の行動と最悪の行動を同じアプリケーションで行うことがしばしばある。わかりやすく言うと、戦場において有能なヒトの戦士は、大切な仲間を守るために戦い、敵を殲滅したりしてきたのである。その敵も同じホモ・サピエンスなわけで、目の前にいるホモ・サピエンスが仲間として認識されるか、敵として認識されるかは状況によって大きく変化する。

個体としてのヒトはかなり弱い動物だから、集団になって外敵と戦う必要があった。具体的に言うと、ヒトには捕食者であるライオンの先祖と集団で戦うスキルが必要だったのである。とはいえヒトは、ライオンと戦うために育んだ高度な戦闘スキルを、同じヒトの集団と戦う際にも使用する、わけである。つくづくヒトは面倒くさい動物である。

だからこそヒトは、自分たちがどのような性質の生き物なのかを探求してきたわけで、フロイトの精神分析もその一つであった。心理学そのものは、MRIなどのテクノロジーの発展に伴う神経科学や脳科学の発達によって飛躍的に進歩したので今ではフロイトやユングの学説はあらかた過去のものになってしまったが、だからといってフロイトの仕事を過去のものとして簡単に葬り去るわけにもいかない。

素朴心理学という言葉がある。人間なら誰しも、「ヒトの心理というのは、このようなものだろう」という漠然としたイメージを抱いているわけだが、これを素朴心理学と呼ぶ。

我々は日常生活の中で家族や友人、仕事仲間などと接する際に素朴心理学を使っている。友達のお母さんが亡くなったと聞いたら、その瞬間に我々はその友達が悲しんでいるであろうことを慮り、優しく接する（ですよね？）。日常生活における我々の、ヒトとしての優しさというのは、この素朴心理学が背景にあるのだ。簡単に言うと思いやりである。思いやりの心は素朴心理学を持っていないと成立しません。

なので、ヒトは心理学者でなくても、己の心理学を持っているものなのだが、フロイトの学説は二〇世紀の人々の素朴心理学に多大な影響を与えたのである。そして結果的にフロイトは二〇世紀の文化に多大な影響を与えることになった。

フロイトは、自分の精神分析の手法を使って過去の文学作品を読み解くということを行った。これは別に問題はない。もしもフロイトの解釈が間違っていたとしても、それに対して論理的な反証が行われればトータルで見た学問としては前進するのである。

学問というシステムが素晴らしいのは、古い学説が否定された時にその学問が前に進む点にある。結果的には間違っていた仮説Aがあるとしますね。この仮説Aを否定する仮説Bの方が仮説Aよりも正解に近かった場合、仮説Bを生み出すためには仮説Aが必要だったので、間違っていたとしても仮説Aがあって良かった。という流れになるわけです。

有名どころではデカルトという人がいて、この人は色んな人から批判されているのだが、プラグマティズムの元祖であるチャールズ・サンダース・パースのようにデカルトを批判した人たちはそれをステップボードにして素晴らしい研究結果を残している。現代だと哲学者のダニエル・C・デネットや『デカルトの誤り』を書いた神経学者のアントニオ・R・ダマシオがその代表だろう。彼らは各々のやり方でデカルトを事細かに分析し否定するのだが、もしもデカルトがいなかったとしたら、デネットやダマシオは今ほど見事な論旨を展開できただろうか。デカルトはたくさん間違うことで人類の文化に大いなる貢献をしたのである。

デネットやダマシオがやったのは極めて有意義な批判的継承であり、彼らはデカルトという巨人の肩の上にのって更なる高みを目指したのである。現代を生きる我々は、もはやフロイトやユングには全くもって同意しかねるのだが、人類の精神の謎に挑もうとした彼らの心意気は最大限にくみつつ、できるだけ有意義な批判的継承をするのが良い手立てではないか。

フロイトの凄いところは、広義の文芸作品、小説や映画、漫画などに間接的な影響を与えたことである。イギリスで勃興したニューウェーブSFは、外宇宙を対象としていた従来のSFとは違って、ヒトの内宇宙を探索しようという試みだったが、フロイトの無意識にまつわる解釈がなかったら、ここまで豊穣なものにはならなかっただろう。

フロイトに興味を持った映画監督ヒッチコックは、自作に精神分析から影響を受けたアイデアを盛り込んだ。精神分析に影響を受けた作品を、精神分析の手法で分析したら精神分析にとって有利な答えが導き出されるのは当たり前なのだが、直接的なものだけではなく間接的なものまで含めたらフロイトの影響はとんでもない量になる。つまり、どちらかというと学者というより文学者として、エンタメのクリエイターとして評価すべき人なのだ。

カウンターカルチャーの波が一段落した一九七〇年代に、スプーン曲げで有名なユリ・ゲラーが超能力ブームを巻き起こしたのは、かなり印象的な出来事である。ヒトはどうやら、自分たちには未知の能力があるという物語に弱いらしくて、ユリ・ゲラーは大変な人気者になり、日本では『バビル2世』のような超能力漫画が流行した。それより早い時期に超能力を描いた漫画が、SF作家の平井和正を原作に迎えた石森章太郎の『幻魔大戦』で、これは英米でカウンターカルチャーが真っ盛りになる一九六七年の作品だ。

文化的な影響というのはドミノ倒しやビリヤードに似ているし、もっと言うとピタゴラスイッチみたいなもので、思いがけない方向に発展することがある。一九八〇年代に大変な人気作となった大友克洋の『AKIRA』は、作者のインタビューで語られているように『幻魔大戦』の影響下にあるのだが、『幻魔大戦』にはなかった要素がある。『AKIRA』の鉄雄はドラッグを服用することで超能力に目覚めるのだ。

精神分析とはまた別の文脈で、二〇世紀の前半には「脳の一〇パーセント神話」があった。これは簡単に説明すると「ヒトは脳の一〇パーセントしか使っていない」とされる俗説である(二

○パーセントというバージョンもある）。要するに、ヒトの脳にはまだ未開発の能力があるのではないか？　という考え方で、これがフロイトの無意識説と合体すると、超能力というファンタジーに繋がる。

超能力というのはある意味、科学の時代の産物で、昔から「神通力」だとか「虫の知らせ」、「気功」といった単語で語られてきた、常識では説明しがたい現象や能力があって、それらに科学的な説明をつけようとしたのだ。残念ながら再現性が低くて科学的には立証できなかったので、超能力は疑似科学と認定されるのだがフィクションの世界では大変な人気を呼び、今でも超能力エンタメは数多くある。

『AKIRA』が超能力発現のきっかけとしてドラッグを使ったのは非常に興味深い。『AKIRA』は、ジム・モリソンがやろうとしていたことを間接的に、かつ文化的に継承しているのだ。モリソンは、別に超能力者になりたかったわけではないが、ドラッグを使って今の自分とは違う存在になろうとしていたのだ。

彼は「Break on through to the other side」と歌った。「Break through」は切り抜けるという意味だが「Break on through」というのは造語なので、これを正確に翻訳するのは難しいのだが、あえて日本語になおすとしたら「扉（ドア）をぶち壊し、別の世界へ到達しよう」というような感じだろうか。ドラッグを使うことで、人間の意識を拡張し、今の自分とは違う領域へと到達できるのではないか？　というロマンがハクスリーからモリソンへと継承されている。

もう一人、重要な人を挙げるとしたらドラッグの探求者バロウズだろう。ドラッグ文化というのは、本来なら快楽に身をまかせる文化である。なのにバロウズは、求道者のような姿勢でドラッグと対峙していた。これはかなり象徴的な出来事ではないか。我々は誰もが自分にとって気持ち良く感じられる作業を好んで行う動物だが、快楽的なことに対してストイックな探求者になることもあるのだ。

快楽的であることと禁欲的であることは、実は背中合わせで密着している。これはボディビルダーとかを見るとわかりやすい。ボディビルダーは過酷なトレーニングと厳しい食事制限でギリシャ彫刻のような肉体を作り上げる。果てしなくストイックである。そして彼らはその肉体を見せびらかす。筋肉のある人ほど、好んでピチピチのTシャツを着る。彼らの何人かは「何を着てもピチピチになるんだ！」と主張する。しかし、緩めのデブは努力して大きなサイズのTシャツを探し、ダブダブに着ることで緩やかに肥満を隠そうとするのである。なので贅肉主義者から見た筋肉主義者は、自らの筋肉を見せびらかすためにピチピチのTシャツを着ているのだとしか思えない。それに、マッスルポーズをきめるボディビルダーは、ほぼ全員嬉しそうではないか。楽しそうではないか。もっと言うとドヤ顔ですよね。彼らの笑顔には禁欲的な要素は感じられない。全くもってストイックではないのだ。

更にわかりやすい例を挙げるとすると、サウナがある。サウナを好む人はストイックなのだろうか？　ある意味でストイックなのは間違いないが、彼らはサウナの後の水風呂を楽しむ快楽を知っているからこそサウナでじりじりと汗を垂らすわけですね。市民マラソンに参加した友人は、ゴールした後、そのまま銭湯に行って汗を流してから近場の居酒屋で飲んだ生ビールが死ぬほど美味かったと言う。禁欲的であることと、快楽的であることは背中合わせである。

ジム・モリソン、基本的に彼は真面目な文学青年である。少年期からバロウズやケルアック、ボードレールやランボーに耽溺していた若者がロックバンドのボーカリストになり、しかも売れてしまった。そして彼はバロウズやケルアックの文学性を更に追求し、ドラッグにのめり込んだ挙句に the other side ならぬあの世へと旅立ってしまったのである。

ちなみにフロイトはコカインの常習者だった。フロイト、ハクスリー、バロウズそしてモリソンと薬物に耽溺する文化が継承され、モリソンだけが若くして死ぬ羽目になったのは、おそらく後の時代になる程に効き目の強いドラッグが、大量に流通したからだろう。皮肉で悲しいお話だ。

ちなみにドラッグで死ぬのはロックスターだけではない。実際には、ロックスターになれなかった無名の若者たちが大勢死んでいるのである。彼らは憧れのロックスターがドラッグをやらなかったら、自分もドラッグをやろうとはしなかったかも知れない。フロイトやバロウズ、ケルアックらがドラッグをやらなかったら、多くのロックスターたちもドラッグをやらなかったかも知れない。

ここには一連の文化的継承があるわけだが、それは罪深い継承だったのだろうか？　ドラッグ禍が今もなお続いている以上、全く無罪であったとは思えないが、たとえば一九九五年のミック・

ジャガーが過去を回想したインタビューによると、当時はヘロインは出たばかりでよくわからないままに使っていたし、コカインは体に良いという話があったのだと言う。

これは戦争と似たような話である。ヒトは戦争が悪いものだとは知りつつも、二〇世紀の前半までは戦争をそんなに悪いものだとは思っていなかった。二度も起きた世界大戦があまりにも悲惨な出来事だったので、戦争は絶対悪だということで、先進国の間でコンセンサスがとれたのである。ドラッグに対しても、当時はそこまで危険なものだという知識が足りなかったのだ。

カウンターカルチャーの時代を生きた人たちは、第二次世界大戦の記憶がまだかなり残っていた。だからこそ、好戦的である人類にはなんらかの欠陥があり、変わらなければならないと思ったわけだ。再び戦争を起こさないためには、人類の意識から変えていくべきではないかと。ドラッグは、その意識を変えるためのツールとして使われたわけだが、その被害は甚大であった。

実のところ、政治的な革命ではなく、意識の改革を目指すというのは決して悪いアイデアではなかった。ヒトの脳は優秀な情報装置だが、実のところ我々は自分の脳の使い方がそんなに上手なわけではない。何故ならば、常日頃から何らかの認知バイアスを抱えているからである。

それに対して現代の主に自然主義的な哲学者たちは、いかに脳を使うかということに取り組んでいる。今よりも上手に自分の脳を使えるようになれば、我々は今よりも快適な人生を送れるはずだからである。詳しくは、巻末のブックガイドで紹介するが、何人かの心理学者や哲学者によって、我々の脳の使い方を上達させるような本が書かれており、これは二一世紀ならではの潮流である。

実際のところ、ヒトの行動は不条理に満ちている。それは確かである。だからこそ二〇世紀には不条理文学や実存主義が流行した。フロイトは、そういったヒトの精神にまつわる謎を、まとめて解き明かそうとしたわけだが、今は精神分析に代わって行動経済学や進化心理学、心の哲学がそれらの謎を追求している。ともあれ時代は変わり、イドの怪物は最初からいなかったことが判明したのである。

⑩ 熱く語れ!……その結果

一九六〇年代後半のロックとカウンターカルチャーの歴史において重要な出来事を二つあげるとしたら、六七年の『ローリング・ストーン』誌の創刊と、翌六八年の野外フェス、ウッドストックの成功だろう。どちらも当時の若者たちの文化が、何らかの大きなことを成し遂げた証として記憶されている。

ヤン・サイモン・ウェナーは当時二十一歳だった。カリフォルニア大学バークレー校を中退した彼は、家族や友達から借りたお金をかき集めて『ローリング・ストーン』誌を創刊した。ウェナーの動機は非常にシンプルなもので、要するに彼はボブ・ディランやジョン・レノン、ミック・ジャガーに会いたかったから雑誌を作ったのである。そう、単なるミーハーが結果的に大きく時代を変えたのである。

『ローリング・ストーン』という誌名はもちろんローリング・ストーンズと同じくマディ・ウォーターズの名曲「ローリング・ストーン」からいただいたものだ。なんというか、勢いとかノリだけで雑誌を作ってしまったように見えるのだが『ローリング・ストーン』誌はかなり大きな成功をおさめた。

一九六七年の時点で既にロックは文学的なメディアになっており、なおかつ音楽と時事的な問題を交えて語れるメディアになっていた。ロックについて語ることで、世相を語ることもできるし、哲学的な話をも語ることができる文脈が生まれたのである。

ビートルズがキャリアの初期に主演した映画『ビートルズがやって来るヤァ！ヤァ！ヤァ！』を観るとわかるように、ロックという文化の基本はロックスターと、それに対してきゃあきゃあする女の子の大群で構成されている。ごく少数の男子ロックスターと、大量の女の子という図式があるので、運良くロックスターになれた男の子は何百人という単位の女性とセックスをすることができたわけである。

その反面、ロックスターになれなかった男の子には、複数の異性と交配するような機会が与えられない。ロックという快楽的なゲームに参加できないのである。しかし、『ローリング・ストーン』誌は、そこにロックを熱く語るという方法論を導入したわけだ。誰よりもロックを熱く語るオレこそがロックという文化の理解者なのだ。WOW。これは本当に熱かった。

ウェナー自身は単純に憧れの、ディランやレノンやジャガーに会いたかっただけなのかもしれないが、彼がやったことは新大陸の発見にも似たイノベーションであった。ウェナーは小柄で童顔で、ロックスターになるような人材には見えなかった。ロックスターになれない男の子が時めくためには、ロックを熱く論じれば良いのだ。かてて加えて、当時の社会は数々の問題を抱えており、ロックはそれらの問題にも深くコミットしていたから語るべきことは山ほどあったのである。

一九六五年にはグレイトフル・デッドも結成され、新しい時代のロックバンドが登場していた。一九六七年にはサマー・オブ・ラブといわれるヒッピーたちのムーブメントが始まる。盛り上がって参りました、という空気が漂っていたのであろう。ヘイト・アシュベリーという土地に、自然発生的にヒッピーと呼ばれるような人たちが集まってきたという。自由を愛し、反権威的で当時としては非常識なファッションを身に纏った若者たちだ。

ウェナーには同志であり導師ともいえる存在がいた。『サンフランシスコ・クロニクル』誌で長くコラムを書いていたラルフ・J・グリーソンである。グリーソンはジャズ世代のライター、コラムニストで、それ以前からジャズについての熱い文章を書いていたが、若い世代の表現にも非常に理解のあった人で、ディランやビートルズ、ローリング・ストーンズの台頭に好意的だった。

彼の読者だったウェナーは自分からグリーソンに近づいたのだが、三十歳ほども年長のグリーソンとウェナーは意気投合し、仕事のなかったウェナーのためにグリーソンは物書きの仕事を与え、彼が『ローリング・ストーン』誌を創刊する際には出資者の一人となった。グリーソンの先見の明は大したもので、基本的にはジャズ評論家でありながらボブ・ディランやビートルズ、ローリング・ストーンズが登場すると彼らをいち早く評価したのである。ロックの評論は「我々」の時代の音楽を熱い言葉で語ることが多いが、その先駆としてジャズ評論があったわけだ。

一九二二年に刊行されたフランシス・スコット・フィッツジェラルドの短編集『ジャズ・エイ

ジの物語』は一九二〇年代の風俗を描くものであった。ジャズという音楽がエイジ、つまり時代と紐付けされている。そこにあるのは、今という時代を謳歌するのは自分たちの世代だという当事者の意識だ。そう、フィッツジェラルドは音楽と世代を紐付けたのである。

ちなみに『ジャズ・エイジの物語』が出版された時、グリーソンは五歳くらいだったわけだが、彼と同い年でイギリスの歴史家にしてマルクス主義研究の大家エリック・ホブズボームはフランシス・ニュートンというペンネームで『ジャズシーン』という分厚いジャズ評論の本を書いている。これがなかなかに凄い本で、終盤の「抗議としてのジャズ」という章でホブズボームは、ジャズは抗議（プロテスト）と反抗の音楽であると語っている。思わぬところにカウンターカルチャーの先祖がいたわけだ。

ホブズボームの処女作が『素朴な反逆者たち』という、反体制運動の源流を探る著作であったことと、彼やグリーソンがアラン・シリトーたちのように「怒れる若者たち」と呼ばれた作家たちより一回りほど歳上であったこととは繋がっている。『素朴な反逆者たち』はロビン・フッドのような、フォークロアの中で語られる義賊を反体制運動の源流と看做した記念碑的な著作である。封建的な社会においては、傲慢な金持ちから富を盗んで、その富を、貧しい人たちに分け与える犯罪者が英雄として賞賛されるのだ。

逆に考えると民主主義化が進んだ社会においてはロビン・フッドのような義賊の出番はあまりないのであるが、ベーシックインカムのような富の再分配が語られる際には、悪代官や金持ちから奪ったお金を貧者に分け与えたとされるロビン・フッド的な理念が地下水脈のような形で生き延びているとも言えるわけだ。ホブズボームが凄いのは、イタリアのマフィアも同じような庶民からの反体制運動として起きたものだと喝破している点と、その源流にキリスト教的な千年王国思想があると指摘したことである。

千年王国思想について詳しく説明し始めると、それだけで分厚い本になってしまうのだが、スルーするわけにもいかんので触れておく。千年王国的な思想はもっと古くからあるのかもしれないが、中興の祖はイエス・キリストである。

新約聖書の『マルコによる福音書』一章十五に「時は満ちた、神の国は近づいた。悔い改めて福音を信ぜよ」というイエスの最初の宣教の言葉が記されている。ここでいう神の国というのは、この世にいる誰もが幸せに暮らせる世界である。つまりユートピアだ。キリストというのは誰もが幸せに暮らせる社会を作ろうとした社会活動家なのである。

しかしながらキリスト個人は、処刑された。当時の社会にとって危険分子であると判断されたからだ。キリストの思想は当時の社会に負けたわけですが、残されたキリスト教徒たちは、キリストが死後復活したという、まるでゲームのような設定を追加し、その結果キリスト教は世界に広がったのはご存知の通り。

聖書に描かれるそのままのイエス・キリストが本当にいたのかはともかくとして、今知られているようなキリストに値する人物が実在したことに関しては疑う余地はないし、それより昔にモーゼ的な人がいたのもおそらく間違いない。彼らはもちろん宗教家なのだけれども、当時の社会にとって宗教というのは社会全体を統治するためのルールであったことを顧みるとキリストもモーゼもラディカルな社会運動家であった、ということになる。モーゼもキリストも、今自分が生きている世界に対して、異議を唱えたわけである。

しかしながら、社会運動家が何らかの問題提起を唱えたとしても、社会はそう簡単には改善されない。ヒトの社会の改善にはテクノロジーによるイノベーションが不可欠だからだ。キリストが抱いた神の国は少なくとも本人が生きているうちには実現しなかったが、その理念は生き延びた。後の時代に、その理念を受け継いだ者がまた、その時点において理想的な神の国というビジョンを抱く……神の国のようなユートピアを今すぐ作ろうという試みはたいていい挫折する。そして理念が次の世代に持ち越される。それが千年王国願望である。

理想的な世界を作ろうとする理念の伝言ゲームを長い歴史を見る目で観察すると、ルターによる宗教改革、はたまたマルクスやエンゲルスもその伝言ゲームの流れに連なっていることがわかるが、義賊ロビン・フッドや犯罪組織マフィアもまたその流れに連なった存在であるとしたら、その流れは二〇世紀のカウンターカルチャーとも繋がっていたと考えるのが妥当である。

音楽を自分たちの時代と、つまりは世代感覚と紐付けして語る行為は少なくともフィッツジェラルドの時代にまでは遡れるわけだが、コラムや評論という形でスタンダード化させたのはグリーソンやホブズボームの世代だろう。

また、フランスではサルトルの友人で作家にして音楽家でもあったボリス・ヴィアンが、ジャズに関してライナーノーツを含む文章をかなり残している。ヴィアンといえば、偽名で書いたアメリカ風の偽ハードボイルド小説から、ポップでシュールでどこか悲しい不思議な小説を書いた鬼才である。詩人でもあった彼の書くジャズ評には当然のごとくポップな表現が使われていた。ウェナーが創刊した『ローリング・ストーン』誌の音楽と世情をポップでかつ熱く語るスタイルは、知ってか知らずか、ジャズの文化を継承していたのである。

ホブズボームもグリーソンと同じく詩人としてのディランを評価し、ビートルズは大したものだと語る。とはいえ本人はジャズ贔屓なので、ジャズは後世に残るだろうがロックは果たして後世に残るだろうか？　みたいな話を別の大著『二〇世紀の歴史――極端な時代』で書いている。若い世代のロックよりも、やはり自分の世代の音楽であるジャズを贔屓してしまうあたり、ちょっと可愛いお爺さんであるが、この、新しく登場した音楽に対して理解のあるところを見せながら、いやいややっぱり自分の愛するジャズの方が優れているのではないかな？　的な物言いが、ずっと後の世代の、ロックが好きな人たちと良く似ているのは注目すべきだろう。革新的なつもりでいて、どこか保守的で自分たちの時代に執着したがる面倒くさいロック好きなおじさんのプロトタイプはジャズ評論家だったのである。

『ジャズシーン』は本職の歴史家が書いた本なので、ジャズを熱く語るのと歴史的な背景などをクールに分析する視線が両立されている点において立派な本である。それより後の時代のロックの評論においても、熱く語るアジテーター的な側面と、冷静な分析の両立が出来れば非常に好ましかったわけだが、雑誌メディアはコンサートのレポートや発売されたばかりの新譜を取り上げるから、どうしても喫緊の課題として熱く語る側面が勝ってしまう。難しいものでありますね。これは全てのジャンルにおける評論において共通する問題で、発表されてから何十年も経った作品に関しては割と冷静な評価ができる反面、出たばかりの新作を冷静に分析するのはかなり難しい。

とはいえ、リアルタイムで発表された全くもって冷静ではない評論というのは、同時代の反応を後から知るための資料としてはかなり重要なものである。名作と呼ばれる作品が発表されたオンタイムで、これは失敗作だ！　と語った人は星の数ほどいて、ある面から見るとその人たちは後の世において恥をかくことになるのだが、その人たちのオンタイムでの反応は歴史的に見ると資料としての価値が高い。ボブ・ディランがエレキギターを使った時に批判した人たちの反応が記録されたことは、歴史学的には価値があったわけだ。つくづく、我々は心が二つあるシステムを使いこなして歴史と対峙する動物なのだ。

グリーソンとウェナーの親族、友人などからかき集めた資金で創刊された『ローリング・ストーン』誌は、ほぼほぼ同人誌のような体でスタートした。『ローリング・ストーン』誌創刊時代のエピソードはまるでウェナーをリーダーとしたバンドを結成する物語のようだ。

彼はいつもエネルギッシュで周囲の人たちを巻き込みながら前進した。いつ潰れてもおかしくなかったが、創刊一周年を迎える直前にジョン・レノンとオノ・ヨーコが全裸になった、誰も積極的に見たいとは思わないのにも関わらず全世界規模で流通した二人の写真を表紙に使用したことで『ローリング・ストーン』誌は篦棒に売れた。

この時点でレノンはおそらくアメリカの大統領よりも有名な存在であった。それが全裸である。この写真を表紙に使うことをウェナーに指示したのはグリーソンだったらしい。長らくメディアの業界人として生きてきた嗅覚のなせる技だろう。『ローリング・ストーン』誌はこの一件で、世間から広く認知され、編集長であるウェナーは有名人の仲間入りをした。キモオタがバズったのでパリピなセレブになったのだ、おめでとう。ともあれ『ローリング・ストーン』誌は広く認知され、ロックジャーナリズムが確立された。それは政治的なアジテーション、プロパガンダとコマーシャリズムの合体でもあった。ロックジャーナリズムの言説は、時に商業主義を激しく批判しながら、お金を儲けることになった。

ウェナーは高価なスーツに身を包み、高級車を運転しながら商業主義的だと思われるミュージシャンを批判した。こういった、カウンターカルチャーの商業主義に対する煮え切らない姿勢は、当時のヒッピーたちが資本主義を否定も肯定もすることなく、小さなコミュニティを大切にしたのと繋がっている。資本主義が正しいのか、それとも正しくないのか、当時の人たちは答を出せなかったのである。

とはいえ、『ローリング・ストーン』は時代精神の象徴として認知された。当たり前の話だけれども勢いのある雑誌には有能な書き手が集まってくる。ウェナーより年配のハンター・S・トンプソンやトム・ウルフといった、これからの時代を牽引する書き手が『ローリング・ストーン』誌で書くようになった。

トンプソンにウルフといえば、ニュー・ジャーナリズム、ゴンゾー・ジャーナリズムの旗手である。長老的な存在であったグリーソンを筆頭にウェナーよりキャリアのあるライターが集結したのは、おそらく既成のメディアでは書けないようなことが『ローリング・ストーン』誌でなら書けたからだろう。

アメリカは新しい国であるが、歴史のない国家であるが故に保守層がそれなりに強い。この時期の大統領は民主党のリンドン・ジョンソンだったが、彼が大統領になったのは彼よりもずっと若くリベラルで希望に満ちた大統領と見られていたジョン・F・ケネディが暗殺されたからだ。そして選挙戦で一度はケネディに敗れたリチャード・ニクソンが再び権力の座に就こうとしていた。だからこそ彼らには書くべきことが山ほどあったのである。

現代の視点から見れば、トンプソンやウルフは自分たちよりも若いヤン・ウェナーが巻き起こした『ローリング・ストーン』誌の波に乗ったわけだ。トンプソンやウルフの前にいたのはノンフィクション・ノベルと称されるルポタージュ的な小説『冷血』を書いたトルーマン・カポーティであり、戦後のベストセラー『裸者と死者』を書いたノーマン・メイラーである。二人とも物議を醸すタイプの作家であり、ヒップスターとしての文化人という側面があった。奇抜な言動で物議を醸すという点で、彼らは後のロックスター、たとえばレノンとライドンという二人のジョンのプロトタイプのようなところがある。あのような死に方をしてしまったがために、愛と平和の詩人というイメージが強いジョン・レノンであるが、存命中は奇矯な発言と行動で周りを振り回した人である。

ニュー・ジャーナリズムもしくはゴンゾー・ジャーナリズムの特徴は、報道においては本来必要とされる客観性よりも主観的な視点を重視することである。筆者による一人称が多用され、ノリの良い熱い文章で本人の感情が語られた。感情的な文章は熱意が伝染する、言わば時代を語るための口語体である。だからこそ『ローリング・ストーン』誌は若者たちから支持されて部数を伸ばしたわけだ。

これはフランスにおけるジャン＝ポール・サルトルのアンガージュマンに通じるものがある。アンガージュマンとは政治や社会問題への積極的な参加を意味する言葉で、当時のフランスの若者たちは「レイモン・アロンと共に正しくあるよりも、サルトルと共に間違おう！」というスローガンを好んで使ったと言われる。

政治、社会運動に参加するぞ、そのためには間違っていても良いのだというロジックは現代の我々にはかなりわかりにくいものだから、何故そういう風潮が流行ったのかを説明する必要がある。社会学者、哲学者であるアロンはサルトルとは古い友人だが、フランスの大統領であったド・ゴールと親しかったこともあり、保守的で反動的な人物だと目されたのである。

若者たちの間で、革新的で反体制的なサルトルと保守的なアロンという対立軸があると認識され、サルトルの方が人気があったわけだが、どちらが正しいかではなくサルトルと一緒に間違えることが推奨されているのが肝要である。客観性よりも主観性を重視するとはどういうことか？正しくあるよりも、共に間違えよう、とは如何なる考え方なのだろうか。

西欧における知性というのは、それこそアリストテレス辺りからずっと理性、合理性、論理性を重視してきたわけである。これらは偉大なる営みであった。ところが、その偉大なる西欧文明は二〇世紀には大きな戦争を起こし、公害で母なる地球を汚している。もしかしたら西欧的な知性には問題があるのではないか？という懐疑の念を抱く人たちが現れたのも当然である。また、その懐疑の念を多くの人々が共有したのも当然なことだ。

この時代、数多くのロックフェスが行われ、路上ではデモ活動が頻繁に行われた。マイケル・S-Y・チウェの『儀式は何の役に立つか』によれば革命の祝祭からスーパーボウルのような大規模スポーツイベントなどの広義の儀式は、公共の空間において多くの人たちが共通の知識を共有するためにある。カウンターカルチャーと一口に言っても、フラワームーブメントのヒッピーから戦闘的な極左の政治集団まで様々な人たちがその波にのったわけだが、多くの人たちが西欧的な理性、合理性への懐疑を抱いていたのは確かである。だからこそ、東洋的な思想が人気を得た。

ジョージ・ハリスンはインドのラヴィ・シャンカールに魅せられて彼の弟子となった（この件

に関してはインドがイギリスの植民地であったことも忘れてはいけないだろう）。日本の禅は、実は明治時代からアメリカに紹介されていた。一九六〇年代の時点で既に歴史のある東洋思想だったのが、カウンターカルチャーの時代を迎えて若い層から注目されたのだ。

禅のルーツはもちろん中国にあるが、この時アメリカで人気を得たZENは日本の、主に鈴木大拙と鈴木俊隆が広めたものだ。ジョブズが師事した乙川弘文をアメリカに招いたのは鈴木俊隆である。乙川はLSDなどもガンガンやっていたというから、まさにケルアックの『禅ヒッピー』だ。

海外で日本の忍者のイメージが有名になるのが一九六〇年代の半ばからである。なので、この時代の日本を海外の視点から見ると禅と忍者とSONYやHONDAのテクノロジーの国ということになる。なかなかにアメイジングでしょう。ウィリアム・ギブソンのサイバーパンクSF『ニューロマンサー』にサイバー千葉が登場するのは、こういった文脈を継承しているからである。

そして毛沢東がいた。この時代、既にスターリン体制のソ連は恐ろしい独裁国家であったことが知られていたので、共産主義国家に対する懐疑の念はかなり広まっていたのだが、物書きとしての才能に長けた毛沢東は西欧の文化人たちに対して当時の中国はパラダイスであるかのようなプレゼンテーションを展開した。毛沢東が凄かったのは一重にこの点である。プロパガンダとプレゼンテーションではかなり違うように思えるが、彼はプロパガンダをプレゼンテーションのように行ったのである。その結果、西欧の文化人たちはこぞって毛沢東を讃えた。実際の毛沢東がヒトラーよりも恐ろしい怪物であったことが判明したのはずっと後である。

色々と錯綜してはいるが、この時代に西欧的な理性、論理性に対する懐疑の念が持たれたのは歴史的に見ればかなり価値のあることだった。何故かというと、従来の西欧的な知性においては、理性や合理性、論理性は感情、情動とは対立するものだと見られることが多かったわけだが、実はそう簡単な話でもないことが最近になってようやくわかってきたからである。

二一世紀においては医学を筆頭とする科学と、社会学のような人文学が交差して、新たな知見を生み出している。たとえば近年の状況をよく知らない人は、経済学と脳神経科学とはあまり関係がないように思っているのではないか。二一世紀の前半を生きるホモ・サピエンスの大半が、それなりに教養のある人であっても、たとえば経済学と進化論の間には何の関係性もないと思っているのではないか。

二〇世紀においては、たとえば感情と経済学の間に深い関係性があると考える人は滅多にいなかった。あったとすれば「オレの生活が苦しいのは国家の経済政策が間違っているからだ」というような視点である。この視点に関しては一九世紀のマルクスがかなり深く考えてくれた。しかし実は、もっと根源的なレベルで感情、情動と経済学は深く関わっていた、のである。

とりあえず、情動の評価説というのを紹介する。たとえば、怒っている人は何故に怒っているのだろうか？　目の前にある出来事が、怒るに値すると評価したから怒っているのである。スーパーのレジに並んでいたら、横入りする人がいて、貴方が怒りを覚えたとする。この時、貴方は横入りした人の行為を「怒るに値する」と値踏み、価値評価しているわけだ。これは、なかなかに経済学的な行動でしょう。

たとえば自分の配偶者と自分の親友が、自分に内緒でセックスをしていたとする。それを知った時、貴方はどのような感情を抱くだろうか？　大抵の人は怒りと悲しみを抱くだろう。そして、怒りと悲しみが占める割合は人によってかなり違ってくるのではないか。

さらに言うと、それを知ったことで喜びを感じる人もいるだろう。その場合、怒りや悲しみがカクテルされた状態を、甘露なものとして評価し、味わっているわけだ。この時、マゾヒストの脳内では怒りと悲しみが合体して更に別の感情が生まれていることに注目してほしい。情動は別の情動と合体して、新たな情動に変化したりするのである。

この辺のことを考え始めると、ヒトの感情というのが途轍もなくややこしい代物であることが見えてくる。怒り、悲しみ、喜び、恐怖といったものを、我々は感情ないし情動としてひとまとめに捉えているわけだが、それぞれの機能、働き、仕組みには違いがある。ということは、脳の中で起きていることも、それぞれに違いがあるわけだ。

たとえば蛇を見た瞬間に恐怖や嫌悪感を感じる人がいるのは、おそらく本能と結びついている。なぜかと言うと霊長類の多くは、蛇を見ると怯えるからです。蛇の中には毒のある種類がいて、それを知っているからだ。

毒のある蛇は、長さ数十センチくらいしかなくてもヒトを殺せるくらいの毒を持っていたりする。蛇を飼ったことのある人ならわかると思うけれども、たとえば長さ一メートルのヘビはまとまるとヒトの手のひらにちょこんと乗るくらい小さな動物だ。数メートルにまで成長する種類の蛇であっても、長さ一メートルの時点だと体感的には家猫より遥かに小さな可愛い小動物である。

ヒトから見た場合、長さ三十センチの蛇は、体感的には猫より小さな小動物だが有毒であった場合はヒトを死に至らしめるポテンシャルがある。逆に、毒のない蛇であっても体長が二メートルを超えると今度は飼い主を頭から食べてしまうポテンシャルがある。そして、ヒトの先祖は蛇がたくさんいる環境で生きてきた。

霊長類を観察すると、仲間のサルが蛇を見て怯えるのを見たサルが、自分も蛇を恐れるようになるといった例が見受けられる。これは文化的な学習だ。どうやら、ヒトを含めた霊長類が蛇を恐れるのは、本能に刻まれた側面と文化的に学習した結果が合体しているらしい、のである。

その一方で、女王様に鞭打たれたマゾヒストが感じる喜びは、かなり高度に発達した文化がなければ生まれてこなかった感情ではないだろうか。そして我々は、蛇に対する恐怖も、マゾヒストの喜びも、感情、情動といった枠組の中に入れている。だから、感情とは何か？　と考え始めた途端にややこしいことになるのだ。

たとえば、子供を叱る親のことを考えてみよう。小さな子供が、市販のコップやお皿を落として割ってしまった場合に、烈火の如く怒る親はまずいないだろう。軽く注意するか、怪我はなかったかと心配するのではないだろうか。

ところが、子供の手によって破壊されたものが、お父さんが大切にしていたガンプラやプリキュアのフィギュアだった場合、お父さんはどのような反応をとるだろう。烈火の如く怒るかもしれないし、そんなには怒らないかもしれない。何故かというと、子供を激しく叱りつけた原因がプリキュアのフィギュアだった場合、それを知ったお母さんがお父さんを激しく叱る可能性があるからだ。

激しく叱ってしまった後で、自分がお母さんから叱られる可能性に気がついて、子供に柔和な顔を見せるお父さんもいるだろう。この時、お父さんの脳内では激しい悲しみの感情と、冷静で経済的な損得計算が同時に進行している。

これがたとえば、生まれて初めて立ち上がった赤ちゃんが、よちよち歩きで少し歩いた後に倒れ込み、お父さんの大切なコレクションを並べた棚に激突したとする。大切なガンプラや美少女フィギュアは倒れ、そのうちいくつかは破損する。無事なのは安定性の高いゴジラのフィギュアだけだ。この時、お父さんの脳内では、子供が初めて歩いた喜び、その子供が棚にぶつかったので怪我はしていないか？　という心配、フィギュアが壊れた悲しみ、今の動きをスマホで動画撮影しておけば良かったという軽めの後悔、など複数の感情が同時に起きている。

これが、わんぱく盛りな五歳児によって同じ行動が行われた場合、子供が初めて歩いた喜びはゼロだろう。そして、赤ちゃんに対してはあまり感じなかったであろう大切なものを破壊した子供への怒りがかなりプラスされるのではないだろうか。ご存じのように怒りと悲しみには相乗効果がある。同じガンプラを壊されるとしても、その犯人が赤ちゃんである場合と、やんちゃな五歳児である場合とでは反応が全く違ってくるのではないか。

これはどういうことが起きているのかというと、我々の脳内に複数の感情を採点するレフェリーがいてですね、赤ちゃんが初めて歩いたから喜びポイント一〇〇点！ とか、絶対に再販されないフィギュアが壊れたから悲しみポイントマイナス六〇点！ という風に細かく採点しているわけだ。これが五歳児の場合には、初めて歩いた喜びポイントがゼロなので、子供が悪さをしたお怒りポイントが加算されて悲しみポイントも赤ちゃんが同じ行動をした時よりも大きくなる。人間ってややこしい生き物だと思いませんか？

ここで重要なのは、感情の評価、ポイント計算そのものは割とクールに行われている点である。しかし、そのポイント計算が行われた途端に我々は冷静でいられなくなってしまう。感情が、ある一定のラインを超えると我々は怒りで物をぶっ壊したり、喜びで踊り出したりする。

ノルウェーの社会学者ヤン・エルスターは『合理性を圧倒する感情』という著作の中で、それをストロング・フィーリングと呼んでいるのだが、我々の脳が何故にこんなややこしい機能を持っているかというと、それはやはりサバンナでライオンに食べられそうになった時に合理性とか論理性といったものがあまり役に立たないからではないか。

目の前にお腹を空かせたライオンが現れた際には、理性を吹っ飛ばしてイアン・ギランやロバート・プラントのように絶叫しながら持っていた石斧をライオンの頭部目がけて全力で振り下ろすか投げつけるのが生き延びるために有効な方法だったので、我々の脳はそのようにデザインされているのだ。もちろん誰かが意図的にデザインしたわけではなくて、発狂して絶叫しながら石斧を振り上げた個体が生き残って子孫を残したから、その個体の子孫である我々も時として理性や合理性を吹っ飛ばして発狂し絶叫するような習性を獲得したのである。

おそらく、ヒトが突然キレたりするのも似たような事情で獲得された形質ではないだろうか。だとしたら、いきなりキレる人が問題を起こすことを現代の病理のようにとらえるのはピントが外れているということになりますね。

アリストテレス以降、感情とか情動といったものは、理性や合理性、論理性と相反するものだという考えが西欧では主流であったわけだが、最近になってヒトの合理性や論理性は感情、情動がなければ作動しないらしいことがようやくわかってきた。我々はどうやら情動という燃料を使って、論理性というエンジンを駆動させるのである。

この辺の事情については心理学と倫理の哲学者ジェシー・プリンツの『はらわたが煮えくりかえる』が詳しいのだが、耳から脳味噌が溢れるほど読むのが大変な本なので、先に同書の翻訳者である源河亨の『感情の哲学入門講義』をお薦めする。

これらの本は感情、情動の哲学に属するが、心理学からはキース・スタノヴィッチの『心理学をまじめに考える方法』を紹介しておく。最新の心理学を紹介する本書によれば、現在のアメリカ心理学会には五十四の異なる部門があり、それらが更に細分化された様々な領域を含んでいるという。

これは、どういうことかと言いますとですね、心理学というのはどうやら統一理論、グランドセオリーを求めるような研究の仕方では上手くいかないのである。学問というのは、科学がそうであるように、どうしても統一理論を求めるようなスタンスになってしまうのだが、心理学においては、それはあまり良い手立てではないのだ。だから、心理学の統一理論を求めたフロイトらの精神分析はラカンのような袋小路に入ってしまったのである。

何故、統一理論だと上手くいかないのかというと、それは我々の脳がモジュール形式でできているからだろう。精神のモジュール形式とはまた、いきなり難しそうな話になって参りましたが、わかるように説明するとですね、まずはじめに、我々の脳は大きな総合商社のようなものだと思ってください。とりあえず貴方はそこの社長であるとしよう。

会社の中では様々な出来事が起きている。たとえばクレーマーが来たら受付の人が相手をするわけだが、受付の対処が上手くてクレーマーがすぐに帰った場合には社長である貴方にまで、そのクレーマーに関する連絡は行かないかもしれない。脳は凄まじい機能を備えた情報処理装置なので、毎日凄い量の情報を処理している。貴方の脳という総合商社はめちゃくちゃ優秀なので、自信を持っていただきたい。ただし、脳が扱う膨大な情報を全て社長に伝えていたら、社長の仕事がパンクしてしまうのである。

たとえば会社のトイレが詰まった場合、それが社長に報告される可能性はかなり低いのではないだろうか。掃除のおばさんが器用な人だったら、勝手に詰まりを治してしまうかもしれない。マイクロソフト社のトイレが詰まった際に、その報告がビル・ゲイツ（もう引退してしまいましたが）にまで届くだろうか？　届くとしたら、それはゲイツ本人のウンコがトイレを詰まらせた場合ではないか。

しかも、脳という総合商社は縦割りの組織で運営されているわけではない。経理部と総務部が勝手に協力して何かのプロジェクトを行い、しかも社長には報告しない場合もある。とにかく、脳は無数の部署（部位）に分かれており、それぞれの部署が勝手に協力しあって無数のタスクをこなす。昔から、右脳と左脳では違う働きをするとか言われてきたが、そんなに簡単な話ではなくて、もっともっと細かく分かれており、総合商社における社長のような中心がないのである。

だから、貴方という自分で自分を意識しているポジションも、実は社長ではなくて広報担当のような部署に近いのである。だからこそ、心理学においては脳の各部署の働き、各部署が協力して行う働きを調べてゆくしかないわけで、統一理論を求めるやり方が通用しないのだ。この辺の話は、専門用語では脳機能の局在性と呼ばれている。

そもそも、脳の機能がそんなに細かく分かれているのに、我々一人ひとりの脳の中に統一された意識としての私や貴方が存在することの方が不思議なわけで、だからこそ心理学の発展には時間がかかったのだが、とりあえず脳について興味のある方にはマイケル・S・ガザニガの『〈わたし〉はどこにあるのか』をお勧めしておく。

話を戻そう。たとえば数学と科学は、ヒトの感情には左右されないわけです。一七世紀から一九世紀にかけて西欧では科学が非常に発達したので、産業革命に至るまでのブレイクスルーが起きた。イスラム社会や中国、インドにも古くから数学はあり科学もあったわけだが、いわゆる現代のテクノロジーと直結しているのは西欧の文化である。つまり一九世紀の段階でテクノロジーによる文明社会の覇権を握ったのは西欧だったわけだ。

西欧の人たちは論理性、合理性でもって数学や科学にアクセスし、成功を収めた。その結果が西欧の近代文明だ。ところが、そのテクノロジーの発達した西欧文明が何をやったかというと、先端のテクノロジーを使った世界大戦である。それに西欧的な文明は母なる地球を公害で酷く汚してしまった。西欧のインテリの中から、もしかして我々の西欧文明って、実はタチが悪いのではないか？　と思う人たちが出てきたのも不思議な話ではない。

だからサルトルやアメリカのカウンターカルチャー勢が、西欧的な知性、論理性に懐疑的な態度をとったことの意義は大きかったわけだ。これは、ロシア革命による共産主義国家の設立と並ぶような壮大なスケールで行われた一種の社会実験だったとも言える。

もちろん実験には何らかの結果が伴い、研究室が爆発したりすることもある。ソ連という国家がスターリンという独裁者を産んだのはご存じの通り。ソ連の設立から崩壊までが壮大な社会実験であったという視点からすると、二度にわたる世界大戦もまた壮大な社会実験であったと言えましょう。

世界大戦の被害は甚大ではあったが、人類はそこから戦争は良くないという学びを得た。我々は過去の事例から学ぶことで文明を発展させる動物である。だからこそ我々は一九六〇年代のカウンターカルチャーからも、なにがしかの学びを得ることができるはずなのだ。

スティーブン・ピンカーは『暴力の人類史』の中で「一九六〇年代における非文明化」について触れている。この本の主旨を一言で説明すると「人類は常に平和な方向に向かっており、今という時代は昔よりずっと平和なんですよ。ただし人類は時々バグる動物なので戦争や暴力事件が一時的に増えることもあるんですよ」てな感じである。同じような主旨を持つ本としてはマット・リドレーの『繁栄』、ヨハン・ノルベリの『進歩』などがある。ピンカーが本書の中で紹介しているのは、六〇年代に暴力事件が増加したというデータだ。ラブ&ピースが謳われた時代であるにも関わらず、である。

一体、何が起きていたのだろうか？　そう、サルトルと共にあったフランスの若者たちと同じように、何らかの間違いがあったのだ。彼らが西欧的な理性、合理性を疑った意義は大きかったが、合理性がないとやはり日常生活にも困るのである。合理性に対して非合理性を優先しましょう！　てなわけにもいかないのだ。

カウンターカルチャーはシステムや合理性を批判したが、そこに具体的な方法論がなかったら単なる無秩序にしかならない。社会におけるシステムやヒトの合理性に対してカウンターという方法論は上手く機能しないのである。

ちなみに、合理性についてはスタノヴィッチが『現代世界における意思決定と合理性』という本で、かなり深く掘り下げている。スタノヴィッチによると「最良の思考ツールとは、そのツール自体を批判的吟味の対象とするという意味で、自己修正的なツールである」という。そう、客観的な視点で、自分たちのやっていることの良し悪しを冷静に判断するような、落ち着いたメタ的な認知こそがヒトの叡智なわけだが、カウンターカルチャーそのものがノリ重視で近視眼的な運動であったために、そういう視点が欠けていた。端的にいうと、二つある心を上手く使えていなかったから、本来は人類の叡智である論理性を欠いてしまい、カウンターカルチャーは失敗もしくは失速したのである。

こう書くと、まるでダメだったかのような話になってしまいがちだがそういうわけでもない、のですね。何故ならばヒトは何らかの失敗をすることで、そこから軌道修正するための策を練ることができる。成功体験と失敗した体験の両方を経験し、そこから検討材料を見つけ出す動物なので失敗は次のフェーズにおける成功のための貴重なデータなのである。そうでなければカウンターカルチャーが終わった時代に、貴方が今読んでいるような本を書く意味も意義もないわけですよね。いつだって過去を顧みることでヒトは前に進んできた、わけであります。

⑪ 暗い時代の小春日和

六〇年代とは、どのような時代だったのだろうか。まずは一九六三年、ジョン・F・ケネディが暗殺された。

リンカーンの死で知られるように、アメリカといえば時として要人の暗殺が起きる印象があるが、二〇世紀の前半において起きた暗殺事件といえば一九〇一年のウィリアム・マッキンリー大統領暗殺と、ルイジアナ州知事を務めたヒューイ・ロングが一九三五年に暗殺された事件、この二件くらいである。それがケネディ暗殺以降、アメリカはまるで幕末の日本かと思えてしまうほどに暗殺事件が増えるのである。

彼の弟ロバート・ケネディがこれまた大統領候補指名選のキャンペーン中に暗殺されるのが六八年であるが、六五年には急進的な黒人解放運動の活動家であったマルコムXが暗殺されている。同じく黒人解放運動の指導者マーティン・ルーサー・キング牧師が六八年に暗殺された。六九年の一二月四日には、ブラックパンサー党の指導者であるフレッド・ハンプトンと党員のマーク・クラークが十四人の警官隊に射殺された。この時、ハンプトンは二十一歳でクラークは二十二歳だった。

ハンプトンは滅茶苦茶に優秀な若者で、ブラックパンサー党に入党するとめきめきと頭角を表し、カリスマ性で支持者を得た。ハンプトンの影響力を危険視したFBIと地元のシカゴ警察が共謀して、自室で眠っているハンプトンとクラークを謀殺したのである。酷いな警察。

前にも書いたように、アメリカで歴代大統領の人気投票をすると、リンカーンがオールタイムで一位に選ばれるのである。黒人奴隷を労働力として使役してきた国家であるがゆえに、黒人解放運動が国民のアイデンティティと結びついているのがアメリカという国だ。であるにも関わらず、六〇年代の後半には黒人解放運動でリーダー的なポジションにあった黒人活動家が続けて暗殺されたわけだ。厄介である。

コロナ禍においてBLM運動が起きたのは御存知の通り、リンカーンの時代から黒人解放運動を進めてきたのに、二一世紀になってもアメリカの人種問題は根本的なレベルでは解決していないのだ。面倒な話である。そして五〇年代に始まったベトナム戦争がまだ続いていた。つまり、六〇年代というのは今よりもずっと暗い時代だったのである。

と、書いたところでロシアがウクライナに侵攻を始めてしまったので、どうしようかと思ったわけだがそれでもやはり今よりも当時の方が暗い時代であったと言える。アメリカの大統領はオバマからトランプへ、そしてバイデンへと大きな揺れを見せはしたが三人とも暗殺されてはいない。

先に処刑仮説を紹介したが、暗殺というのもヒトならではの行いである。ヒトに最も近いチンパンジーは我々と同じく集団を作って生活する社会的な動物だが、彼らの集団は基本的にアルファオスと呼ばれる、いわゆるボスザルが統治する独裁的な社会である。それに対して、二十万年前に誕生したホモ・サピエンスは、少なくとも四万五千年くらい前にはデフォルトの状態でかなり平等な社会を作って生活していたらしい。ＷＯＷ。我々はナチュラルに公平でリベラルな動物なのだ。

遺跡や化石はあるとして、文字による記録のない四万五千年も前の生活がどのようなものであったかが、何故わかるかというと、その辺りの時期から壁画とか装飾品といったアート作品が増えてくるので、おそらくその時代のホモ・サピエンスは現代の我々と基本的には変わらない心を持っていたのだろうと推測できるわけだ。

ちなみに二十万年前にはまだ言語が誕生していなかったので、現代の我々とはまた違ったメンタルを持っていただろう。それに対して、言語を使いアートを嗜む人たちならば、現代の我々とそんなには変わらないメンタルのはずだ、という視点から研究を始めた研究者たちがいるわけです。

現代においても当時と同じような狩猟採集生活をしている人たちは世界の各地にいるから、彼らの生活の中から後の時代に獲得された要素を除外することで（たとえば馬の家畜化は五千五百年ほど前に始まったので、狩猟採集生活をしていたとしても馬を使っている部族は、四万年以上前の人たちと同じではない）、四万五千年前の人々の暮らしが見えてきたのである。

非常に面倒な作業だが研究者たちは長い時間をかけて、歴史上、最初期の現代人とほぼ同じ心を、脳を持つ人たちの生活を探り出した。その辺のことはクリストファー・ボーム『モラルの起源』に詳しく書かれている。その結果、我々の祖先はおよそ四万五千年前から平等主義を導入していたという驚くべき答えが出たのである。

当時のホモ・サピエンスは二十人から三十人程度の集団で狩猟採集生活を行い、移動しながら大きな獣を狩っていたのだが、大きな獲物をゲットした有能なハンターが獲物の肉を独り占めするようなことはなかったらしいのである。獲物の肉は保存しにくいから、みんなで分け合って食べていたのだ。

同じ集団の子供や老人、体の弱い個体にもちゃんと肉は与えられていた。言ってみれば、共産主義もしくはベーシックインカムが装備された資本主義のような理想的な社会である。つまり我々は少なくとも四万五千年からリベラルな心を持っていたのだ。マルクスは、全ての歴史は階級闘争の歴史であると書いたが、そんなことはなくて我々の祖先は資産を分け合う優しい動物だったのである。素晴らしいな人類。誠にラブリーな動物ではないか。

ただし、何故そうなったのかというと、おそらく我々が武器という道具を使うからなのだ。何しろヒトは集団になって道具を使えば巨大な象すら倒す動物である。ヒトの暴力性は素手のチンパンジーとは桁が違うのである。チンパンジーが集団になったとしてもホロコーストのような計画性のある大量虐殺はできないのだ。全くもってイヤな面において我々はチンパンジーより秀でているのだな。

たとえばチンパンジーの社会においては、強いボスとタイマン勝負して勝ったオスが新たなボスになる。だから、アルファオスが交代しても社会の形態は変化しない。これからも、この先もずっと小さな独裁社会だ。それに対してヒトは集団で武器を使用することで、どんなに強いオスであっても倒せるのである。眠っている間に石斧で頭を殴れば、はたまた集団で取り囲んで石を投げつければ、どんなに強い個体でも殺せるのである。そして強いオスもそれを知っているから、弱い個体に対して気配りをする。だから四万五千年ほど前のヒトの集団においては独裁者による暴力的な統治が起きなかった。これが我々とチンパンジーとの違いである。つまり、兵器による抑止力や集団的自衛権といった、一見は現代的に思える事柄の多くは実は二十万年前から存在した、ヒトにとっては普遍的な話なのである。

ヒトはチンパンジーと違って際限なく人数の多い集団を作ることでも知られている。これはもちろん、ヒトが住む環境によって大きく左右されるのだが、農耕が始まり定住生活をするようになってくると、集団の数が増えて都市と文明が生まれる。そして、集団の人数があまりにも多くなると、それは原始的な国家となるわけですね。

ところで、ヒトの集団はなぜ、どこまでも巨大な規模に膨れ上がるのだろうか？　それはおそらく、他の集団と揉め事が起きた際に、大きな集団の方が有利だからである。個人の間で闘争、つまりケンカが行われる場合に、体が大きいほうが有利なのと同様、国家と国家が闘争する際には国家の規模が大きい方が有利なのは明白で、つまり戦争に勝つためには領土を広げた方が有利！

という嫌な視点を獲得したわけですわホモ・サピエンス諸氏は……。なんだか非常にタイムリーな話をしているような気もするのだけれども、これは農耕と定住が始まった、この一万年ほどの話をしているのです。

ヒトはまた分業制を発達させた。巨大な国家は帝国と呼ぶに相応しい存在となり、再びボスザル的なアルファオスが統治する社会を生み出してしまう。そこに、分業制も加わって階層社会が生まれるわけだ。つまり、階層のある社会を支えているのは国家の仕組みと規範、システムとルールだ。だからこそカウンターカルチャーの時代にはシステムそのものが問題であるという視点が重要視されたわけだが、システムつまり制度のない社会など存在し得ないわけで、良き制度にするためには細かい改良しかなかったのだ。

西欧のいわゆる先進国は近代になるまで帝国主義でやってきたわけだが、我々はモラルを発達させる動物なので、近代以降は帝国はあまりよろしくないのではないか？という方針にシフトチェンジした。なんといっても帝国は格差社会を生み出すし、帝国と帝国が戦争をすると大勢人が死ぬのでよろしくない。

大日本帝国が不幸だったのは、それまでずっと鎖国していたのが開国して先進国である西欧を目指し、西欧社会を真似する形で帝国主義をやらかしてしまった点にある。日本が帝国になった時点で、西欧のトレンドは脱帝国主義になりつつあったのである。

ロシアの場合、ロシア革命で帝国を倒したのは良かったのだが、その後のスターリンによるソヴィエト連邦は構造的に帝国と全く同じものになってしまった。ロシア革命によって倒された帝政ロシアは、農奴たちから搾取していた階級社会である。ソヴィエトは連邦の諸国から搾取した。ヨーロッパの帝国主義は植民地から搾取したわけだが、ソヴィエト連邦は帝国とおおむね同じ構造になってしまった。だから、ソ連が崩壊した後のロシアは、一旦は民主化しかけたものの結局はアルファオスによる独裁になってしまったようである。

中国もまた、共産主義になって良かったはずなのに、毛沢東というアルファオスが君臨する帝国になってしまったのは御存知の通り。スターリンも毛沢東も、最初は理想的な社会を作るつもりであったのに、独裁者になってしまったのは何故だろうか？

昔なら、ここで権力は必ず腐敗する、という話になるのだが二一世紀においてはもう少し深い説明が必要である。そもそも、マルクスの考えていたビジョンだと、成熟した資本主義社会から段階を踏んで社会主義に移行するはずだったのに、ソ連も中国も帝国から一気に共産主義になってしまった。この時点でマルクスの考え方からは乖離していたわけだ。

マルク・ファン・フフトとアンジャナ・アフジャの『なぜ、あの人がリーダーなのか？』によると、新たにアルファオスになったサルは、もちろん強いから勝ち抜いてアルファオスになったわけだが、アルファになることで自信を強め、更に強くなって体も大きくなるのだという。そして、悲しいことに下の者たちに対して無理解で高圧的になってしまう。

チンパンジーにしろ、ヒトにしろ、集団生活を行う動物においては、自然発生的にリーダー的な存在が生まれるし、リーダーに従う習性も生まれる、わけですよ。なぜかというと、その方が社会のあれこれが滞りなく進むからだ。

たとえば、初対面の人間が集まって何かを行う際に、その顔ぶれの中から自然とリーダー的な存在が現れることを我々は子供の頃からよく知っているのではないだろうか。そして、その場で自然とリーダーになるようなヒトはたいてい他のメンバーから好かれやすいことも……。小学校で学級委員に選ばれるような子供は、そういう子供だったのではないだろうか。毛沢東も他人から好かれやすい人だったという。それでも、集団の規模が大きくなると、良からぬ独裁者になってしまうようなのだ。

スターリンも毛沢東も、激しい政争を勝ち抜いてトップに立ったヒトなので、それ以前よりも闘争性は大幅にアップしたろう。いわゆる生存者バイアスの、更に激しいやつである。彼らはもう、それ以前の彼らには戻れないのだ。

ここで思い出してほしいのは、ヒトという動物は時として暗殺を行うことである。ヒトの集団のリーダーであることは、チンパンジーの集団のリーダーであることよりもリスクが大きいのだ。そのリスクを誰よりも自覚しているのはもちろん独裁者本人である。いつ暗殺されるかもしれない恐怖は、周囲の人たちに対する猜疑心を高めるだろう。

そして、そんな猜疑心の塊のような独裁者に対して、周りの人はどのように振る舞うだろうか？何しろ独裁者に逆らったら粛清されてしまう可能性がある。当然のことながら、クラスメイトと付き合うような態度は取れなくなってしまうわけで、腫れ物を扱うような態度になるのは当然である。独裁者からすると、誰も自分には逆らわないけれども、誰一人信じられる友達はいない、てな状態になってしまう。独裁者は孤独なのだ。

大事なことなので繰り返すけれども、ヒトは長い時間をかけて道徳を進化させてきたので、どうやら独裁が良くないことには気がついた。だから、百年、二百年といった単位で帝国主義というのがじわじわと衰退していったわけだが、皮肉なことに理想的な社会を築くために行われたはずのロシア革命、共産主義革命といったものが、帝国そっくりの独裁体制を生んでしまったのである。まるでループもののフィクションのように、何回やり直しても独裁になってしまう、わけである。

その点、元々は植民地であったアメリカは、大統領がしばしば暗殺されるような物騒な国家ではあったが、少なくとも独裁者が統治するような仕組みを作らずに済んだようである。ポイントは制度である。制度設計が成功しているか否かである。

ロシア革命も壮大な社会実験だったし、アメリカの独立も壮大な社会実験だったのである。そして、ソヴィエト連邦や中国のような国においては、結局は独裁主義になってしまった。これは制度設計が失敗しているのだ。アメリカという国家が今も多くの問題を抱えているのは事実であるが、それでも今のロシアや中国よりはマシなのである。

アメリカがロシアや中国よりずっとマシなのはおそらくプラグマティズムというリアルな現実

に適応した思想を生み出したからだと思われるが、それはおそらくプラグマティズムが誕生するための何らかの土壌がアメリカにはあったからである。

プラグマティズムの源流にいるC・S・パースやウィリアム・ジェイムズが天才だったからプラグマティズムが生まれたのだ、と考えるのは筋が良くない。現代の視点から見るとジェイムズは間違いなく知の巨人であるし、パースは突然変異的な天才に見えるのだが、巨人も天才も環境が、もしくはその環境にある文化資産が生み出すのである。アメリカにはパースを輩出する土壌があったのだ。

たとえばオバマとトランプでは、かなり違うわけではあるが、どちらも爆撃は行ったわけである。そして、あんなに好戦的に見えるトランプであるが戦争は起こさなかった。そういう意味でアメリカは、今のところは独裁者が現れて暴政を振るうような社会にならないための制度設計が上手く行われていると言えるし、また、平和のための自己家畜化が進んでいるとも言える。しかしながら、ベトナム戦争の時代においては、アメリカが帝国主義を復活させるのではないか？という心配が持たれたのである。その時代の日本の新左翼は、米帝という表現を好んで使ったが、これはアメリカが帝国主義で世界に戦争を起こそうとしているから、それを止めようという趣旨だった。

二〇世紀の前半において、最も成功した産業の一つに映画があった。一九世紀の終わり頃に発明された映画は、短期間で成長しメディア産業の覇者となったのである。だからこそヒトラーやゲッベルスは映画をプロパガンダに使おうとしたわけだ。

サイレント映画時代の大スター、メアリー・ピックフォードとダグラス・フェアバンクスはソ連でも大人気で、この二人が新婚旅行でモスクワを訪れた際には大変な歓迎を受け、ソヴィエトの俳優であり監督でもあったセルゲイ・コマロフによって即興的に『メアリー・ピックフォードの接吻』というコメディが撮影されている。

ネットやテレビがまだなかった時代において、映画は最も簡単に国境を超える、最強のメディアであった。しかし、戦前から映画大国であった国のうち、ドイツ、イタリア、そして日本の映画産業は敗戦によるダメージを負う。更に、ドイツを筆頭にヨーロッパの優秀な映画人たちが大量にアメリカに亡命していたので、人材が豊富になったアメリカ映画は戦時中から世界最高のレベルになった。

映画の全盛時代は一九四〇年代から一九五〇年代である。しかしながら、そのハリウッド映画が六〇年代の後半に大きく変化する。往年の大スターではなく、若手の俳優を起用したアメリカンニューシネマと呼ばれる作品が何本も作られた。

これはどういうことかというと、当時のロックを好んで聴くような世代が、成長して映画の造り手になったからだ。『俺たちに明日はない』や『イージー・ライダー』など、ニューシネマの代表とされる作品の多くでは主人公たちが、かなり無惨に死んでゆく。平和を愛するヒッピーたちが幸せに暮らしました、みたいな映画がもう少し残っていても良いと思うのだが、そういう映画はあまりないのだ。紆余曲折のあった恋人たちが、二人で手を取り合って逃げていく『卒業』ですら、最後の場面で主人公は不安そうな顔になる。

ベトナム戦争下におけるヒッピーたちの生活を描いたミュージカル『ヘアー』は、一九六七年にオフ・ブロードウェイミュージカルで初めてロックを使った作品として人気を得たが、これが映画化されたのは七九年で、もうヒッピーの時代ではなかった。やはり、六〇年代というのは端的に言って暗く夢のない時代であったのだ。

だとすれば、ヒッピーたちが起こしたフラワームーブメントと呼ばれる運動は、暗い時代において明るい夢が見たいという当時の若者たちの祈りのようなものだったのだろう。西欧には昔からユートピアの実現を夢見る思想の流れとして千年王国思想があったわけだが、革命のようなユートピアを実現しようという運動の多くが、時として剣呑で血生臭い結果を呼ぶのに対してフラワームーブメントはあくまで自主参加的であり、ヒッピーたちの多くは本当に平和を愛していた。とはいえ、その牧歌的な夢は長くは続かない、のである。

愛と平和の祭典と呼ばれたウッドストックは六九年の八月一五日から一八日の午前まで行われた。これはヒッピー、フラワームーブメントの貴重な成功体験として記憶されているわけだが、残されたドキュメンタリーフィルムは映画として公開されたから我々も観ることができる。そこに映っている人たちは、季節柄裸になっている人も多く牧歌的に見える。これぞ、良きヒッピーたちの姿である。映画としての『ウッドストック　愛と平和と音楽の3日間』は平和な野生動物のようなヒッピーを記録しているが故に素晴らしいのである。

同じ時代のドキュメンタリーとして『ウッドストック』の前年六八年にジャン＝リュック・ゴダールがローリング・ストーンズを撮影したドキュメンタリー『ワン・プラス・ワン』があって、こちらも素晴らしく、かつ痛ましい作品になっている。結果的にゴダールは名曲「悪魔を憐れむ歌」が出来上がるプロセスに立ち会ってそれを記録したわけだが、当初はバンドのリーダーでもあったブライアン・ジョーンズがバンドのメンバーから浮いてしまい、脱退に至る痛ましい有様までも撮影してしまった。

この映画の中のジョーンズは、他のメンバーたちからかなり浮いている。それはまるで、サルの集団の中で仲間のサルたちと打ち解けることができなくなった孤独な個体が、その集団から逸れてゆく様子を記録したようにも見える。ドキュメンタリーというのはおそらく、動物としてのヒトを描くところに価値があるのだ。この映画にはゴダールがオリジナルに撮った政治的なコントなどが挿入され、今観るとその部分も時代を反映したドキュメンタリーになっているのが興味深い。

ゴダール自身、一九六七年には商業映画との決別を宣言し、六八年のカンヌ映画祭には仲間たちと共に乗り込んで映画祭のボイコットを主張、これがフランスの五月革命につながるわけだが、フランスにおいてもアメリカにおいても社会が大きな変革を迎えたりはしなかった。むしろ本当の革命を起こせなかったので、左派が政治的に敗北したような印象が残ってしまった。

それから幾星霜、社会を大きく変えたのは何かというと、アメリカのカウンターカルチャーから傍流的に派生したシリコンバレーのテクノロジーだった。ビル・ゲイツやジョブズは本当に世の中を変えたわけだが、ゲイツもジョブズも別に突出した天才ではない。人類の累積的な文化資産を更に前に進めただけなのだ。彼らは巨人の肩に乗るのが上手かった、ただそれだけなのである。

今や我々の生活を大きく変えたテクノロジーの代表者としてゲイツやジョブズの名前が記憶されているわけだが、その実態はAppleやMicrosoftにいた、膨大な数の有名無名のエンジニアたちである。彼らの仕事は、旧石器時代からこのかた、ヒトがテクノロジーに依存した動物なのだということを我々に実感させてくれる。

累積された文化資産を持たない状態のホモ・サピエンスは、遠投と長距離走に長けた毛の少ない弱いサルである。ジョブズは平均的なホモ・サピエンスよりも毛が少なかったが、巨人の肩に乗りつつApple社の社員の肩にも乗るのが上手かった。本人は思いつきのビジョンと、人前で喋ることに特化した能力しかなかったが、ジョブズの他力本願システムは確かに世界を変えてしまったのである。テクノロジーがイデオロギーよりも大きく世界を変えてしまう理由は簡単で、新しいテクノロジーはそれを使うようになった大勢の人たちの心を少し変えてしまうからである。

ブライアン・ジョーンズは翌六九年の六月にローリング・ストーンズを脱退。残ったバンドのメンバーたちはミック・テイラーを新たなギタリストとして迎え、ロンドンのハイドパークで彼のお披露目コンサートを計画するが、七月三日にジョーンズが死体で発見され、ハイドパークでの講演は急遽彼の追悼講演となった。この時、警備員をしていたのがヘルズ・エンジェルズである。ところが、同じ六九年の一二月六日に行われたオルタモントのフリーコンサートでは同じく警備員をしていたヘルズ・エンジェルズによって観客の一人が殺されるという悲劇が起こったのである。

初期の『ローリング・ストーン』誌について書かれた『ローリング・ストーン風雲録』によると、この件はミック・ジャガーにかなりの責任がある。ハイドパークが成功裡に終わり、アメリカのウッドストックも素晴らしいイベントだと評価されたので、その流れに乗ってミックが先導する形でオルタモントが企画されたわけである。ハイドパークでも警備員として雇われていたヘルズ・エンジェルズのギャラは、タンクローリー一台分のビールであったという。

いかにも、この時代らしいノリであったが、企画の発端から当日までの日にちが短く会場の変更などもあってトラブルが続出した。会場には当然のごとくドラッグでラリった人たちが詰めかけ、薬物の売買も行われたという。ストーンズのメンバーはヘリコプターで現場に到着したが、ミック・ジャガーは移動中に興奮した観客から殴られた。もう最初からラブ&ピースではなかったのである。

興奮する観客と警備のエンジェルズが衝突し、演奏は一旦中断された。エンジェルズの一人にナイフで刺殺されたのは十八歳の黒人青年メレディス・ハンターである。エンジェルズの方は彼がピストルを持っていたので正当防衛で刺したのだと主張した。しかし、現場から拳銃は見つかっておらず真相は闇の中だ。この日は暗がりに寝転がっていたところを車に轢かれて死亡した者、警官に追われて用水路に落ち水死した者など合計四人の死者が出た。ウッドストックから、ほんの数ヶ月でヒッピーたちの楽園は終了してしまったのである。

この日のセットリストでローリング・ストーンズが最後に演奏したのが「ストリート・ファイティング・マン」というのがまた象徴的ではないか。この曲の背景にあるのは、この時代にあちこちで暴動が起きていたという事実である。

六〇年代に公民権運動、女性解放運動などが盛んになったのは、人類にとっては良き事柄であったが、路上での社会運動は時として暴力に転ずる。やたらと暴動が起きる世情を反映したからこそ「ストリート・ファイティング・マン」という名曲が生まれたわけだが、この曲を聴いて戦意を高揚させてしまった人もいたのではないか。因果な話である。

ミック・ジャガー自身も六八年のロンドンはアメリカ大使館前で行われた反戦デモに参加していたから、サルトル的なアンガージュマンの気持ちもあって、こういう歌が書かれたわけだが、社会変革への期待と不安、ある種の諦念を描いたような名曲が結果的にストリートで暴力を振う人たちにまで影響を与えてしまったのだとしたら皮肉である。

ミック・ジャガー自身は、ずっと後の九〇年代のインタビューにおいて「今の時代の世相に合う歌ではない」と述べているが、人気のある曲でもあり現在に至るまで（二〇二一年の公演でも）

演奏し続けている。これはどういうことかというと、単にヒット曲だから演奏するというだけではなく、暴力的であった負の歴史を含めた二〇世紀の記録の一部として、繰り返し演奏されているのだと解釈すべきだろう。ある意味、ホブズボームのような歴史家的なスタンスで過去の名曲を演奏しているのだ。

オルタモントの悲劇の一因は、ミックにもあり、本人がそれを自覚していないわけがないのだ。彼は聡明な人なので八〇年代に差しかかる頃からドラッグをやめて健康をアピールし、ジョギングしている姿を雑誌に載せるようになる。六〇年代のロックが反逆であったとすれば、七〇年代のロックは過剰な放埒である。それが八〇年代になると、ドラッグやアルコールとは距離をおいて健康的な生活を送るロックスターが現れる。

今現在のミック・ジャガーは、コロナ禍においてもワクチン摂取に対するポジティブなメッセージを発している。まるで聖人である。つまり、八〇年頃からロックスターの道徳化という現象が起きるわけだが、これについては後ほど詳しく説明する。

実際、ジェームズ・ディーンがいた一九五〇年代の半ばから暴力を美的に描いた映画は増えていたわけで、ロックとカウンターカルチャーばかりが社会における暴力の増加を促したわけではないのだが、ロックに暴力的な側面があったことは事実であり消費者の方もそれを好み称賛していたのだ。

ウッドストックの一週間ほど前には、女優のシャロン・テートが、チャールズ・マンソンが指導していたヒッピーコミューンのメンバーたちによって惨殺されている。マンソンは、成功しなかったとはいえミュージシャンで、ビーチ・ボーイズのデニス・ウィルソンとも交友があった。

ビートルズの狂信的なファンだったマンソンはビートルズの『ホワイト・アルバム』に収められた数曲の歌詞を勝手に解釈して、自分の信者たちにその狂った妄想を吹き込んだ。マンソンは滑り台のことを歌った「ヘルター・スケルター」から世界の混沌を読み取り「レボリューション」や「レボリューション9」からは文字通り暴力革命を起こせというメッセージを読み取った……らしい。ポール・マッカートニーやジョン・レノンにしたら良い迷惑である。

マンソン一味の犯行とオルタモントの悲劇はラブ&ピースのフラワームーブメントに文字通りの冷や水をかけたわけだが、カウンターカルチャーはマンソンとは対象的に孤独で、マンソンよりもラディカルな、まるで時限爆弾のような存在を生み出していた。一九六九年の六月、カリフォルニア大学バークレー校で数学の助教授を勤めていたセオドア・カジンスキーという若者が突然辞職する。バークレーといえばヤン・ウェナーがいたリベラルな空気の学校である。

ウェナーがバークレーを中退したのは六六年、カジンスキーが二十五歳で当時最年少だった助教授になったのが翌六七年。すれ違いではあるが、同じ空気を吸っていたのは確かだろう。

バークレーを去ったカジンスキーは二年ほど両親の元にいたが、七一年からモンタナの人里離れた小屋で孤独な生活を送るようになった。おそらく、カジンスキーの時間は六九年で止まってしまったのだ。彼は一九七八年から手製の爆弾を作っては郵送したり、時には自分で目的地まで爆弾を運んだ。ユナボマーである。カジンスキーによる小規模ではあるが凶悪な爆弾テロは彼が逮捕される九六年まで断続的に続いた。

一九七〇年の九月にはジミ・ヘンドリックスが、一〇月にはジャニス・ジョプリンが、翌七一年の七月にはドアーズのジム・モリソンが、それぞれに先に亡くなったブライアン・ジョーンズと似たような死を遂げる。

ロックスターの夭折に関しては、これも後ほど詳しく説明するが、政治的な暗殺と連動するかのように、マンソン・ファミリーの事件、オルタモントの悲劇があり、そこから一年も経たないうちに歴史の残るレベルの、今でも大きな影響力のあるミュージシャンが次々と死んでいったのである。これだけ暗い時代であったからこそ、まるで小春日和のように明るい出来事であったウッドストックが平和の象徴として語り継がれたのだ。

ヒースとポターの『反逆の神話』でも触れられているが、連続爆発テロの犯人ユナボマーが逮捕されたのは、彼が匿名で当局に連絡を取り、『ニューヨーク・タイムズ』か『ワシントン・ポスト』に自分が書いた文章を掲載すれば、爆破を止めると言ったからだ。これに応じて両紙に掲載されたのが通称「ユナボマー・マニフェスト」で、正確なタイトルは「産業社会とその未来」である（ネットにあるので、今ならDeepL翻訳で読めます）。この論文を読んだカジンスキーの弟が、これを書いたのは兄に違いないと思って通報し、ユナボマー事件はようやく終結した。

その内容であるが、冒頭から「産業革命とその結果は、人類にとって災害であった」とあるように、現代のテクノロジー社会への批判、そしてコマーシャリズムへの批判であり、呪詛でもある。カジンスキーは、これらに対して革命を起こすと書いている。爆破テロは、彼なりの革命だったのだ。

カウンターカルチャーの時代には、シオドア・ローザックの『対抗文化《カウンター・カルチャー》の思想』やチャールズ・A・ライクの『緑色革命』など色んなマニュフェスト的な著作が書かれたが、ユナボマーことカジンスキーのこの論文はそれらのエッセンスを抽出したようなものになっている。

ヒースとポターも書いているように、多くの人は爆破テロには賛同できないけれども、カジンスキーが考えていたこと自体は、あの時代を生きていた人たちにとっては、ごく自然に共感できる内容だった。何しろ四半世紀も隠遁生活を続けていたので、カジンスキーの頭の中ではカウンターカルチャーの思想が蒸留酒のようにクリアに保存されていたのだろう。

マニュフェストであるから、当然のごとく熱い文章である。カジンスキーのマニュフェストにおかしいところがあるとすれば、それは即ち当時のカウンターカルチャーが何を間違えていたのかということの手がかりになるのではないか。

たとえばカール・マルクスは労働者が資本家に搾取されているのを見たからこそ、経済と搾取の問題を喫緊の課題としてとらえ、ああいう仕事を残したわけだが、カジンスキーの日には工業化された現代社会が喫緊の課題に見えたわけだ。このタイプの人は、よく工業化社会を批判する際に農業を称賛し、自然に帰れ的なことを言うわけであるが、そもそも農業と工業は対立する概念ではない。ヒトは、農耕生活を始めたこの一万年ほどの間、ずっと環境に手を加え動植物を品種改良してきたわけである。農業というのは自然を加工する作業であり、その延長線上に工業化社会がある。農業というのは基本的にエンジニアリングなのである。だから、現在でもモヤシやキノコなどのように工場で生産される野菜はたくさんあるし、これからも増えていくだろう。

こういうことは現代を生きる我々にとっては別段難しい話ではないが、六〇年代後半には公害問題が喫緊の課題であった。ヒトは目の前にある問題に対しては、冷静に考えることができなくなり、適切な判断をし損ねることがしばしばある。つまり、二つある心の使いこなしを忘れてしまうのだ。つくづく、利口な馬鹿者なのだなホモ・サピエンス。

「ユナボマー・マニュフェスト」が発表された九六年には、公害問題は六〇年代よりもかなりマシになっていたわけだが、隠遁生活を行っていたカジンスキーにはそれがわからなかった。工業化社会のテクノロジーは確かに様々な問題を生み出したが、テクノロジーによって出現した問題点は、さらなるテクノロジーの発達によって問題解決とまではいかなくても、かなりの問題削減ができる。

ここが肝要なのだが、そもそも環境問題というのは有史以前からある。津波であるとかナイル川の氾濫とかですね、こういうものに対してヒトは色んな技術を発達させてきた。灌漑や干拓もテクノロジーによる環境の加工である。そして環境問題にゴールはない。それこそ人類の歴史が終わるまで継続的に続くのである。カウンターカルチャーの人たちが農業と工業を対立事項だと思ってしまったのは大きな誤謬であり、環境問題にゴール、正しい解決方法がありえるように思ってしまうのも、この時代ならではの誤謬だろう。そして、もう一つ大きな誤謬があったとすれば、それは経済に纏わるものではないだろうか。あの時代の、コマーシャリズム批判、商業主義批判は正しかったのだろうか？

⑫ メイド・イン・ジャパン

一九七一年にジム・モリソンが死んだ辺りで、ヒッピーたちの楽園は七〇年代の初頭には潰えた感がある。そして七〇年代のロックは、六〇年代とは違った色合いを見せるようになってゆく。新しいバンドがいくつも登場して、ロックのイメージを塗り替えていったのである。

六九年にレッド・ツェッペリンとキング・クリムゾンが最初のアルバムを出している。つまりハードロックとプログレッシブ・ロックという二つの潮流が、その存在感を主張し始めたわけだがそれに伴ってアルバムジャケットも凝ったアートワークになっていった。爆発的な文化進化である。

六〇年代末期のビートルズがレコーディング技術の進歩にかなり貢献しているのは有名な話だが、この時期には単なる演奏者ではなくプロデューサー的な働きもするアーティストが増えていた。ジミ・ヘンドリックスは、ライブ会場として使われていたナイトクラブを買い取ってエレクトリック・レディ・スタジオという録音スタジオを建てた。ジミ自身は間もなく死んでしまったが、このスタジオはその後も数多くのアーティストに使用された。

レッド・ツェッペリンのジミー・ペイジもキング・クリムゾンのロバート・フリップもバンドのリーダーでありつつサウンド面でのプロデューサーとしての顔も持つ。音響技術面でのイノベーションがあったからこそ、新しい時代のロックサウンドが生まれたわけだが、ヘンドリックスもレッド・ツェッペリンも好んで古いブルースを演奏した。しかしながら、彼らがブルースを演奏するとオリジナルのブルースとは全く違う代物になってしまうことを我々リスナーはよく知っている。単なる技術的なイノベーションというだけでは説明しきれないほど、この時期のロックは豊穣であり、さらに後の時代に繋がる多様性をはらんでいた。

彼らは一体、何を行ったのだろう。それを説明するのに最適なのは、おそらく哲学者ダニエル・C・デネットが提唱する「リバース・エンジニアリング」という概念である。これは翻訳すると、そのまま「逆向きの工学」となる。出来上がった工業製品などをバラバラに分解して、その製造工程を調べて再構成することである。

どこかの会社がヒット商品を出すと、ライバル会社はその商品を入手して分解し、似たような商品を発売する。iPhoneが出た後に、似たようなAndroid機種が大量に出て、結果的にスマホ全体が進歩したことを思い出してほしい。あれは今思うと携帯電話の文化進化だった。そしてiPhoneのオリジンであるiPodも、元々はSONYのウォークマンの模倣である。

デネットは、進化論を理解するためにはリバース・エンジニアリングの概念が欠かせないという。確かにロックは模倣から始まって、似たようでいてオリジナルとは違うものを生み出す文化である。

たとえば、ディーヴォの「サティスファクション」を思い出してほしい。ローリング・ストーンズの名曲をカバーしながら、ロックの世界に新しい地平を切り拓いていたではないか。なるほど、ロックとはカバーであり模倣であるが故にリバース・エンジニアリングを起こして文化を進化させる装置なのだ。

デネットはリバース・エンジニアリングこそが進化の要だと言うのだが、確かにロックもスマホも世界を変えてしまった。それはフランス革命やロシア革命よりも、ずっと大きな変革をもたらした。進化論の根底にあるのはリバース・エンジニアリングなわけだが、その進化論的なことを理解するためには、リバース・エンジニアリング的な思考が必要となるわけで、デネットの本には主にそういうことが書いてあるわけですよ。

ともあれ、七〇年代こそはロックの黄金期だ。この時代のロックを一言で言い表すとしたら、それは絢爛豪華ということになろうか。ド派手で華美な方向へ、つまりは巨大な産業化へと向かったのである。レコード産業は右肩上がりで、コンサートも照明や舞台装置など、派手な演出を取り入れるようになった。

一番わかりやすいのは、この時代のローリング・ストーンズである。ミック・テイラーが加入したのでハードロック的な楽曲をアルバムに加え、舞台装置は大がかりになった上にグラムロックが流行っていたのでミック・ジャガーは濃い化粧をしていた。派手派手である。七〇年代ロックの総合商社か。

実際、彼は経済学部にいた人なので、この頃には既に経営者の視点でバンドを運営していたのではないか。六〇年代の時点で元々は単なる流行歌手であるロックスターが、社会的な影響力を持つ文化人足りえることに気がついていた人である。

この、企業の経営者が自らパフォーマンス乃至プレゼンを行うというスタイルはおそらく、六〇年代カウンターカルチャーの後継者の中で最大の成功をおさめたシリコンバレーの活動家たちに大きな影響を与えている。スティーヴ・ジョブズとビル・ゲイツがロックンロール誕生の年である一九五五年生まれなのは偶然ではない。彼らは十代前半の多感な時期にジョン・レノンやボブ・ディランがエレキギターで世界を変えるのを目撃したのである。

フランス革命もロシア革命も大事ではあったが、大惨事を生み出したわけで二次的な災害による社会的なダメージを無視できない。政治的な革命というのは、コストパフォーマンス的な視点から見てもあんまり良い手立てではないのだ。だとしたら意識革命の方が良いわけだ。

六〇年代の後半あたりから西欧では革命、レヴォリューションという言葉の意味が少し変化して拡張された節がある。それは政治的な改革だけを指す言葉ではなくなったのだ。

我々の時代においてレヴォリューションという概念を最も愛したのはおそらく今は亡きジョブズなのだが、彼が亡くなった今も我々は、彼のパフォーマンスを動画で観ることができる。大勢の聴衆を相手に楽しげにAppleのビジョンを語るジョブズは、パフォーマンスアーティストであり、メッセージの送り手である。

おそらく、この頃になるとミュージシャンたちはロックが資本主義の権化であることに気がついていた。なので、キッスのジーン・シモンズ、ブラック・サバスにいたオジー・オズボーンのような人たちは経営者としてのセンスを身につけ、言ってみればサーカスの座長のようなスタンスで活動を行うようになる。

後にバンドを脱退し、ソロになったオズボーンはクワイエット・ライオットにいた若くて有能なギタリスト、ランディ・ローズを抜擢する。ローズは飛行機事故によって悲劇の死を迎えるが若きギターヒーローとして伝説的な存在となった。その後もオジー・オズボーンのバンドは何人もの著名なプレイヤーたちを輩出している。

後にヴァン・ヘイレンのボーカルだったデイヴィッド・リー・ロスがバンドを脱退してソロになった際にはスティーヴ・ヴァイという若手のギタリストをバンドに招聘している。オズボーンもリー・ロスも、その後は元いたバンドに戻ったりしている。二人ともバンドのフロントマンである自覚こそあったものの、ステージの上で歌う自分の横にはギターヒーローが必要であることをよくわかっていたのだ。スターであるボーカルと、そのバックバンドという構成ではロックにならないのである。

極論を言うと、メンバーが一人変わっただけで別のバンドになってしまう。それがロックバンドというミニマムな文化である。だからこそ、レッド・ツェッペリンはドラムのジョン・ボーナムが死ぬと速やかに解散した。潔い。ボーナムなしにレッド・ツェッペリンは成立しない。それは決してロマンチックなボーナムへの哀悼だけではなく、物理的にボーナムのドラミングを再現できる人材が存在しないことを意味している。

極端に個性的なドラマーを擁したバンドで、ドラムが最初に死んでしまった大物バンドとしてはザ・フーがいる。ザ・フーのキース・ムーンはボーナムよりも二年ほど前に死んだ。ザ・フーは彼の死後、スモール・フェイセズからフェイセズでドラムを叩いていたケニー・ジョーンズをドラムに迎え、活動を続けた。この選択は決して間違っていたとは思えないのだが、やはりムーンがいた頃とは違うのだという感触を多くのファンが持った。

つい最近、ローリング・ストーンズのチャーリー・ワッツが癌で亡くなってしまったわけだが、バンドはスティーヴ・ジョーダンをサポートメンバーに迎えてツアーを行った。もはやオリジナルメンバーはボーカルとギタリストの二人しかいないわけだが、これはミックとキースさえいればローリング・ストーンズなのだ、というような話ではない、のである。

ローリング・ストーンズのファンというのは若い人もいるだろうけれども、五十年前からずっとファンだったような人が世界中にゴロゴロいるのである。彼らの多くは、ジョーダンが三十年以上前からこのバンドに関わってきたことを知っているし、ジョーダンがワッツを尊敬していることも知っている。ベースのサポートメンバーであるダリル・ジョーンズにしても、オリジナルメンバーであるビル・ワイマンが脱退してから三十年近くローリング・ストーンズと関わってきたわけで、今やビル・ワイマンがいるローリング・ストーンズを生で観たことのある人というのはおじさんおばさんしかいない。

ロックバンドにおいて、とりあえず目立つのはボーカルとギターであるが、リズムセクションもフロントの二人以上に重要である、ということをロックが好きな人の多くは周知している。ロックを好む層の何割かは自分でバンドをやったことがあり、ドラムとベースがいかに重要なポジションであるかを経験的に知っているからである。初心者のアマチュアバンドであっても、ドラムが上手いとそれなりに演奏が整うし、演奏していて気持ち良さも感じる、というのをアマチュアバンドの経験者の多くが、個々の経験として知っているからこそロックは、それ以前のポピュラーミュージック以上に、裏方的なドラマーやベーシストをリスペクトするようになったわけだ。かてて加えて、『ローリング・ストーン』誌がロック評論という文脈を確立させたことにより、ロックを如何に語るかという文化が成熟した。

変な言い方になりますが、ロック語りというのは生物学的な競争である。ロックを批評する文化が成立することによって、わたしは貴方よりも優れた論旨でこのバンドを語れるんですよ、というマウンティング文化が確立されたのである。それは、非常にいやらしいスノッブな作法にもなるのだが、ロックを語る行為が一種の競技になったことで、ポピュラーミュージックを語る際の視点が多様化されたのは重要である。

カッコいい曲を聴いた時に、とりあえずボーカルがカッコいいとか、ギターリフがカッコいい、ギターソロがカッコいい、といった感情が先に出てくるのは当たり前である。演奏している人たちは、その楽曲を魅力的にするために己のスキルを駆使しているから、近代以降のポピュラーミュージックにおいては、全てのパートがボーカルの魅力をサポートするような構造になっている。歌手とバックバンドという構造は、バンドのメンバーが協力してお神輿を担ぎ、ボーカルを支えているわけだ。

フランク・シナトラやエルヴィス・プレスリー、我が国の三波春夫といったアーティストは、この前近代的なシステムに則って大衆音楽としての支持を得た。彼らはソロシンガーとして、既成のビッグバンドの演奏で歌ったり、有能な演奏者を個人で抱え込んで雇ったりした。ロックが生まれる前の文化である。

オジー・オズボーンやデイヴィッド・リー・ロスがソロ活動をした時、彼らは若手のギタリストを抜擢し、そちらにもスポットが当たるようにした。この二人に関して言えば、座長ボーカリストとバックバンドという昔風のスタイルで経営を行うことは可能であった、にも関わらず若手で有能なギタリストを抜擢し、そちらにもスポットライトが当たるようにしたわけだ。自分だけが注目されるより、若いメンバーにもスポットが当たった方が良いのだという判断があったわけだ。

ロックバンドというのは、そもそものスタート地点では近所の友達が集まってやるものだから、縦割り社会的な関係性はない。デビューして印税が入るようになると作詞作曲をしているメンバーと、そうでないメンバーの間に収入面において格差が生じ、それが原因で解散することもあるのだが、基本的には民主的なのである。

チャーリー・ワッツが亡くなった時にキース・リチャーズが、酔っ払ったミック・ジャガーが電話で失礼なことを言ったので怒ったワッツが髭を剃り正装をした上でミックをぶん殴ったというエピソードを披露した。これは八〇年代のことらしいので、殴った方と殴られた方は、この時点で二十年以上共に仕事をしてきたわけである。

普通の会社で部下が上司を殴ったらクビになる可能性が高いが、ご存知のようにチャーリー・ワッツは死ぬまでローリング・ストーンズのドラマーであった。その上で、趣味的にジャズのドラマーとしても活躍し、そちらでも良い仕事を残している。

企業としてのローリング・ストーンズを考えた場合、社長というかCEOはやはりミック・ジャガーだと考えて良いだろう。

ローリング・ストーンズは、創業時の代表であったブライアン・ジョーンズが会社の運営を滞らせるような存在になったので、仕方なく彼をクビにしたらその直後にブライアンが死体で発見されたという悲しい過去を持つ。オルタモントでフリーコンサートを行ったら、警備員のヘルズ・エンジェルズが観客の一人を刺し殺すという事件に発展した悲しい過去も持つ。

社長としてのミック・ジャガーは色々と大変な経験をしてきたわけだが、騒乱の六〇年代、装飾過多の七〇年代を経た八〇年代においても、ミックがチャーリーに失礼なことを言ったら、正装したチャーリーがミックを殴り、それを後にキースが語るという文脈があったのである。

ローリング・ストーンズの歴史において、一貫してワイルドなキャラを演じ七〇年代においてはホテルの窓からテレビを投げたりしていたキースが、この二〇二〇年代に一九八〇年代を回想するエピソードにおいては、古い友人たちのトラブルに巻き込まれたお人好しのポジションになっているのは興味深い。ローリング・ストーンズの場合、ボーカルの社長が良くないことをすると、ドラムのチャーリーが正装して社長を殴りに行くのである。ロックバンドというのは資本主義的なシステムに依存しながら、ドラムよりボーカリストの方が偉いというような縦割りの価値観を拒否しているわけである。

その根元にあるのはバンドが近所の友達や、その兄弟が集まってできた最小限の共同体だからだ。そこには民主主義的な精神があるが、その民主主義は、たとえばフランス革命以降の西欧社会が見出した類の民主主義ではなく、四万五千年年くらい前のホモ・サピエンスが既に獲得していた民主主義の形に近い。ダチがふざけたことを言い出したら、ぶん殴ってわからせてやる、わけである。

ロックが不良少年たちの文化であったことは間違いないが、不良少年たちの文化というのは狩猟採集生活をしていた頃のホモ・サピエンスの習性をそれなりに受け継いでいたのではないか。仲間を大事にする気持ちと、仲間が集団におけるルールを破った際に迷わずぶん殴るマインドは同じアプリケーションに基づいている。年長者には敬意を払い、後輩には手を差し伸べる。これはヒトとしては美しい姿勢であるが、不良少年もしくは日本でいうところのヤンキーには、こういう一面がある。彼らはなかなかに原始的な民主主義を内包しているのだ。

たとえばオジーはランディを雇用したが、それ以上に彼を引き立てた。バンドの座長としては営利的な経営をしながら、自分よりずっと若いランディ個人の個性を尊重し、彼を売り出したのだ。もちろん、ランディが人気者になれば得をするのは経営者であるオジーである。

七〇年代のロックは産業として成長したが、一九五〇年代に小型トランジスタラジオの製造でロックンロールの普及に貢献した日本という国が、またしてもロック普及のハブとして機能する。まず、奇跡的なほどの経済成長を遂げたので多くのロックバンドが日本を無視できなくなった。日本のイベント会社も、六〇年代の後半から欧米のロックバンドを頻繁に招聘するようになる。ビートルズはキャリアの途中でライブを行わなくなったので、彼らが海外で公演したのはアメリカとドイツを除くと日本とフィリピンしかないわけだが、フィリピンでは大統領夫人であったイメルダのパーティを欠席したことでトラブルになり、メンバーたちは逃げるようにフィリピンを離れた。七〇年代においては、欧米のロックバンドがツアーを行えるアジアで唯一の国が日本だったのである。

七一年にブラッド・スウェット・アンド・ティアーズ、シカゴの武道館公演が行われ、グランド・ファンク・レイルロードが後楽園球場（屋根ができる前の東京ドームである）で嵐の中、伝説的な公演を行い、ピンク・フロイドもレッド・ツェッペリンも来日、それぞれが伝説となるような公演を行った。そして七二年、ディープ・パープルが来日する。日本側からの申し出により、この公演はレコーディングされて当初は日本のみのオリジナルライブアルバムとして発売されたが、後に『Made in Japan』（日本盤は『ライヴ・イン・ジャパン』）というタイトルで全世界で発売され、めちゃくちゃに売れて今でも売れているのである。

ライブアルバムなので製作費は安い。ディープ・パープルはイギリスのバンドなので、これがイギリスでの公演の記録ならば、そこまでは売れていかなかったろう。中身はもちろん良いのだが、世界的ヒットとなった鍵はおそらく「メイド・イン・ジャパン」という言葉にある。日本という、敗戦国でありながら、異様な経済成長を遂げつつあった国でのライブだったから、謎の付加価値が生まれたのだ。終戦から二十年をこえて、六〇年代のうちにSONYやHONDAといった日本企業の名前は世界中に知られていた。この時代においてメイド・イン・ジャパンとは、優秀な工業製品であることを意味したのである。

ともあれ、ディープ・パープルのおかげで武道館の名前が海外のアーティストたちに知られるようになった。ロックという音楽は黒人から白人へ、さらにアメリカからイギリスへ、といった貿易によって成長してきた文化である。ビートルズが勲章をもらったのは、もちろん外貨を獲得したからである。

それ以来、イギリスのミュージシャンたちにとってアメリカで売れることは大きな意味を持つようになっていた。イギリスでトップになるのと、アメリカでトップになるのでは経済効果の桁が違うのである。だがしかし、ポピュラー音楽においてアメリカでナンバーワンになるというのは、ほぼほぼ世界一になるのと等しいわけであるが、アメリカでそこまでの成功をおさめられなかったとしても、戦後の経済成長で購買力が増した日本で売れるという道があったのである。たとえば一九七五年にクイーンが初来日した際には、もちろん武道館での公演が行われフレディは振袖を着て登場したわけだが、この時点で既に日本には熱狂的なクイーンファンが大勢いたのである。音楽雑誌『ミュージック・ライフ』の東郷かおる子がグラビアでクイーンを何度も取り上げていたからだ。

バンドの方も日本と東郷かおる子との繋がりは大事にしていた。初来日の時点で、決して売れていなかった訳ではないのだが生まれて初めてやってきた日本で空港に着くやいなや数千人のファンが押し寄せ、記者会見をすることになったのだ。クイーンと『ミュージック・ライフ』の接点は、別件の取材でニューヨークに来ていた東郷かおる子が、たまたま見かけたロジャー・テイラーに声をかけたことに始まるのだが、その際に自分たちのバンドがグラビアページを飾っている『ミュージック・ライフ』を見せられたテイラーは驚きかつ喜んだという。

そりゃそうだろう。この時点でのクイーンは、まだこれからという時期である。その頃、大半の欧米人は日本語を読めなかったが、読めない言語で書かれた雑誌のグラビアに自分たちの写真が使われていたのである。それはもう、かなり嬉しく思えたのではないか。

七〇年代といえば、一ドルが三百円の時代である。大半のイギリス人にとって、日本は遠い国だったし、日本から見たイギリスもまた遠かった。距離はロマンを生むのである。

ブリティッシュ・インヴェイジョンの波が起きたのは、イギリスの若者たちが海の向こうの黒人ブルースやロックンロールに遥かな憧憬を抱いたからだ。遠距離恋愛の恋人たちではないけれども、距離があると想像が膨らみロマンが増す、のである。この場合のロマンとはつまり付加価値だ。貿易は付加価値を加算する、わけである。

イギリスのバンドにとって、アメリカでライブを行うことは物理的に遠くまで行くことだったわけだが、日本はさらに遠い。その日本で信じられないような歓迎を、クイーンのメンバーたちは受けたわけだ。日本のクイーンファンから見ると、遥か遠くのイギリスから、遂にクイーンがやってきたのである。

ご存知のようにフレディ・マーキュリーはある時期から髪を短く整え、髭をたくわえたキャラに変貌するが、この頃はまだ長髪でメンバー全員が美形キャラであった。ここで日本独自のブリティッシュロック需要が派生する。

戦後の日本において急速に発達した文化の筆頭は漫画だろう。少女漫画家たちは、自作の中にデヴィッド・ボウイやロバート・プラントをモデルにしたキャラクターを登場させ、これが読者に対する啓蒙として機能した。

青池保子のエッセイ『『エロイカより愛を込めて』の創りかた』によると、徹夜の多い漫画家たちは眠気覚ましにハードロックを聴きながら仕事をしたという。クイーンは後にライブ・エイドの辺りで文字通りの世界的な成功をおさめたが、メンバーたちは一貫して親日的で、特に『ミュージック・ライフ』との繋がりは大切にしていた。世界的な成功をおさめた後でも売れる前からの人間関係をないがしろにしないという点において、ロックは少年期から青年期で獲得した繋がりを大切にする文化なのである。

そして七七年にデビューしたチープ・トリックは正真正銘、日本から売れたバンドだった。ボーカルとベースがイケメンで、ギターとドラムが変なおじさんという編成のチープ・トリックは、アメリカには珍しいタイプの英国的な諧謔と洒落っけのあるバンドで、『ミュージック・ライフ』も『ロッキング・オン』も初期から推していたから日本ではすぐに売れたものの、アメリカ本国では今ひとつ。それが七八年に出した『チープ・トリック at 武道館』が大ヒット。遂に世界中で知られるバンドになった。この辺りから、おそらく Budokan という固有名詞には SONY や HONDA に似た魔法のようなオーラが漂いはじめていたのである。

七〇年代から八〇年代にかけて、日本での公演をライブアルバムとして出したアーティストは他にも大勢いる。ロックだけではなくてジャクソン5にカーペンターズ、マイルス・デイヴィス、ハービー・ハンコック。ノーベル文学賞のボブ・ディランにも『At BUDOKAN』がある。

戦後の日本が経済大国たりえたからこそ、日本でのライブアルバムを出せば、まず日本で売れるし、日本で売れている証拠にもなるから他の国でも売れるだろう、という魔法のようなインセンティブが成立したのだが、それはディープ・パープルの『Made in Japan』がアメリカでプラチナディスクを獲得したことに始まるのである。イギリスのロックバンドが、日本で録音したレコードがアメリカでドカンと売れたのである。国から国への貿易が付加価値を生んだ、のである。

貿易というのが、いかに我々の社会に大きな影響をもたらすかについては、トマトやジャガイモといった野菜のことを考えるとよくわかるのではないか。コロンブスがアメリカ大陸を発見しなかったら、イタリア料理はトマトを、ドイツやフランスの料理はジャガイモを、韓国料理は唐辛子を導入することはなかったのである。

貿易というのは、原産国では生まれなかったようなレシピを誕生させる場合がある。アメリカはトマトの大量消費国家なわけだが、これはトマトからトマトケチャップを作る文化が定着したからだ。ケチャップそのものは、日本における漬物のような文化の産物で、原材料に塩を加えで煮詰めることで成立した文化である。イタリアのトマトや、ドイツにおけるジャガイモは、その国の文化を根底から変えてしまうポテンシャルがあったわけだ。貿易は色んな面で我々の生活を変化させる、のである。

近年では、BABYMETALのメンバーが海外のフェスに出演した際に、大物アーティストとの写真をよくネットにあげていた。あれはもちろん、大物アーティストたちがBABYMETALに敬意を表しているからであるのだが、それと同時にジューダス・プリーストのロブ・ハルフォードなんかは過去に何度も来日公演を行い、『イン・ジ・イースト』という日本でのライブアルバムもある。ロブから見たらBABYMETALのメンバーは、良い思い出がたくさんある日本からやってきて立派なパフォーマンスを行う、孫くらいの年頃の女の子たちなのだ。音楽的にも、自分たちがやってきたヘヴィメタルの、現代的かつ日本的なアプローチであることは聴けばわかるわけで、ベテランのミュージシャンが孫と写真を撮るような笑顔になってしまうのも当然ではないか。

戦後の日本はアメリカナイズされながらも、英語教育が今ひとつ成功しておらず（多くの日本人は義務教育で英語を学ぶので英語が全くわからない人はまずいない反面、英文は読めるのに英語での会話は苦手な日本人とか、その逆の日本人が大勢いる）日本のロックバンドが英語圏に進出するまでに時間がかかったが、日本と同じく第二次世界大戦の敗戦国である西ドイツのスコーピオンズは、初期から英語で歌っており英語圏でも成功をおさめつつ日本にも来てライブアルバムを出しており、日本のファンもかなり多く、特にプロのギタリストにシェンカーやウルリッヒ・ロートのフォロワーがいる。もちろん彼らの演奏が魅力的だからなのだが、それだけの話ではない。

スコーピオンズは、彼らにとっての外国語で歌っているので、ネイティブのイギリスやアメリカのロックよりも日本人にとってはヒアリングしやすいのである。アメリカの英語とイギリスの英語がけっこう違うことは良く知られているが、英語を母国語としない日本人にとっては、アメリカ、イギリスの英語よりもシンガポールやフィリピンの人たちが話す英語の方が聞き取りやすい、といった現象がしばしば起きる。初期のスコーピオンズに在籍したギタリスト、マイケル・シェンカーも活動範囲としては英語圏のミュージシャンである。

もちろん、ドイツには英語を使わず母国語で歌うロックバンドもたくさんいて、独自の文化を築いている。ジャーマンロックという言葉を聞いた際にスコーピオンズやシェンカーの名を思い浮かべると同時に、CANやファウストといったドイツのプログレバンドを思い浮かべる日本人は多いのではないだろうか。

日本とドイツは自国のロックが盛んな国である。英語圏の人たちには理解し難いかもしれないが、日本のロックの多様性は日本の戦後を、西ドイツのロックは西ドイツの戦後文化を反映している。ロックはまさに戦後のポピュラーミュージックであり、敗戦国が戦勝国との関係を修復し貿易を行うための経済活動の一貫だったわけだ。

ここで面白いことが起きる。ロックが極めて経済性の強い音楽であり、商業主義によって成長する音楽であることが明らかでありながら、ロックを巡る言説の多くが一貫して商業主義に批判的なのである。

日本だと産業ロックという言葉があり、欧米ではスタジアムロック、アリーナロックといった言い方がある。もちろん、ただ単にビッグビジネスになったバンドをスタジアムロックと呼ぶ場合もあるのだが、ロックでお金儲けをすることを揶揄するような使い方もされる。

たとえばバンドの経営者的な立場であるミック・ジャガーなりジーン・シモンズなりが自分だけ沢山のギャラを手に入れ、他のメンバーから搾取していたとすれば、それは批判の対象になるし、実際にそういう話もたまに報じられるのだが、バンドがお金を儲けること自体が悪いわけがない。

そもそもロックバンドというのはアコースティックな音楽よりも電気代と維持費がかかるのである。バンドがツアーを行うにあたっては、ドラムセットやギターアンプなどの機材を運ぶ必要がある。売れる前のバンドならば、自分たちで機材を運ぶかもしれないがガソリン代は必要である。ロックの誕生以来、星の数ほどのバンドが結成されては消えていったわけだが、その大半は売れなくてバンドの維持費が無くなったから解散したのである。そこまで有名ではないけれども、それなりに長く続いているバンドには、それなりの数の根強いファンがいる。固定ファンの存在が、バンドの維持費を担保しているわけだ。

今でこそ、推しを買い支えるという考えが普通になったけれども、昔は経済学的な視点でロックを見る人が少なかった。世界で最初にスタジアムで演奏したロックバンドはビートルズなわけであるが、これは収容者数が桁外れに大きいスタジアムで興行を行うことによって、一枚一枚のチケット代金を安くおさえられるからだ。当時のビートルズのファンは、限られたお小遣いしか持っていない十代の若者たちだったので、安価なチケット代で大勢の観客を収容できるスタジアムでの興行は最適な選択肢だったのである。

それなのに、ロック的な言説においてはお金儲けは良くないことだという考え方が支配的であった。この考え方は、後に登場するロンドンパンク世代のバンドマンや、カート・コバーンのような人たちを長く苦しめることになった。それもこれも、上の世代のロック評論家が商業主義を批判しながらお金儲けを続けたからである。

七〇年代に入って巨大な産業と化したロックからカウンターカルチャー色が薄れたのは、おそらくアーティストたちが自分たちのやっていることが資本主義そのものであることに気がついたからだ。自分たちのバンドが売れれば、家族親戚だけではなく、仕事で関わる多くの人たち、それこそコンサートの警備員に至るまでの雇用が生まれ、より多くの人たちが幸せになるわけである。

ここでヒースとポターの『反逆の神話』を見返すと、この二人が自分たちが思っていたほどには革新的なことをやれていないことがわかる。彼らはカウンターカルチャーがコマーシャリズム・商業主義とコンシューマリズム・消費者主義というお釈迦様の掌の上にあることを指摘したのだが、それを何となく悪いことのように語ってしまっている。

ちょっとわかりやすく言いますと、六〇年代のカウンターカルチャーにおいては、商業主義そのものが良くないという言説があったわけだが、これはもちろん現代の視点からすると空虚な迷妄である。良くない商業主義があるのは事実である。それは、ブラックで良くない経営者がいるというのと同じ話なのだ。良くない商業主義があるのであれば、良い商業主義に方向転換しろというのが二一世紀においては正しい。

ヒースとポターは、この点においてカウンターカルチャーを批判しながら、カウンターカルチャーと同じ穴にハマっている。自分とその仲間を幸せにするために、ロックでお金を儲けようとすることは悪いことではないのだ。ここで認識の誤謬が生まれるわけですよ。売れ線の音楽と売れ線ではない音楽とが、対立しているように見えてしまう、わけです。しかし実質的には、売れ線の音楽が大量に売れた方が売れ線ではないようなマニアックな音楽をリリースする機会が増えるわけです。安易な商業主義批判は、そんなには売れないけど価値のあるミュージシャンをちゃんと支持できないのだな。つまり、フィーリングで何となく、資本主義、商業主義は良くないよね？ みたいな考え方から離脱できていないのだ。

この辺の弱点は『反逆の神話』日本語文庫版の解説で、稲葉振一郎が指摘している。ヒースとポターは、欧米の知識人によくあるように、資本主義か社会主義か？ という二択問題に対して及び腰で、的確な答を出せていない。

ヒースは頭の良い人だから己の弱点を自覚していたようで『反逆の神話』を書いた後に『資本主義が嫌いな人のための経済学』を書く。これはヒース自身の葛藤を描いたような本なので読む価値は大きいのだが、決定的な答に直面するのを回避した本でもある。ヒースは資本主義について深く考えながら、資本主義とは本当は何なのか？ということについては深く考えない。最も重要な課題を前にして思考停止しているのである。これが何とももどかしい。

フランスの知識人たちが、毛沢東を高く評価しながら（その実態は騙されていただけだったが）、自分たちの国家がソ連や中国のような体制になることを望まなかった。もしくは、そうなるような行動を取らなかったのは象徴的である。共産主義の方が良いのなら、英米仏も共産主義になれば良いではないか。少なくとも、その国の知識人はそう主張するのではないか。

資本主義は格差を生む、だからこそ知識人の多くは資本主義を絶賛できない。さりとて、スターリンや毛沢東のような独裁者を生んでしまう共産主義にも同意できない。てな感じで二〇世紀の知識人の多くは二択問題に対してずっと優柔不断であった。頼りないな知識人。情けないな文化人。

ヒースはモロに、この二〇世紀の欧米知識人の弱点を継承している。ヒースに代表される、資本主義か共産主義という二択問題の前で躊躇してしまうのが近代以降の欧米知識人だったわけだ。ヒースは資本主義について、かなり考えたわけだが資本主義とは何なのか？　資本主義の正体を突き詰めることはできなかった。

とはいえ我々は二一世紀を生きる現代人なので、この問題を解決する必要がある。幸いなことに、ヒースの苦悶以降に色んな研究者が興味深い論文を発表している。今こそ、資本主義とはどういうものなのかを語れる時が来たわけであるのですが、聞きたいよね？　それならば説明しましょうか。資本主義の正体について。

⑬ 発表します。資本主義の正体について

英国の批評家であり、ロックの評論でも知られたマーク・フィッシャーの『資本主義リアリズム』は哀しい本である。フィッシャーはフレドリック・ジェイムソンとスラヴォイ・ジジェクの言葉として「資本主義の終わりより、世界の終わりを想像するほうがたやすい」というフレーズを紹介する。

言いたいことはわからなくはない。ただしここには一つ大きな誤謬があってですね、人類は、それこそヨハネ黙示録あたりからずっと色んなパターンの世界の終わりを想像し続けてきたのである。

世界の終末を描いたエンタメは星の数ほどある。日本だと『デビルマン』とかですね。人類が滅亡した未来を舞台にした『猿の惑星』がカウンターカルチャー真っ盛りの一九六八年の作品で、人類が今とは違う方向に進化することを暗示した（ようにも思える）『２００１年宇宙の旅』と同じ年の映画なのは非常に象徴的である。

世界の終わりを想像するのと、人類が生まれ変わって今とは違う存在になるのを想像するのは基本的には同じ種類の想像力に支えられている。世界の終わりを夢想するのは裏返しのユートピア願望なのである。だから、ヒトにとって、世界の終わりを想像するのは動物としての習性に近いので、「世界の終わりを想像するほうがたやすい」のは当たり前なのだ。

かてて加えてフィッシャーが生まれ育った二〇世紀の後半は核戦争に対する危機感が全ての先進国で共有された時代である。そして、資本主義というのも実は動物としてのホモ・サピエンスの習性と深く結びついているのだが、フィッシャーはそれを知らないまま四十八歳で自らの命を絶った。カート・コバーンと似たような死に様だ。

彼らの死を無駄にしないためにも、今こそ我々は資本主義とは本当は何なのか？　という話をするべきなのである。

資本主義についてはー九世紀に深く深く考えた人がいて、カール・マルクスという。彼は産業革命によって工業化した西欧社会が労働者を抑圧し搾取するのを見て、これは大きな問題だと思ったわけだ。

彼が書いた本とその考え方は、印刷され製本され、翻訳されて世界中の人々に影響を与えた。この印刷と製本というのもグーテンベルクによる技術革新であり、後の産業革命と同じテクノロジー・イノベーションである。

マルクスはー九世紀の人なので、今では通用しないようなことも書いているのだが、今読んでも値打ちのあるようなことも書いているので、使える部分を大事にしましょうというのが現代の正しいマルクス研究者なわけだ。

はい、ここでマルクス好きな人たちは二手に分かれるわけです。かなり雑な説明になりますが、マルクスの書いたものを聖典として崇める派と、マルクスの書いたものを科学的に分析して、間違っている部分があれば適切に批判をする派、に分かれるわけですね。マルクス自身は科学的に、論理的にやるぞ！　という人だったので、自説の一部が科学的に、もしくは論理的におかしいと証明された場合には、それを否定しなかったはず、なのである。マルクスの意図をちゃんとリスペクトし、継承するのならば、マルクスを尊敬しながら細部については随時批判するような人の方が、ただひたすらマルクスを信奉する人よりもマルクス的には正しいわけですわ。

そう考えるとマルクスという人は、人類に対して何らかの結論を出したのではなく、大きな問いかけを残した人だったということがわかる。本人は人類の歴史に一つのゴールを提供するつもりで『資本論』を書いていたのだが、彼が人類に提供したのは一つのスタート地点だったのである。

彼は基本的にアジテーターであったので、その文章は熱い言葉で紡がれている。熱い言葉はえてして論理性から離れがちになるのだがマルクスは科学的、論理的であることを良しとした。結果的に、マルクスの意図を正しく受け継いだ人たちは、非常に高いハードルに挑むことになる。

アジテーター的な熱さを持ちながら科学的、論理的であるというのはなかなかにハードな作業であるが、それゆえに優秀な人たちを輩出することになった。歴史家ホブズボームや社会理論家ヤン・エルスターはマルクスから出でて、さらに遠くまで考えを広げた人たちである。だから、マルクスの教えを本当に理解した人ほど、ちゃんとマルクスを批判できるわけです。

経済学に関していえばハンガリーのコルナイ・ヤーノシュがいる。マルクス以降、おそらくは最も資本主義について考えたのがコルナイで、八〇年代に『「不足」の政治経済学』を書いて、旧ソ連の計画経済は根本的なところで駄目なことを指摘した。さらに晩年の『資本主義の本質について』では根源的な答にたどりついている。

この本でコルナイは、共産主義・社会主義国家は不足経済であり、資本主義国家は余剰経済だと語る。これは難しい話なので、とにかくコルナイを読んでもらうしかないのだが、共産主義国家と資本主義国家では何が違うかというと、資本主義ではイノベーションがばんばん起きるのに、共産主義、社会主義ではイノベーションが起きないのだ。イノベーションが起きないからソ連は衰退するしかなくて崩壊したという話である。アメリカにはジョブズやビル・ゲイツのような人が現れてイノベーションをばんばんおこすから繁栄し、旧ソ連にはジョブズやゲイツのような人が出てこなかったから衰退した、わけである。

それでは、アメリカ人は旧ソ連の人たちよりも優秀なのだろうか。そうではないのである。たとえば一九世紀のロシア文学は同じ時代のアメリカ文学に全く劣らないし、英仏といったヨーロッパ先進国の文学にも負けてはいない。ソ連の時代にも優秀な作家はいたのだが、弾圧を受けたり粛清されたりして、それがロシア文化の衰退の一因にはなっているだろう。

当たり前の話ですがイノベーションが起きるのは人類にとって良きことである。コロナ禍において、mRNAワクチンがかなり良い仕事をしたのは周知の事実だと思われるが、こういった医療技術はイノベーションとは何なのかを考える上でかなり役に立つ。人類の歴史を医療という側面から見ると、とにかくテクノロジーが進歩した方が少しでも多くの命を救うことができるから、イノベーションは大歓迎である。ヒトはイノベーションに依存した動物なのだ。そのイノベーションが旧ソ連、共産圏では起きなかったのは何故だろう？

競争がなかったからである。アメリカ人であれロシア人であれ、ホモ・サピエンスの個々人のスペックというのはそんなには変わらないのである。

ヒトには向き不向きというものがあって、誰しも得意な分野と不得意な分野があるのはご存じの通り。子供の頃から、駆けっこが苦手だった人が陸上競技の選手になることはあまりない。陸上競技を選んだ人たちも、自分の資質と相談するような形で、ある者は短距離走の選手になり、ある者は長距離走を選ぶ。生まれつき太りにくい体質の人は、相撲の力士やプロレスラーになろうとは思わないだろう。ヒトが何かの分野で成功する時には、個人の資質と環境が上手く噛み合っている場合が多いのだ。

ジョブズやゲイツが大きな成功をおさめたのは、環境とタイミングが彼らの資質と上手くマッチしたからだ。ジョブズとゲイツは古い友達であり、競争相手でもあった。彼らはお互いに、ライバルに負けたくないから切磋琢磨し、結果的に人類の文化を大幅にアップデートしたわけである。

たとえば町内にパン屋さんが一軒しかなかった場合、我々は自動的にそのお店でパンを買うことになるわけだが、パン屋さんが二軒あった場合には、どちらのお店で買うか悩むことになる。片方のお店の方が圧倒的に美味しい場合には、そちらのお店ばかり利用するから、あまり美味しくないお店はすぐに潰れてしまうだろう。自分のお店を潰したい人はいないので、あまり美味しくないお店の人は、今よりも美味しいパンを焼くために努力、工夫をするだろう。それで、そのお店のパンがいきなり美味しくなった場合、もう片方の美味しいパン屋さんはさらに美味しいパンを目指して努力と工夫をするだろう。結果的に得をするのは、どちらのお店でも美味しいパンが手に入るようになった町内の人びとである。

ライバルと何かを競い合う精神は、両者を共に成長させるだけでなく、社会を活性化させるのだ。アメリカは一貫して自由競争の国だったから成長したわけだが、ロシア革命以降のソ連は、競争によって個々人のスペックがアップデートされるような社会を作れなかったようなのだ。

たとえば二〇世紀の宇宙開発において、旧ソ連は優秀だった。これは冷戦の相手であるアメリカと猛烈な競争をしていたからで、だからこそ世界初の人工衛星スプートニクの打ち上げに成功したのである。オリンピックにおいても、旧ソ連邦の選手たちは目覚ましい活躍を残したが、これも競争が発生していたからだ。旧共産圏の人たちはオリンピックで金メダルを取ると、本人だけではなくその家族やコーチ陣も豊かな生活ができた。なので、どの選手も必死で記録を伸ばすこととなったわけである。

このように、ヒトは競争になると個々人のスペックを爆上げさせる動物なのだ。競争と協力、この二つが上手く組み合わさった時に、各々の分野においてホモ・サピエンスは最高のパフォーマンスを発揮する。この度のコロナ禍において、あまり時間をかけずに比較的効果のあるワクチンを生み出すことができたのも、ファイザーやモデルナといった製薬会社が過去に蓄積されたデータを駆使しながら競争したからである。

ところが旧共産圏においては、市場経済を否定していたので日常生活の中での競争が上手く機能しなかった。ソ連崩壊後、中国は一九九二年に市場経済を導入し社会主義市場経済を目指すと方向転換した。それから三十年、中国の経済が目覚ましい発展を遂げたのはご存じの通りである。ただし、今の中国が本当に社会主義、共産主義なのかについては疑問が残る。市場経済を導入した帝国主義に見えるからである。旧ソ連もまた、実態は帝国であった。これについて、一部のマルクス研究家は、レーニンとスターリンのソ連も、毛沢東の中国も本当の共産主義ではなかったのだという説を唱えている。だとしたら、人類は今のところ本当の意味で共産主義を実現したことはないという話になる。

マルクスの熱烈なフォロワーであった歴史家カール・カウツキーに『中世の共産主義』という本があって、共産主義という思想、アイデアが実は古くからあるものだという話をしている。プラトンの国家論やキリスト教の古い考え方に、共産主義の源流を見るカウツキーはおそらく正しい。キリスト教でいう神の王国というのは人類が皆幸せな世界だろう。

ヒトは互恵的利他主義の動物であり、赤ちゃんの頃から、不公平を憎む傾向がある。これはヒトの習性だと言って良いだろう。だとしたら、ヒトは常に理想としての共産主義を思いついてしまう動物だともいえる。

先に述べたように、ヒトは四万五千年前から獲物を分け合って生きてきた。デフォルトで富の再分配を行う動物なのだ。それなのに、我々は今なお深刻な格差社会に悩まされている。ここが本当にヒトという動物のややこしいところである。

資本主義は格差を生むから良くない、というのを我々は理解できるし納得もするのだけれども、それでは共産主義にして私有財産を否定しましょうと言われると、これはこれで困ってしまうのである。我々は、常に何らかの形で競争をしていないと社会が活性化しないのである。個人においても、何か人と競い合っていた方が生き生きとするのである。だから子供たちは自然発生的に駆けっこをするし、ロックバンドにおいては他所のバンドよりもデカい音を出すのである。

共産主義的な思想というのは、確かにキリスト教由来のユートピア思想の影響を受けている。キリスト教的な神の王国というのは、神の王国が実現したらそこがゴールであり、その先はないのだ。その先があるとしたら終末なのである。

共産主義もまた、時間はかかるけど世界中の国が全部共産主義になるだろう、という歴史にゴールがあるような世界観を有している。しかしながらおそらく、歴史には（それこそ人類の滅亡を別にすれば）ゴールはなく、そこから更に変化する必要のない完成された社会形態というのはないのである。

我々の常識や道徳、幸福といったものが常に変化しているので、それに合わせての微調整、つまりは永遠に軌道修正し続けるような姿勢でないとより良い社会を作れないことは、環境問題を見ればわかるのではないか。環境問題にゴールはなく、持続的な取り組みを続けながら次の世代にバトンを渡すしかない。

ここでノイラートの船という考え方を紹介する。これは、オーストリアの哲学者オットー・ノイラートが言い出した比喩で、アメリカの哲学者ウィラード・ヴァン・オーマン・クワインが好んで使ったものである。

我々は広い海を漂う大きな船に乗り合わせている。航海の途中で、船の一部が壊れたりしても、どこかの港に寄って船を修理することはできない。かといって別の船に乗り換えることもできない。航海を続けながら、壊れたところを随時修理しながら進むしかない（ノイラートの船について、さらに詳しく知りたい方には植原亮『自然主義入門』をお薦めする）。

ヒトの人生は限られているので、我々は随時、暫定的に自分にとってのゴールを想定する。受験とか就職とか結婚とかをミニマムで個人的なゴールと想定して、ゴールを目指すのは生きていく上で効果的なことだ。しかしながら、受験が人生のゴールであるわけがないことは、受験生だってわかっている。自分の人生を、バーチャルなゲームのようなものとして捉えて、そのゲームの中で受験をゴールと想定して頑張るわけだ。これはとても知的な作業だし、思考のツールとしても優れている。

しかしながら、実際問題として人生にゴールがあるとしたら、それは死だけだし、社会にもゴールはない。社会にゴールがあるとしたら滅亡である。ヒトは次の世代に遺伝子を残し、ミームを残す。ホモ・サピエンスの誕生以来、二十万年もの間、我々はノイラートの船に乗っていたと考えるのが妥当なところだろう。

ちなみにノイラートがこの比喩を使ったのはロシア革命より四年ほど後のことだ。フランス革命をやった人たちや、ロシア革命をやった人たちは、革命が成就されればゴールだ！　と思っていたわけである。実際には、どちらも恐怖政治と独裁を招いたのであるが、それは彼らがノイラートの船に乗っていながら、ノイラートの船に乗っていることを知らなかったから、つまり自覚がなかったのである。

自覚とは何かというと、まずは客観性だ。ヒトという動物はヒトがどんな習性を持っているかに対して、今ひとつよくわかっていない。ありていに言うとヒトの社会にゴールはないのだ。ヒトが理想を求める動物であることは素晴らしいことなのだが、理想を達成すれば万事解決するという発想は間違っていたわけであるし、資本主義か？　それとも共産主義か？　という二択問題も間違っていたのである。

そもそも、それは二択問題ではなかったのだ。この問題に関して、明快で明確な答を誰も出せなかったので、多くの人が問題を引きずったのである。資本主義が格差を生むから良くないというのは誰でも気がつく話であるが、そこからの展開がヒトにとっては難問なのだ。

たとえばカート・コバーンは、自分が商業的な成功をおさめたのを、悪いことをしてしまったように捉えてしまった。マーク・フィッシャーは資本主義から逃げられないことを、絶望的なこととして受け止めてしまった。

資本主義とは、そんなに悪いものなのだろうか？　今こそ、資本主義の正体について語るときが来た、わけであります。

六〇年代カウンターカルチャー以降、ロックを巡る言説において頻繁に語られてきた商業主義批判、コマーシャリズム批判、それらに伴う根源的な資本主義嫌悪にはシステム批判という側面があった。カウンターカルチャーの時代にはルールをぶち壊せ的な物言いが広く見受けられた、わけである。

ルールというのはシステムの、つまりは制度の構成要素である。システムが皆を苦しめるという発想はマルクスにもあった。資本家に搾取される労働者だけではなく、資本家の方も資本主義のシステムのせいで決して幸せにはなれない、てなことをマルクスは考えていたわけだ。頭いいな。

資本主義というのは、無政府主義や共産主義のようなイデオロギーではない。単なるシステムだ。だから資本主義ではなく資本制と呼ぶべきだという人もいる。しかも、このシステムはイデオロギーとは違って、誰かが思いついて始めたわけではなく、自然発生的に成立し世界に広まったのである。何者だこいつは？　と思う人もいるだろう。そして、フィッシャーの場合は、このシステムから逃れられないと思ったので絶望して死んでしまったのである。

だがしかし、現代においてはヒトはシステム無しでは生きられないことははっきりしている。ヒトは社会的動物なので、共有される規範、ルールによって構成された制度の中でしか生存できない。たとえば無政府主義、アナーキズムというのがあって、それはそれで魅力的に見えたりもするのだがアナーキズムには人類が全員ウルトラマンとかラッキーマンでない限り実現不可能という欠点がある。つまり絵に描いた美しい餅なのだ。否定はしないが実現できるような代物でもない。それでは、システムとは一体どういうものなのだろうか。

たとえば、花が美しく咲き誇るのは何故だろうか？　それはもちろん、蜜蜂を誘っているからである。世の中には美しいものが沢山あるわけだが、たとえば大自然の景観が美しいのは問答無用である。我々は単なる山や川を見て美しいと思う。そこに損得はない。

次に、孔雀の羽根が美しいのは何故だろう。あれは、メスの孔雀に対して見せびらかしているのだ。美しい羽根のオスの孔雀は、メスの孔雀と交尾する際に有利なのである。わかりやすく言うとモテるわけです。ただし、羽根が派手派手になるほどに、肉食獣から襲われるリスクは高まる。ビジュアル系のバンドマンが、ヤンキーにからまれるところをイメージするとわかりやすいかもしれない。バンドマンはあまり喧嘩が強くない、わけであるがヤンキーよりはモテるわけです。

それでは、花が美しく咲き誇るのは何故かというと、あれは宣伝、広告なのですね。派手な広告で蜜蜂や蝶といった顧客を勧誘しているのだ。花は美味しい蜜を提供しながら、蜜蜂や蝶に花粉を運んでもらい遺伝子を残す。つまり商取引である。

たとえばね、我々が町を歩けば牛丼屋やラーメン屋の看板が目につくが、あれは花が咲いているのだ。牛丼屋の看板は牛丼を好むホモ・サピエンスを誘い、ラーメン屋の暖簾はラーメン好きなホモ・サピエンスを誘っている、わけである。自然に咲いた花ほど美しく見えないのは、牛丼屋にとっての我々がダイレクトな顧客であり、花にとっての蜜蜂だからである。

この流れでグラムロックの話をしても不自然ではあるまい。七〇年代に一世を風靡したT・レックスのマーク・ボランとデヴィッド・ボウイはどちらも売れる前はアコースティックなサウンドであったが、どちらも紆余曲折を経てお化粧を濃くし、エレキギターのサウンドに変化することでブレイクしたのである。端的に言うと彼らは宣伝広告に力を入れたことで売れたわけだ。

ただし、彼らのやったことは文化的な革新であったことは間違いない。それ以前にもメイクをするミュージシャンはいたが、どちらかというと道化師のようなニュアンスが強かった。ボランもボウイも、別に女性的に見えたわけではないままに綺麗に見えた。彼らのメイクは決して女装ではなかったのである。敢えて古臭い言い回しを使うと、彼らは売れ線に走ったのだが、それは同時に表現の革新でもあった、わけである。

ちなみに、自動車事故で若くして亡くなったボランの妻子を経済的に支えたのはボウイであったという。先に売れたボランは、ボウイに対して失礼なことをしたこともあったわけだが（自分の公演の前座でパントマイムをやらせた)、彼の死に際してボウイは利他的に振る舞ったのである。その後のボウイの活躍を見れば、彼がスケールの大きなコンセプチュアルなアーティストであることは世界中が知っている。しかしながら、ボウイが濃い化粧を施してエレキギターに移行することで宣伝広告に力をいれなかったら、あそこまで越境的なアーティストとしての活躍を我々が目にすることもなかったのだ。

蜜蜂はもちろん、花を愛でているわけではなく、蜜を採取するための目印として花を目がけて飛んで行くのだ。ということは、孔雀のメスもまたオスの見事な羽根を見て、まあ美しいわ！と感心するよりも先に、これは健康で優秀なオスだから交尾しようではないか、という判断材料としてとらえているのだ。

我々ヒトは、おそらく文化を進化させたので芸術という概念を生み出し、孔雀の羽根や蜜蜂を勧誘する花を美しいものとして鑑賞するように適応し、進化したのである。自然界に美の基準があるわけではない。我々ホモ・サピエンスが勝手に大自然の景観を前にして、その美しさに感動し言葉を失ったりしているわけだ。そういう意味では珍しい動物である。

それはそうと、我々は犬や猫にも感情があることを知っておりますよね。感情というのは進化の過程で獲得されたものなのだ。

たとえば、サバンナでライオンに遭遇した時に、ライオンに対して恐怖を抱かないシマウマがいたとして、そのシマウマは簡単にライオンに食べられてしまうわけです。なので結果的にライオンに対して恐怖を抱くシマウマと、その子孫が生き延びて繁栄したわけですね。それが適応だ。我々ホモ・サピエンスが持っている恐怖という感情はシマウマのそれと基本的には同じものである。何故ならば我々の先祖もシマウマと同じようにライオンの先祖のご馳走だったからである。そして、ホモ・サピエンスの子供は、一人で行動できるようになるまで何年もかかるから、大人が保護してあげないといけない。

たとえば、広大なサバンナにヒトの赤ちゃんが一人ではいはいをしているところにライオンが通りがかったとする。ライオンにとっては、労せずして美味しいご馳走が手に入るわけで、ヒトの赤ちゃんを食べないという選択肢はないのであるし、赤ちゃんをそんな状況に置いてしまったホモ・サピエンスの親に責任があるという話になる。

もちろん、大半の親は自分の子供をライオンが通りすがるような場所に放置したりしない。我々の多くが、よちよち歩きの子供を見て無条件で可愛いと思ってしまうのは、これまた進化の過程で獲得した感情なのですね。赤ちゃんや幼児が、可愛いから保護したくなるのには明白なエビデンスがあったのだ。

ヒトの子供が可愛いのと並行して、家畜化された動物もまた野生の状態よりはファンシーで可愛くなっているのが重要で（代表例が猪と豚で、豚は猪よりファンシーで可愛い。家畜化された犬の中には耳が垂れた種も多いが、我々の多くはそれを見て可愛いと思う）我々はヒトの子供を見ても可愛いと思うし、他の動物の赤ちゃんを見ても可愛いと思うわけだが、その際に沸き立つ感情は進化の過程で獲得されたものである。

なのでヒトにおいては、可愛いは正義、ちいかわ、なのであるが、それとは真逆の感情である嫌悪感なども、また我々の本能と結びついている。

我々は、自分のお尻から出た排泄物を嫌悪する。特に臭いを嫌う。これは、我々の排泄物つまりウンコが、我々にとって衛生的な面で危険だからである。ウンコにたかる昆虫がいるのはご存じの通りで、彼らにとってヒトのウンコは危険なものではなくて有益なものだから臭いを察知して寄ってくるわけです。

ヒトにとってヒトの排泄物は、直接的には有益ではないので日常生活においては出来るだけ接触を避けるわけだが、農作業の肥料としては有益な面があるので、農耕生活を始めたヒトは自らの排泄物を畑の肥やしとして二次的に利用した。その一方で、ハエにとってはダイレクトに有益な物体なので、すぐに飛んでくる。

つまり、地球上にいる様々な生き物の活動は、基本的に生き延びるための経済的な行動なわけですが、ヒトは進化の過程で不公平を嫌い他人に親切にする利他主義を獲得したので、自分だけが得をするような経済的活動、簡単にいうとお金儲けには嫌悪感を抱いてしまうのだ。しかしながら経済的活動というのは生物学的な行動なのである。そう、バイオロジカルマーケット理論である。市場経済における商取引というのは、生命活動そのものの反映なのだ。

基本的に、我々は何をやっても文化を進化させてしまう。だから、生物学的な経済活動を進化させて資本主義を生み出してしまった。バイオロジカルマーケットと現代の資本主義の関係は、黒人ブルースとロックンロールのようにナチュラルに繋がっている。

ここで重要なのは、制度・システムとは何かという視点である。ヒトはヒトが作った制度・システムを人工的なものだと思いがちである。だからこそカウンターカルチャーの時代においては、反制度、反システムな考え方が人気を得たわけだが（国家の中枢に邪悪な権力者がいて、何事においても彼らが得をするようなシステムを作り、一般市民を苦しめているという物語が庶民から愛されるのは封建的な時代にロビン・フッドのような義賊の物語が庶民から愛されたのと、基本的には同じ構造である）、実際には制度は自然発生的に我々が（それこそ稲や麦を育てるように）育んだものなのだ。サルトルやアメリカのヒッピーに欠けていたのは、この視点である。

だとすると、資本主義を「格差を生み出す悪」として倒すのは無理な話ではないか。ヒトに最も近い親戚であるチンパンジーはヒト以上の格差社会を作るのだが、ヒトは文明がまだそれほど発達していない状態においてはチンパンジーよりも平等な社会を作る動物なのである。それが社会集団を拡大させて国家を作ると格差のある社会を作ってしまうのである。

社会集団の拡大はおそらく農耕と定住がきっかけである。穀物は備蓄できるので財産という概念が生まれ、領土という概念も生まれますわな。それ以前の、最大で百五十人程度の集団にも規範はあったはずだが、規模の大きな集団つまり国家になると細かい制度と法が必要になる。そこから奴隷制度が生まれたのである。

社会集団の規模が大きくなれば、明文化された規範、つまり法律が必要となってくる。これは理解しやすいが、残念なことに初期の人類が築いた国家では、奴隷制が容認されていた。これは道徳心が今ほど進化していなかったからだ。文明の発展は我々の歴史において色々と後ろ暗い事実を明らかにするのであるが、我々は制度を発展させ、進化させることで奴隷制度を決して容認しないような社会を作るところまでコマを進めてきたのだ。現代の倫理観でもって、奴隷制度に肯定的なプラトンを批判するのは簡単なのだが、だとしてもプラトンが書いたものが悪というわけでもない。

それでは、やはり文明を発展させたのは間違いだったのかというとそうでもなくて、文明の発達により餓死は減り病気で死ぬ人も大幅に減ったからこそ平均寿命は伸び続けているのである。トータルで見るとやはり文明が発達して良かった。文明が発達しなくても音楽はあったが、電気がなければロックも誕生しなかったわけである。

ヒトはかなり早い段階から言葉は持っていたろうが、文化の進化による文明の発達がなければ文字を発明できなかった。バイオロジカルマーケットに従って生きる動物が、文化の進化を加速させ、文明を発展させればピタゴラスイッチ的に市場経済を生み出し、やがて産業革命を起こして工業社会が到来し近代的な資本主義が生まれてしまう、のである。

これは文化進化だ、そして進化というものは常に良い方向に向かうわけでもない。ヒトの互恵的利他主義から来る共産主義を求める思考は、赤ちゃんの頃から公平さを求めるヒトの本能に結びついているわけだが、バイオロジカルマーケット理論の視点から見ると、市場経済によって成立する資本主義もまたヒトの本能と結びついている。

だとしたら、共産主義か資本主義か？ という二択を問題視したのは、歴史的なミス、というか認識論的な誤謬だったのではないだろうか。どちらも本能と結びついているのなら、どちらかを選ぶという姿勢では、いつまで経ってもより良い答にたどり着けないだろう。

人類は馬鹿なようでいて賢い動物なので、妥協とか適当なところで手を打つという選択肢がある。我々は妥協という言葉をあまり良くないニュアンスで使うことが多いが、妥協こそはヒトの叡智なのだ。

たとえば過去には、固有資産や市場経済を否定しない社会主義というのも考えられたことがあったのである。そして今はベーシックインカムが注目されている。色んなアイデアをかき集めて、いいとこ取りをするのが最善の道なのだ。

マルクスが見た一九世紀の工業化社会で搾取された労働者たちが苦しんでいたのは、色んな要因が重なっているのだが、一つには産業革命からの工業化というコンボがあまりにも迅速になされてしまったからである。産業革命自体は確実に良いことであったが、ヒトは「これは良いものだ！」と思うと、それに全力投資してしまうところがある。文化のラチェットを全力で回すのである。その結果、社会の形態が短期間で大きく変化してしまうと、多くのヒトがそれに対応できないといったミスマッチな事態に陥る。ヒトは常に道徳を進化させる動物だが、一九世紀の工業化社会においては道徳の進化が追いつかない程の速度で社会が変化したのだ。

西欧でギルドが誕生したのは中世だと言われる。労働者と労働者のつながりが、個々人の労働者を守る労働組合的なシステムが、なかば自然発生的に生まれていたのだ。ところが、産業革命から工業化社会というコンボは、あまりにも迅速に行われたので中世以降のギルドが持っていたような労働者個々人に対する福利厚生が置き去りにされてしまった。

ヒトは道徳を含めた文化を進化させることで前に進んできた。基本的に後戻りはできないと思っていただきたい。ヒトの幸せは、その時その時の社会の状態によって変化する。ヒトは自分たちの都合で、幸せや道徳のゴールポストを動かす動物なのである。

昭和の時代には路上で煙草を踏み潰しても誰も文句を言わなかったわけだが、今はそういうわけにはいかないし、そもそも煙草が吸える場所も限られている。これは、公衆道徳や健康面において前向きで良い変化なのだが、ゴールポストはかなり動いている、わけである。我々は常にゴールポストを動かすのである。だとしたら、やはり我々にゴールはないのだ。人類が皆幸せに生きられる世界を理想としつつ、ノイラートの船でもって少しずつ昨日より少しマシな世界にするしかない。

進化心理学を少し齧った人がよくするタイプの勘違いがあって、それは例えば「ヒトは加熱した肉を食べて進化した」のだから、「ヒトは肉を食べるべきであり菜食主義は間違っている」と思い込んでしまうタイプの誤謬である。違うのだ、我々は道徳を進化させる動物なので、その道徳から導き出される社会のルールをコロコロと変えてしまい、時として本能に逆らうのである。

これはどういうことかと言いますとね、オールタイムベストな社会のルールを作るのは基本的に不可能なので、その時その時におけるベストを考え、模索し続けるしかないということでありえます。時には本能に逆らいつつ、社会も個人もコロコロと変化しながら、前よりもより良い状態を目指す、それが人間の本性なのだ。

この、ヒトのコロコロ性を一言であらわす言葉を我々はよく知っているし、歌うことすらできる。それはもちろん（ご唱和ください、せーの！）Like a Rolling Stone! であり、A rolling stone gathers no moss. なのである。

ちなみに、このコロコロが始まったのはホモ・サピエンスが誕生するずっと前、直立二足歩行をして簡単な道具を使っていた我々の遥かな祖先の時代であり、たとえホモ・サピエンスが絶滅したとしても我々からバトンを受け継いだ何者か（それはAIかも知れないし、我々から生まれた新たな新種の類人猿かもしれないし、AIと合体したサイボーグかもしれない）がコロコロを継続すればコロコロは終わらない。

我々現生人類はコロコロの始まりや終わりに想いを馳せることは可能であるが、そのどちらにも直接アクセスすることはできない。仮にアウストラロピテクスが最初のヒトであったとして、我々ホモ・サピエンスが誕生するまでの間に存在したホモ・ハビリスやネアンデルタール人、デニソワ人たちもヒトの仲間であり、我々の後に来る何者かもまたヒトの仲間なのだ。

この、ヒトという壮大なスケールのムーブメントの源流にいるアウストラロピテクスだって社会性のある動物だったわけですから、何らかの道徳心を持っていたはずだし、我々の次に来る何者かも当然のように道徳心を持っているだろう。

数百万年前に始まったと思われるヒトというムーブメントは、道徳心を育みながら進化、変化させてゆく運動であり、我々は今のところその歴史の末端にいるわけであるが、決してゴール地点にいるわけではなくて途中の地点にいるのですわ。

幸いなことに、現代においては道徳的な消費という概念がある。

たとえば、二〇世紀においては燃費が悪くて大きな車に乗ることをステイタスにしていたアメリカ人が、今では地球に優しいエコな車を選ぶようになった。道徳の進化はお金持ちのライフスタイルも変えてしまったのだ。

たとえば現代を代表するお金持ちであるビル・ゲイツやイーロン・マスクは、環境問題や富の再分配について前向きである。もしも彼らが昔のお金持ちのように私服を肥やすことに専念していたら、SNSでボコボコに叩かれてしまうだろう。彼らはそれをよく知っているのだ。

理想的な共産主義を実現できていない以上、格差を筆頭とした資本主義が生み出す様々な問題に対しては、我々庶民がSNSを通じてお金持ちの尻を叩く（行動経済学の用語でいえば、ナッジする）のである。そして庶民はお金持ちに対して、こう宣言するべきなのだ。様々なやり方で世界にお金をばら撒きなさい、それがお金持ちが世界に対して行える最もより良い方法なのだと。

お金持ちと庶民とが、共に倫理観を競い合えば、世の中はさらに倫理的な方向に進むだろう。ただし、世の中を変える時には、あまり焦らずゆっくりと。急いでラチェットを回さないようにね。

ともあれマーク・フィッシャーやカート・コバーンを殺したのは資本主義ではない。それでは、一体何が彼らを殺したのだろうか。

⑭ ミスマッチにより青年は荒野を目指す

キッスのジーン・シモンズが近年になって出した著作『才能のあるヤツはなぜ27歳で死んでしまうのか?』は色んな意味で興味深い本である。シモンズはイスラエル出身の苦労人で、子供の頃に母親に連れられて渡米。七〇年代に結成したキッスのド派手なメイクとステージ演出で成功した。バンドの中では文字通りのCEO的な存在で、キッス関連商品の版権なども管理している実業家である。長いキャリアの中では浮き沈みも経験した彼が、老人となった今になって書いた本が、若くして死んでしまったロックスターたちの死の要因を追究したものなのだ。

本人は狂乱の七〇年代を生き延びたサバイバーである。一九六九年から一九七一年にかけてブライアン・ジョーンズ、ジミ・ヘンドリックス、ジャニス・ジョプリンそしてジム・モリソンが亡くなった。四人とも二十七歳だった。

それから四半世紀ほど後、カート・コバーンが同じく二十七歳で亡くなる。この辺りから、ファンやメディアの間で、27クラブというあまり喜ばしいとは思えない言葉が囁かれはじめた。そう、シモンズの著名そのままに「才能のあるヤツはなぜ二十七歳で死んでしまうのか?」という話である。

もちろん二十七歳以外で若くして亡くなったミュージシャンもいる。セックス・ピストルズのシド・ヴィシャスは二十一歳であった。ジーン・シモンズはデビュー前に一人のリスナーとしてブライアン・ジョーンズやジム・モリソンの死を知り、キッスとしてデビューした後にシド・ヴィシャスが死ぬのを見、さらに後にずっと年少のコバーンが亡くなるのを見たわけだ。

歳をとって分別のある大人になればなるほど、自分より若い人が先に死ぬのはメンタルに堪えるものである。シモンズは苦境を跳ね除けて成功したポジティブな人間だったから、若くしてロックで成功したのにメンタルを病んで自滅的に夭逝した人たちの気持ちが理解できなかった。だから、自分が老人になった時に、このような本を書いたのだ。

夭折したロックスターの多くは、ドラッグと酒の併用で死んだケースが多いが、そもそも彼らがドラッグに耽溺したのはメンタルを病んでいたからだ。メンタルを病んだ人ほどドラッグに耽溺するのは、ビリー・ホリデイの時代からあった現象である。

子供の頃から人種差別と性暴力に苛まれていたホリデイは、音楽家として成功を収めた後にも薬物依存、アルコール依存が止められず身を滅ぼした。ホリデイよりずっと後に生まれたジャニス・ジョプリンも、男性ばかりが活躍するロックの世界で女性シンガーとして成功しながらメンタルを病んで薬物とアルコールに耽溺した。

ジャズにしろロックにしろ、若くして音楽で身を立てるということは、時として普通に働くよりも大きな成功をもたらす。世界的に成功したミュージシャンは、世界中から祝福される存在である。なのに、世界から祝福されている若者が、メンタルを病んで自傷行為的にドラッグに耽溺し死んでしまったわけである。これが冒頭でも触れたロックのジレンマである。

シモンズは心理学者にも取材して、世界中から注目されることで精神を病む場合もあるのだと書いている。確かに、我々の大半は何十万人、何百万人の他人から注目されるという経験がないために、何百万人、何千万人から注目されてしまった人の気持ちなど、なかなかわかるわけがない。そもそもヒトは百五十人くらいの集団で生活するのに適応した動物である。大勢の人から注目され褒められるのは本来なら嬉しいことではあるが、それが何万人という単位になった場合、脳が何らかのバグを起こしてもおかしくはない。

二〇世紀においてロックは主に若者の音楽であった。多くのミュージシャンは思春期にロックと出会い、仲間とバンドを組んで青年期にプロになる。それを聴く層も似たようなものである。二次性徴が起きる思春期にメンタルが不安定になるのはしょうがない。それ以前の、小学生時代というはもっぱら成長と学習に費やされる。体は時間をかけてゆっくりと大きくなるが、根本的な変化ではない。それに比べて思春期の変化は急速に起きる。だから我々の多くは、思春期の少年少女が時として神経過敏になることを理解しているし、納得もしている。

ところがだ、肉体的には安定した青年期に入ってもヒトの脳はまだ成長の途中なのである。つまり、思春期に始まった肉体の変化は、二十歳を過ぎてもまだ終わってはいないのだ。脳だって肉体の一部であり、さらに言うと肉体のコントローセンターである脳は二十歳を過ぎてもまだ成長の途中なのである。

脳が安定するのは、なんと二十七歳頃で（27クラブ！）人によっては三〇代の前半に至るまで安定しない。そう、若くして死んだロックスターたちは、脳の成長が止まり、安定した時期に入る前にメンタルを病み、ドラッグやアルコールを濫用して死んでしまったのだ。ちなみに、この二十七歳から三〇代の前半というのはサルトルが『嘔吐』を書いていた時期にあたる。

思春期から青年期において、メンタルが安定しないのはヒトだけではない。ハーバード大学の人類進化生物学客員教授のバーバラ・N・ホロウィッツと科学ジャーナリストのキャスリン・バウアーズが書いた『WILDHOOD 野生の青年期』によれば、大半の哺乳類や鳥類、さらにいうと大抵の脊椎動物においては青年期があり、青年期の動物たちはメンタルを病むことが多く、さらには好んで無鉄砲な行動を行うことがあるのだという。

ここでいう無鉄砲な行動というのは、たとえばチキンレースである。チキンレースというのは、お互いの車が向かい合った状態で車をスタートさせる、もしくは崖などに向かった状態で同時に車をスタートさせて、先にブレーキを踏んだ者がチキン（臆病者）と認定されるゲームである。

ある程度、歳をとった大人ならば、最初からこんなことをやろうと思わないわけだが、青年期の動物たちは、しばしばチキンレース的な行動を行う。たとえば青年期のラッコは、そこが危険な場所であることをわかっていながら、捕食者であるホオジロザメのいる海域に泳いで行く。そして何割かのラッコの若者は、そこでホオジロザメに食べられてしまう、のである。これはラッコのチキンレースだ。ただし、チキンレースを上手く生き延びたラッコは老獪に生き延びて子孫を残す。青春の通過儀礼か。ヒトは極端に学習に依存した動物なのだけれども、それ以外の脊椎動物の多くも、大人になるまでの過程においてチキンレース的なギャンブルで生存と危険についてのノウハウを学習するようなのだ。

草食獣が肉食獣から逃げ延びるためには、単に足が速いだけではなく、なんらかのタクティクスが必要となる。それは遺伝子だけで伝えられるものではないので、青年期に学習する必要があるのだろう。

たとえばシマウマが、ライオンから逃げるためのコツ、ノウハウみたいなものをテキストとして残せれば、次の世代のシマウマをかなり助けることになっただろうが、個人の経験値をデータ化して次世代に残すなんてことができるようになったのは今のところヒト科の動物だけである（ただし、親鳥が子鳥にエサの獲り方をティーチングしたりするように、年長者から年少者へ技術的な情報を伝える文化はヒト以外の動物たちにもある）。だからこそ野生動物たちは、その青年期に生存のための経験値を上げるために、未成熟なメンタルでチキンレース的な行動を行うわけだ。

メンタルが不安定な思春期から青年期をワイルドフッドと称するのだが、これはそれぞれの動物の寿命によって違う。ヒトの場合は十一歳頃から三十代前半、カリフォルニアラッコは生後九ヶ月から四・五歳、アフリカ象は十歳でこの時期に突入し二十五歳くらいで落ち着く。ザトウクジラは四歳から二十歳だ。四百年生きるとされるニシオンデンザメの場合、百三十歳で思春期が始まり百八十歳で青年期が終わる、らしい。もしも貴方の知り合いに百五十歳のニシオンデンザメがいて、ことあるごとにナーバスになったり、反社会的な発言をしたりしていた場合には、温かい目で見守ってほしい。そのニシオンデンザメはそういうお年頃なのだ。

しかしまあ、アフリカ象やクジラでさえ、青年期にはメンタルが過敏になると考えたら、ヒトのようなひ弱なおサルが青年期にメンタル弱々になるのもしょうがない話ではないか。それにヒトには言語を使って考える、悩むという能力がある。それによって苦悩を言語化してしまうから増幅させるのだ。

実存主義が二〇世紀の若者たちから人気を得たのは、おそらく青年期特有の生きづらさと結びついていたからだろう。実存主義というのは、現代の視点から見ると、功利的なところが少なくてあまり役に立たないようにも思えるわけだが、言葉にしがたい苦悩、つまりは脳の不調を実存主義的な苦悩と呼ぶことで少しはメンタルが救われるのなら、それは青年たちにとって非常に有益なものであったと言える。

ビートルズの歌詞が他愛のないラブソングから実存主義的な方向にシフトしたのはご存知の通りだが、これがまたロックに面倒くさい問題を持ち込んでしまうのである。六〇年代後半のロックの歌詞は実存主義やシュルレアリスムなどの影響を受け文学的になり、なおかつ政治的なメッセージなども増えて高尚なものになっていったが、それに伴って一九五〇年代のロックンロールや初期のビートルズが歌っていたようなシンプルなラブソングや、土曜の夜だから朝まで騒ごう！的なパーティソングに対して社会的、文化的な価値がないかのような視点が生まれてしまったのである。

今でも、政治的なメッセージソング、社会的な問題を訴えた歌詞の方がシンプルなラブソングよりも値打ちがあると思っている人がいるけれども、それは違うのだ。ロックンロールはそもそも思春期の音楽なのである。

思春期というのは二次性徴によって性を意識しながら、同世代の同性、異性との社会性を学習、獲得してゆく時期である。そういった年頃の少年少女にとって、男女の出会いを歌ったラブソングや、土曜の夜に仲間と騒ごう！　といった主旨の歌は、彼らが大人になるための社会性を獲得する際の、一種の触媒として機能するわけだ。

ところが、ほんの数年で思春期から青年期に移行すると、いまだに悩み多き時期は続いているのに、思春期に抱えていたような悩みが馬鹿らしく思えてしまう。大学生には大学生なりの悩みがあり、大学生から見ると中学生が抱えている悩みは幼稚に見える。それはまあ当然ですが、中学生に向かって「君の歌は幼稚である」と言う大学生はあまり大人気がないのではないか。

当時は、アーティスト自身がまさに青年期だったので中学生のためにあるようなラブソング、パーティソングを幼稚なもののように思い、深遠でヘビーな歌詞をせっせと書いたものだから、ロックの評論においても社会問題や政治的な歌の方が価値があるかのような論調が出てきてしまうわけだが、そもそもラブソング、パーティソングとは用途が違うのだし、我々が基本的に集団で踊るのが好きな動物であることを忘れてはいけない。ヒトというのはしばしば、我々は単なる動物ではないのだぞと、思い上がった瞬間に大惨事をやらかしてしまうタイプの動物なのを忘れてはいけない、わけですよ。

青年期の苦痛、生きづらさに加えて、ヒトはもう一つの弱点を持っている。それは脳のミスマッチである。

現生人類たるホモ・サピエンスが誕生したのは、およそ二十万年前だとされているわけだが、旧石器文明はそれ以前から始まっている。石斧を使い狩猟をして得た獲物の毛皮で服を作るような文化は、ホモ・サピエンス誕生以前からあったわけだ。

ホモ・サピエンスよりも古い時代にいたヒト属の先祖、ホモ・ハビリスやホモ・エルガスターといった石器時代のヒト達は、石斧のような石器を使い始め、おそらくある時期からは毛皮で作った衣服を着るようになっていた。つまり、ホモ・サピエンスは誕生した時点で既に、それなりに洗練された石器をはじめとする道具を使い、毛皮や植物で作った服を着ていたのである。

これに関してはネアンデルタール人やデニソワ人もほぼ同じで、我々との違いはほとんどない。実際のところ、アフリカ以外の土地に住むヒトの遺伝子のうち何パーセントかはネアンデルタール人やデニソワ人から受け継いだものである。最初に石器を作り始めたのが誰なのかはわからないけれども、旧石器時代が始まったのは二百五十万年ほど前のことで、たかだか二〇万年しか歴史のないホモ・サピエンスよりもずっと古いのである。今のところ見つかっている化石からはホモ・ハビリス、ホモ・エルクトス、ホモ・エルガスターといった種族がいた。彼らが石器というテクノロジーによる文化進化を始めたのである。

石斧はとても便利な道具で、狩の時に獲物を倒すのに使えるし、倒した獲物の皮を剥ぎ、骨を割って肉を切り出すのにも使えた。初期の狩猟生活においては、ある意味オール・イン・ワンだったのである（もちろん石斧にも種類があり、遺跡として残らない植物性の道具や動物の骨を加工した道具もあった）。

現代社会において、旧石器時代の石斧に最も似た道具は何かというとスマホでしょうな。片手で持てるオール・イン・ワンですからね。ジョブズ、石斧の再発明をしたのか。少なくとも二百五十万年前の石斧がなかったら、我々はiPhoneやAndroidにたどり着いていない、のである。そして、最初に石斧を作った人たちは、我々の同時代人であったネアンデルタール人やデニソワ人と比べると、遥かにサルに似ていただろう（我々の目から見て、の話です）。

今の我々は、ご存知のように常時二足歩行を行い頭部にしか長い毛が生えていない霊長類なわけですが、チンパンジーと共通の祖先から分岐したのが七百万年前である。二十万年前にホモ・サピエンスが誕生した時には、既に二足歩行だったたし、頭髪以外の体毛はほとんどなかった。

遺伝子の変化による進化というのは、基本的にそれくらい時間をかけてゆっくりと進む。キリンの首や象の鼻だって、気が遠くなるくらいの時間をかけて長くなったのである（ただし、目に見えないような小さな進化は、さほど時間をかけずに起きる場合もある。たとえば欧米人の多くは海藻を消化できないが、海産物を消費する生活に適応した日本人は海藻を消化できる。逆に、ユーラシア大陸に住んでいる人の一部は乳糖を消化できるが、日本人の多くは消化できない)。

ヒトの仲間は、長い時間をかけて直立二足歩行を洗練されたものにしながら無毛になったわけだが、その過程の途中で文化進化の力を手に入れた。基本的に集団で道具を使って狩を行う動物なので、使いにくい道具よりは使いやすい道具の方が重宝されるだろう。そして、もっと使いやすい道具を作ろうとする、わけである。

スマホのアプリが更新されるように、全ての道具はアップデートされることによってさらに使いやすくなる。文化進化とはそういうものである。とはいえ進化とは常に良い方向に向かうわけではないから、たまにOSのアップデートによってオフィスにあるPCが使いにくい無能な箱になったりするわけである(知り合いで、今でもWindows Meを怨んでいる人がいる)。そういうのも含めて文化進化なのだ。

だから、色んな道具が常にアップデートされる社会に住んでいる我々にとっては、文化進化という概念は理解しやすいのだが、旧石器時代に生きたヒトたちにとってはそうではなかった。原始的な石器である石斧は、石を使って石を割り、さらに細かく削って使いやすい形に整えていく。現代の研究者で同じ工程で石斧を作るのに挑んだ人たちがいて、これがそう簡単にできるものではないことが判明している。石斧の製作はかなりの経験と知識を必要とするのだ。

石斧は、何万年もかけて洗練され、種類も増えていった。ということは、昔の人たち、具体的にいうとホモ・エレクトスとかはテクノロジーを使っていたけれども、自分が生きているうちにそのテクノロジーがアップデートされるところを見ることがなかったわけだ。二〇世紀に生まれた人たちは、モノクロテレビがカラーテレビに進化するところを自分の目で見たのでアップデートという概念を理解しやすいわけだが、旧石器時代のヒトたちにとって、それはとても難しく容易には理解し難い概念だったのである。

旧石器時代のヒトたちも、明確にテクノロジーに依存した生活を送っていたわけだが、それを客観的にとらえる視点はおそらく持っていなかった。文化進化はテクノロジーのアップデートを急速に促すわけだが、それでも旧石器時代においてはアップデートには数十万年単位の長い時間が必要だった。

たとえば、旧石器時代に、いきなり新石器時代以降のレベルで使いやすい石斧を作った個体・ヒトがいたとしますわね。そのヒトが作った石器は仲間の間で重宝されただろうが、そのヒトが死んで便利な石器を作るためのノウハウが後の世代に伝授されなかった場合には、そのテクノロジーはそこで絶えてしまい、そのヒトがいた部族の暮らしは旧石器時代に戻ってしまうのだ。革新的な技術というのは、至るところで生まれる可能性があるのだが、そのデータが記録され保存されなければ簡単に途絶えてしまうのである。

データの保存が容易ではなかった時代においては、見様見真似で覚えておけるような技術が後の世代に託された。だから旧石器時代のテクノロジーは、進歩するのに時間がかかったのだ。

ホモ・サピエンスは誕生した時点で、おそらくは既に滅んでいた古い種族のヒトが積み重ねてきたテクノロジーの恩恵を受けていた（つまり、アウストラロピテクスのような先行して誕生したホモ属の肩の上に乗っていた）わけであるが、我々ホモ・サピエンスの時代になってからも、テクノロジーはそう簡単にはアップデートしなかった。データを保存するためのテクノロジーがなかったからであるが、それには文字の発明を待たなければならなかった。文字が発明されるまでは、貴重なテクノロジーを言葉と身振りで説明し、次の世代に伝えるしかなかったのだ。

たとえば火の使用に関しても、ヒトの先祖はかなり昔から火を使っていたのだが、自力で火を起こせるようになったのはかなり後の時代だと思われる。それまでは落雷や、それに伴う山火事で得た火種を慎重に保存して、食材を加熱していたのだ。おそらく、その頃には火種を絶やさないための知識、ノウハウが今よりもずっと大事にされていただろう。

少し整理しよう。遺伝子の変化による進化は基本的に時間がかかるわけだが、ヒトの先祖は文化を進化させるという方法を手に入れたので、進化の速度が少し早くなった。ヒト以外の動物にも文化はあるけれども、ヒト以外の動物においては目覚ましい文化進化が滅多に起きない。ヒト以外の動物の社会は基本的に数万年くらいの時間経過では変化しないのである。

たいていの動物の生活に変化が起きるとしたら、それは環境が急に変化した時である。およそ六千五百五十万年前に巨大な隕石が落下したために地球の環境が大幅に変化して、それについていけなかった生物は絶滅してしまった。あんなに栄えていた大型の恐竜たちもいなくなってしまった。これを地質年代区分の用語でK-Pg境界と呼ぶのだが、この時には地球上の動植物の七十五パーセントが絶滅した。恐竜はデカくて見栄えがするので、恐竜絶滅の時代と思われがちなのだが、恐竜以外の生物も壮大なスケールで絶滅したのである。急激な環境の変化は、全ての生物にとってとても危険なものなのだ。

基本的に地球と、地球を取り巻く宇宙は全ての生命に対して優しいわけではない。全ての生物は、自然環境に適応してきたので生命と自然は調和しているように見えるわけだが、実際には生物の方が必死で地球にしがみついているのである。極端な変化が起きた際の地球は、全ての生物に対して無慈悲である。だから、大抵の生物にとって環境の急な変化は好ましくない。

ヒトは文化を進化させる動物なので積極的に環境を変化させるようになったわけだが、農地を整備、灌漑したりする農業土木は基本的にはビーバーがダムを作るのと変わらない。鳥の巣も環境改変作業ではあるし、アリやハチの営巣も同じようなもんではあるから、環境を変化させることが悪いわけではないのだが、どのような場合にせよ急激な変化は好ましくないのだ。

ところが一七世紀あたりから、ヒトが行う文化進化の速度が徐々に加速してきた。それに至る段階を説明すると、まず旧石器時代の何百万年も前からヒトの先祖は遺伝子の変化と文化進化を両輪として動かしてきたが、それは長い時間をかけて石器の形状が洗練されるようなゆっくりとしたものだった。そして約二十万年前にホモ・サピエンスが誕生した。

彼らは、彼らの先祖よりも文化のある生活に適応していたから繁栄したが、それでも文化進化の速度はゆっくりだった。四万五千年ほど前から、壁画や装飾品といったアート文化が生まれて、メンタルな面では現代の我々とほぼ同じ心を持つようになった。そして、一万二千年ほど前から、農耕と定住の生活を始め、文化進化が加速する。火薬や車輪の発明はこれ以降のことである。そして数千年前には文字が発明される。他の動物たちと比べれば早い変化だったものの、それでも当初の十五万年ほどの間はゆっくりとした変化だったわけだ。

それがこの一万二千年で加速し、一七世紀あたりの科学革命で更に加速し、一九世紀の産業革命で更に更に加速、水道、ガス、電気といったインフラが整備され、電報、電話、ラジオにテレビが普及したことで情報革命が起きた二〇世紀の終盤に至ってIT革命が起きた。つまり、時代が後になればなるほど加速したのである。

六〇年代から七〇年代のリスナーたちは、ラジオやレコードでロックを聴きながら動いているロックスターの姿を見る機会は少なかった。そのため、昔はフィルムコンサートと称して、ロックバンドの演奏風景やライブシーンのあるドキュメンタリー映画を、映画館ではなくコンサートホールなどでフィルム上映したものだ。ロックスターの動く姿を日常的に見られるようになったのは八〇年代になって家庭用ビデオが普及し、MTVの時代に突入してからの話である。

当時を生きていた人々にとって、それは途轍もなく大きな変化であったが、テクノロジーの変化、文化進化は更に加速し、今ではスマホで、しかも出先で、お手軽に前世紀のロックスターが歌い踊る姿を観ることができる。ジーン・シモンズにしろミック・ジャガーにしろ、その全盛期は基本的に前世紀なのである。彼らは、驚くほどの速度で社会が変化するのを見てきたのである。

ローリング・ストーンズなどは現役なので、今ひとつわかりにくいのだが、時代が後になるほど社会の変化は加速するという事実を考慮すると二一世紀の若者が七〇年代のロックを聴くという行為は、二〇世紀の若者が一九世紀の文学作品を読むという行為に近い。時代を超えて共感できる部分もあれば、時代が違うが故に理解しにくいところもあるだろう。社会が変化する速度が尋常ではないから、理解しがたい部分は加速度的に増えてゆく。それくらい、社会は大きく、かつ速く変化をし続けている。我々ホモ・サピエンスが乗ったノイラートの船は、今や激流を航海している最中なのである。

テクノロジーの進化が、我々のライフスタイルや道徳心を変化させているわけだが、我々の肉体はというと新石器時代とそんなには変わっていないのだ。ここでいう「肉体」には「脳」も含まれる。脳はもちろん、我々の精神を生み出す臓器で、精神と肉体は繋がっているから、我々の精神もまた新石器時代とそんなには変わっていない。

もちろん、環境の変化に対してはそれなりに適応するわけだが、人類の農耕生活が始まってから環境変化の速度が加速しているのは既に書いた通り、近々でいうと一九世紀の人たちの何割かは「今ほどの速さで社会が変化する時代は過去にはなかったぞ！」と思ったはずなのである。そして、それ以降の時代に生きた人たちの何割かは「今の社会の変化は一九世紀よりずっと速い」と思ったのではないか。

何故に社会の変化が加速するかというと、ヒトは常に今よりもより良い未来を求めているからだ。今よりも、より良い未来にたどり着くための可能性が少しでもあると、それに向けて全力でアクセルを踏みラチェットを回す。産業革命から工業化社会へのコンボが、豊かでより良い未来を築くと思えたからこそヒトは全力で工業化を進めたわけだが、その結果、公害は発生するし、労働者は資本家に搾取されるような社会になってしまう。革命を起こせば誰もが平等で幸せな社会を作れるぞ！　と思ってロシア革命をやったら、帝国主義のコピーバージョンであるソ連邦を築いてしまう。なんでやねん、痛いな人類。

心のコントロールセンターたる脳を含めたホモ属ヒトの動物の肉体は、ホモ・サピエンスがまだいなかった旧石器時代と比べるとそれなりに変化したけれども、ホモ・サピエンスが様々な道具を使用して狩猟生活を送っていた頃と比べるとほとんど変化していない。

何が変化したかというとユーラシア大陸の一部の人たちは乳製品をたくさん食べていたので成人してからも乳糖を消化できるようになったとか、海藻を消化できるようになったとかである。他にも色々あるはずなのだが、些細な変化が多いので目立たないのだ。海産物大好きなアジア人も今では乳製品をたくさん食べているし、乳製品で育ったヨーロッパの人たちも海苔巻きのお寿司を食べ、ワカメの味噌汁を飲んだりしている。

ヒトが甘いものや脂っこいものを好むのは、それらが高カロリーで、狩猟生活をしていた頃には甘いもの、脂っこいものを食べた方が生き延びる確率が高くなったからだ。全ての野生動物にとって、生き延びるとは食料の確保なのですね。

百獣の王たるライオンも、毎日のようにシマウマやガゼルといったご馳走を食べているわけではなくて、普段はバッタとかを食べている。もちろん、バッタだけでは物足りないので、たまには高カロリーなシマウマを食べたいと思うだろう。ヒトが給料日に焼肉屋さんやステーキハウスに行くようなものだ。今の先進国においては、日常的に飢えるという経験があまりないから、非常にわかりにくいのだが、地球で生命が誕生してこのかた全ての生命にとって最重要な案件はご飯を食べることだった、わけである。

極端なことを言うと、全ての動物はご飯を食べて生きながらえ、セックスをして子供を作り育てる。そして、肉食獣に食べられないように注意する。それだけなのである。現代人たる我々は、それ以外に楽しいことをたくさん知っているので、食事と子作り、そして捕食されないようにすることが動物の本懐であることを忘れがちなのだ。野生の状態において我々は甘い果実や脂っこい肉が手に入ったら、飛びつくようにすぐに食べたわけである。何しろ冷蔵庫がなかったので、果実も肉もすぐに腐ってしまう。保存方法といえば干して干物にするしかなかった。だから我々は今でも甘いものや脂っこいものがあると、ついつい食べ過ぎてしまう。少なくとも現代の先進国においては、食料が手に入らなくなって餓えるということがまずないので、食べ過ぎて肥満し生活習慣病になってしまう。ヒトは、より快適に暮らすことを求めて環境を変化させてきたわけだが、自分たちのために変化させた環境がヒトを苦しめるという現象が起きたのである。

進化心理学では、これをダイレクトにミスマッチと呼んでいる。エルヴィス・プレスリーがドーナツの食べ過ぎで死んだというのは有名な噂話で、四十二歳で彼が亡くなった際に死因は不整脈だと発表されたが、酒も煙草もやらなかったエルヴィスが甘くて高脂肪な食べ物を好んでいたのは事実で、それ以前から肥満に悩んでいたらしい。ストレスから過食症になったという説もあり、また肥満解消のために複数の薬を服用していたという説もある。それが正しいとすれば、エルヴィスこそは進化上のミスマッチにより亡くなった、おそらく最初のロックスターではないか。

彼が貧しい白人の生まれであったことは重要だろう。今の多くの先進国のリスナーには想像しがたいが、戦後の貧困期に飢えた少年時代を送り、経済成長の時代に成功したスターであるプレスリーは、飽食をやめられなかったのだ。少年時代から青年期にかけての、ほんの数年間で彼は裕福になったわけだがアメリカ社会そのものも経済成長で豊かになったのである。

それ自体はけっこうなことではあったが、エルヴィス個人にとっては予期しようのない悲劇だった。自然界には甘い食べ物も脂っこい食べ物も存在するが、甘くて脂っこい食べ物というのはまずない。ドーナツのような、甘味と油脂の旨味と、両方を備えた食物は自然界には存在し得ないホモ・サピエンスの発明品なのだ。それは素晴らしい発明ではあったが、エルヴィスの寿命をガリガリと削ってしまったのである。

ミスマッチによって起きる病は2型糖尿病や肝硬変といった、いかにもな生活習慣病ばかりではなく、鬱病のような精神疾患も含まれる。近年、注目されるようになった発達障害なども、おそらくミスマッチと深く関わっている。つまり、現代人を悩ませるメンタルな病の多くも何割かはミスマッチの産物なのだ。

脳を含む我々の肉体は、新石器時代からほとんど変化していない。現代社会は病んでおり、そのせいで人間の精神が病むようになってしまった、というのはそれこそ六〇年代カウンターカルチャーの時代からよく言われていた話である。だからこそ、ヒッピー世代においては「自然に帰れ」というメッセージが好まれたわけだが、これはそう簡単な話ではない。

我々ホモ・サピエンスは、地球が誕生してからこのかた、最も繁栄した哺乳類であり霊長類なのだが、繁栄の原動力が何かというと文化進化の力である。文化そのものは鳥やビーバー、チンパンジーにもあるのだが、文化を進化させ、更に更にと加速することができたのはヒトの仲間の中でもホモ・サピエンスだけなのだ。我々の先祖は、ネアンデルタール人とほとんど変わらない動物でありながら、ネアンデルタール人にはできないような文化進化の速度をブーストさせる便利な道具を生み出したのである。

それは何かというと、言語と文字であります。我々現代人は言語と文字を同時に使っているので、同じような枠だと思ってしまうわけだが、これが実は厄介なのだ。

言語の誕生に関しては（何しろ記録が残っていないもので）はっきりとしたことはわからないのだが、おそらく十万年前から五万年ほど前のことだと考えられている。それに対して、文字の発明はおよそ六千年から五千年ほど前だと思われる（壁画や装飾品といったアートが増える少し前だ。アート的なものは実はもっと古くからあるのだが、言語による情報の共有が確立されるまでは広まらなかった。おそらく、いつの時代にもピカソやゴッホみたいな人がいて天才的な絵を描いたりしていたのだが、その個体が死ぬとその部族からアートはなくなったまま数万年が経過した、てなことがおそらく色んな場所で多々あったのである）。つまり、言葉が誕生してから文字を生み出すまでに、少なくとも四万数千年ほどの時間が必要だったのでありますね。

我々の脳は非常に高性能な情報処理マシーンであるが、リソースは限られている。これはスマホのストレージにたとえるとわかりやすい。自分が使っているスマホのストレージを確認すると、かなりの容量がOSとアプリに費やされていることがわかるだろう。五万年前のヒトにとって、言語は滅茶苦茶に便利なアプリだったのである。だから言語は当時のホモ・サピエンスの間で爆発的に普及した、わけですよ。

ところが、このアプリは、かなりのストレージを必要とする。そして、ヒトの脳はストレージを増やすことができない。今使っているスマホよりも大容量のスマホに機種変したりできないのである。しかしながら言語というアプリは、あまりにも便利だったのでストレージが足りないからといってアンインストールすることはできなかった。それから数万年、人類は遂に文字を発明した。

ボイド&リチャーソンは『ダーウィン文化論』の中で、文化というのは脳の中に蓄積された情報だと書いている。文字の発明は、その脳の中にある情報を脳の外部で保存することを可能にした。そのおかげで、二一世紀の中学生が岩波文庫というデバイスを使ってプラトンやアリストテレスが残した叡智にアクセスできたりするのである。

これはもう、とんでもないことなのだが、文字を認識するための能力＝文字認識アプリは、これまたかなりのストレージを必要とする。ヒトにはそもそも、空の色合いから今後の天候を推測する能力や、繁茂する樹木の様子から美味しい果実を見つけるための推察能力があったはずなのだが、現代の我々はその能力をもっぱら文字を読むことに費やしているわけだ。

言語の発明から文字の発明という、数万年がかりのコンボは情報の伝達を容易にし、情報の保存を容易にした。鳥類や哺乳類は親が子供にエサの採り方を教えたりするわけだが、あれは親鳥が自分の親から教わった技術＝データを子供に教えることで、子供の脳がデータを保存し更に次の世代に伝えるためのストレージとして機能している、わけである。ヒトは言語を発明したので親から子へ、はたまた師匠から弟子へと伝えられるデータの量が爆上げしたのである。

ヒッピー世代の、自然に帰れというメッセージには一理あるのだが、ヒトが言語や文字を手放すことは無理だろう。少なくとも言語がなかった時代には戻れないし、文字がない時代にも戻れない。もっと近々の話でいうとスマホがなかった時代に戻れますか？　という話になる。我々は文化の進化に依存してここまで来たために基本的に後戻りができないタイプの動物なのだ。その代わりに客観的な、メタな認知でもって軌道修正する能力がある。

我々は哺乳類なので、他の哺乳類と同じく青年期には不安定なメンタルで刹那的になり無鉄砲な行動を行う。その上に、文化を急激に進化させたので常時ストレージが足りない脳を持つようになった。だから我々の脳は頻繁にバグる。マーク・フィッシャーやカート・コバーンが不幸な死を遂げたのは、おそらくこれら複数の要素が重なって彼らのメンタルを苛んだからだろう。

フィッシャーが若い頃のイギリスはサッチャー政権で、後に新自由主義として今では問題視されるようになった政策に無茶振りした（だから多くのパンクロッカーはサッチャーを敵視した）。新自由主義について説明するのは大変なので、ここでは日本で最も資本主義に詳しい稲葉振一郎の『「新自由主義」の妖怪』をお薦めしておく。

社会の形態が常に変化してゆくのは、もちろん文化進化が起きているからだが、何度も言うように進化というのは常に良い方向に向かう訳ではない。新自由主義というのは良くない方向に進化した資本主義であり、我々の多くを苦境に陥らせた。そして人類はまだ、そこから脱し切れてはいない。

何しろ我々は、つい最近まで資本主義の生物学的な側面にすら気がついていなかったのである。資本主義をバイオロジカルマーケット的な視点から見直すことで、より多くの人々を幸せにするための軌道修正ができるのではないか。

とにかく、ヒトの文明は常に途上にあるので、文明がある一定の水準に到達したために、新たな未来がなくなり、行き詰まってしまったような視点（マーク・フィッシャーはモロにこの視点にハマってしまった）を選択するのはかなり危険なのだ。いつだって未来はある、ただしなかなかヒトが思い描くような理想的な未来が目の前に提示されることはまずないので、時としてヒトは絶望するのだが、今よりも少しでもマシな方へと向かう意志だけが、より良い未来へと繋がるのである。

⑮ 文明化と道徳化のロックンロール

リヴィング・カラーのヴァーノン・リードが近年のインタビューにおいて非常に興味深いことを述べている。かいつまんで言うと、ロックの歴史において黒人のミュージシャンは不当な扱いを受けてきた、という異議申し立てである。一九五〇年代の半ばにロックンロールが誕生した時には、黒人アーティストと白人のアーティストが入り乱れてノリの良い音楽を奏でた。ところが、ロックがカウンターカルチャーと結びついた六〇年代の後半になると、ロックはラブ＆ピースを主張しながら白人中心の文化になってしまう。

映画『ウッドストック』を観ればわかるけれども、あの映画で目立っている黒人はジミ・ヘンドリックスだけである。彼はもちろんアメリカで生まれてブルースやR＆Bのバンドでキャリアを経たギタリストだが、一旦イギリスに渡ることでキャリアがロンダリングされた。

ビートルズの登場とブリティッシュ・インヴェイジョンは明確に文化の分水嶺である。ヘンドリックスはもちろん、それ以前から個性的なギターを弾いていたわけだがタイミングよくイギリスに渡って、英国から発信したアフロアメリカンのギタリストとして唯一無二の地位を築く。ところが、それ以降の七〇年代ロックにおいては黒人ミュージシャンの活躍があまり評価されない歴史が続くのである。マイケル・ジャクソンやプリンスが世界的な規模で音楽市場を塗り替えるのは、一九八〇年代になってからだ。つまり、長い間ロックは白人中心の文化であり、イギリスから現れたジミ・ヘンドリックスだけは特別枠で賞賛されていたのだ。

創世記のロックンロールは黒人アーティストと白人アーティストがどちらも大活躍していたのに、ラブ&ピースとカウンターカルチャーの六〇年代後半を経て、ロックは白人中心の文化になってしまい、マーケットにおいては黒人音楽との間に障壁を作ってしまった。

リードはアイズレー・ブラザーズやシスター・ロゼッタ・サープといったロックの歴史に決定的な影響を与えたアーティストたちが、白人のロックという文脈では無視されてきたと訴える。

アイズレー・ブラザーズにはジミ・ヘンドリックスも参加していたし、チャック・ベリーよりもひと回り上で戦前からゴスペル、ジャズ、ブルースと幅広い活躍をしたロゼッタ・サープのギタープレイを今聴くと、これは確かにチャック・ベリーのサウンドの源流と言うべきか、更に言うならばサープこそがロックンロールの発明者だったのではないか？　と思えるくらい、後のロックンロールがやったようなことを一九四〇年代に既にやっていたのである。

一九六四年に彼女がマディ・ウォーターズと共にヨーロッパツアーを行った際には、客席に若き日のエリック・クラプトンやジェフ・ベック、キース・リチャーズ、ブライアン・ジョーンズたちがいた。ロバート・プラントに至ってはソープの楽屋に忍び込んだという。不審者である。

そんなソープは二〇一八年にロックの殿堂入りをした。つい最近ではないか。多くのロックレジェンドから尊敬されていたにも関わらず、本格的な再評価の波が始まったのは二一世紀になってからなのだ。

英米の白人によるロックが黒人のブルース、R&Bの物真似から始まったことは明らかである。たとえばローリング・ストーンズのファンになった中学生が、バンド名の由来となったマディ・ウォーターズを聴くと、割とそのまんまそっくりではないかと思う、わけである。続けてエルモア・ジェイムズを聴くと、これがもう明らかにロックなギターサウンドである。

なので六〇年代から七〇年代にかけてのロックに魅了された人たちの多くは、ロックの源流、ルーツを辿るようになり、戦前のブルースにハマる人も多かった。にも関わらず、サープが公的に評価されたのはつい最近なのである。

リードは続いてファンカデリックとそのギタリストであるエディ・ヘイゼルの名前を挙げ、彼らが紛れもないロックバンドであり、素晴らしい傑作を残しているのにも関わらずロックの文脈では評価されてこなかったことを指摘する。

R&Bの歌手としてキャリアを始めた、Pファンクの総帥ジョージ・クリントンは、サンフランシスコに移住してヒッピー・ムーブメントの洗礼を受け、ピンク・フロイドのライブを観て、自分の手で黒人のためのピンク・フロイドを作ろうと思い立った。リードはこのエピソードをクリントンから直接聞かされたという。

クリントンとヘイゼルは、堂々たる黒人によるロックを作り上げたが、ロックバンドとして認められることはなかった。だから彼らはファンク・R&B色を強めていったのではないかと、後進の黒人ロックギタリストであるリードは語る。

そもそもの問題は黒人音楽と白人音楽のマーケットが分かれていたことにあるのは間違いない。だからこそアラン・フリードがラジオを通じて、白人の若者たちに黒人音楽を聴かせたことがロックという文化の誕生に繋がったのである。ただし、黒人音楽の市場と白人音楽の市場が融合したわけではなかったのだ。六〇年代後半のカウンターカルチャーは公民権運動、黒人解放運動、女性解放運動といったマイノリティのための運動と連動していたために、大きな流れになったが、各々の運動がきちんと連動していたわけではない。

白人主体のロックフェスであるウッドストックが行われた一九六九年の夏、ニューヨークでは黒人音楽の祭典ハーレム・カルチュラル・フェスティヴァルが行われていた。合わせて三十万人が参加したというから規模的にもウッドストックに引けをとらないこのイベントは黒いウッドストックとも呼ばれているが、二〇二一年に『サマー・オブ・ソウル（あるいは、革命がテレビ放映されなかった時）』というタイトルのドキュメンタリー映画が公開され、注目を集めた。イベントの翌年には映画が公開されていたウッドストックとはえらい違いではないか。

六九年の時点で黒人たちは、アフリカ系アメリカ人の音楽としての黒人音楽を確立しており、マーケットも存在していたわけだが、だからこそ黒人音楽と白人音楽のマーケットが融合するまでに時間がかかったという面もあるだろう。なので黒人音楽から出たものであり、白人のロックが黒人に影響を与えることもあったにも関わらず、白人は白人で、黒人は黒人でという歪な形で発展してしまった。

ちなみに、アメリカの音楽事情は今でも複雑で、黒人が主体で演奏するブルースフェスティバルの観客の九割が白人というような状況がある。その場合、白人の聴衆は黒人音楽を明らかにリスペクトしているわけではあるが、なんとも複雑な気分にはなる。ちなみに黒人の聴衆が少ないのは、若い世代の黒人にとってブルースはお爺さんやお父さんの世代の音楽で、古臭いものに聞こえるからだという。

七〇年代に何があったのかを駆足で見てみよう。七〇年代の前半にはハードロックとプログレッシブ・ロックが隆盛し産業として拡大化の一途を辿ったわけだが、一九七六年には「アナーキー・イン・ザ・UK」でセックス・ピストルズが登場し、七七年には『勝手にしやがれ!!』でアルバムデビュー。パンクの時代が到来してしまう。

彼らはレッド・ツェッペリン（いわばハードロック代表だろうか）やピンク・フロイド（こちらはプログレッシブ・ロック代表だろう）といった先達（年齢的にはセックス・ピストルズの面々より一回り上くらいになる）を時代遅れであると口悪く貶し、「私はピンク・フロイドが嫌いだ」と書かれたTシャツを堂々と着ていた。ロンドンパンクはゆるくてヌルいヒッピーの文化を批判し（もう、ヒッピーなんて限られた場所にしかいなかったのに）もっと過激にやるのだという意思表示であった。

現代の視点から見るとパンクは、一九五〇年代ロックンロールへの原点回帰にも見えるわけだが、これはこれで説明しだすとややこしいのである。

何がややこしいかというとですね、パンクというのは元々はアメリカはニューヨークの文化である。ヴェルヴェット・アンダーグラウンドやイギー・ポップがルーツとされ、パティ・スミスやテレヴィジョンがいた。ヴェルヴェット・アンダーグラウンドのルー・リードやパティ・スミスはレッド・ツェッペリンやピンク・フロイドのメンバーたちと概ね同世代にあたる。そんなに新しい運動ではないのだ。

彼らの中でパティ・スミス、テレヴィジョンのトム・ヴァーレインが、若くして亡くなったドアーズのジム・モリソンのフォロワーであることはかなり重要なポイントだろう。言うまでもなくモリソンはロマン主義的であり象徴主義的な文学者である。パティ・スミスやヴァーレインの作品というのは、アメリカの西海岸から出たモリソンに対しての、東海岸からの文学的なレスポンスであったわけだ。

セックス・ピストルズ以降のロンドンパンクに影響を与えたと思われるのはイギー・ポップだろうか。ところでイギー・ポップのワイルドな行動は、彼がビートニクの流れを継承しているからなのだ（彼は、バロウズのラジオドキュメンタリーでナレーターを務めている）。つまり、ニューヨークパンクというのは、文学性の強いサブカルチャーのムーブメントであり、現代アートに理解のある都会の、幾分かはスノッブな文化だったわけだ。

パティ・スミスもテレヴィジョンも高く評価されているが、ロンドンパンクのように若者のファッションに大きな影響を与えるタイプの作家ではない。彼らの文学性は、聴き手のパーソナルな心情に訴えかけるものであり、ロックがそのような表現を生み出したことは素直に賞賛すべきである。二〇世紀のロックの多様性は大したもので、大勢でノリノリになって騒ぐタイプの音楽とは違う文化も生み出しているのだ。アシッドフォークのようなものまで、ロックという言葉の範疇にあるのは、かなり凄いことである。

ヒトはサルなので、皆と盛り上がるのは大好きだけれど、自分だけの時間も大切にしたいのである。面倒くさい動物なのは間違いないのだが、ロックは短い期間で文化進化を繰り返し、ホモ・サピエンスの多様なニーズに応えたわけである。

とはいえ、ニューヨークパンクだけなら、狭い地域での先鋭的な文化として歴史に記録されただけだろう。このパンクというアメリカの中でも都会でしか成立しづらい文化を、イギリス人が加工して輸入したわけである。マルコム・マクラーレンという一種のテキ屋と、デザイナーでファッションブランド、ブティックを経営していたヴィヴィアン・ウェストウッドが結託してセックス・ピストルズをプロデュースしたというのは有名な話である。

ロックの歴史を一九五〇年代半ばからだとして、飛躍的に革新的であった出来事というのは実はそんなには多くない。ボブ・ディランがエレキギターを持ったのと、ブリティッシュ・インヴェイジョンより大きな出来事は起きていない。むしろ、規模の小さなイノベーションが頻繁に起きるのがロックの良いところなのだ。

作家にして翻訳家の西崎憲による大著『全ロック史』の目次を見ると、パンクロック以降の項目が異様に充実しているのがわかる。ヘヴィーメタル、オルタナティブ、グランジ、ブリットポップと、いくらでも増えていくし、これからも増え続けるだろう。ロックは様々な方向に細かく細かく文化進化を続け、無限に分岐してゆくのである。

セックス・ピストルズは確かに革命的であったが、音楽的にはむしろ、当時としては比較的保守的なパブロックを、意図的にラウドに演奏したわけで、音楽的な革新性はあまりなかった。むしろ当時としては目新しくもないロックンロールで、政治的にラディカルなことを歌ったのが効果的だったのである。

セックス・ピストルズは、言ってみればヴィヴィアン・ウェストウッドという服屋のキャンペーンのために作られたバンドである。それが、圧倒的な影響力を持ち得たのはブリティッシュ・インヴェイジョンの時と同じように、アメリカで生まれた文化をイギリスに持ってきて加工したからである。またしても、貿易による文化進化が起きたのである。

今あるパンクのイメージを決定づけたのはジョニー・ロットンの過激な言葉と、シド・ヴィシャスの過激な生き様ないし死に様である。本来はアメリカで誕生したパンクだが、セックス・ピストルズ以降、アメリカのパンクバンドもロンドンパンクを意識せざるを得なくなった。

『反逆の神話』のジョセフ・ヒースは、少年時代の自分がパンクスであったと書いているが、カナダ人であるヒースのパンクはニューヨークから直輸入されたものではなく、ロンドンパンクを経由したものである。ヒースの文章に時折見られる皮肉や諧謔は、ジョニー・ロットン改めジョン・ライドンの言動のようである。そして、一〇代のヒースがそうであったように、パンクファッションは基本的に安くつくから若者にとっては真似しやすかったのである。

かくしてセックス・ピストルズ以降のパンクは、世界中の若者にインパクトを与えた。元々は作られたアイドルのようなものであったが、ジョニー・ロットンは馬鹿ではなかった。彼がロックの歴史上、屈指のイデオローグになったのは元から頭の良い人が、特殊な環境に置かれたからだろう。セックス・ピストルズが登場する以前に、セックス・ピストルズのメンバーのような経験をした人はいなかったのである。

二代目のベーシストとしてバンドに参加したシド・ヴィシャスはロットンの友人だったが、ドラッグに耽溺しておりセックス・ピストルズの解散後はソロとして活動したものの薬物の影響でまともにステージをこなせないような状態で恋人のナンシー・スパンゲンと共に破滅的な生活を送り、七八年にナンシーは滞在していたニューヨークのチェルシーホテルのバスルームで何者かに刺殺される。犯人はシドかとも思われたが、本人は無罪を主張、ナンシーが死んだ四ヶ月後にはヘロインのオーバードーズで死んでしまった。ナンシーの死因は永遠の謎となり、後には悲劇のみが残ったわけである。

ヴィシャスがナンシー殺害容疑で逮捕された際に、彼のためにいち早く弁護士を用意し、その費用も全て支払ったのが誰かというとミック・ジャガーなのである。バンドの元メンバーがドラッグで不審死を遂げたり、自分が歌っている場所で警備員が観客を刺殺してしまうという経験のある人である。そして、どちらの件に関しても法律的な責任はともかくとしてミック・ジャガーにも何らかの責任はあったのである。だからこそ、業界の年長者として迅速に行動したのだろう。

六九年にブライアン・ジョーンズが亡くなってからシド・ヴィシャスが亡くなるまでに、ほぼ十年の月日が流れている。この十年はロックにとって、最も華々しい時代であったわけだが、ヒッピーたちのフラワームーブメントという夢が早い段階で潰えた上に、後からやってきた世代のセックス・ピストルズからは唾を吐きかけるように否定され、そのメンバーであったシド・ヴィシャスは恋人と共に悲惨な死を遂げた。ロックの歴史は死屍累々であった。

セックス・ピストルズのデビューと、イーグルスの『ホテル・カリフォルニア』のリリースが、ほぼ同時期であったことはロックの歴史を語る上でかなり重要なことである。

「ホテル・カリフォルニア」の歌詞は象徴的で、様々な解釈が可能ではあるが、明るくて楽しい歌ではないことだけは誰が聴いてもわかる。アメリカンロックが生み出した怨歌のようなものである。後ろ向きな歌である。かつて、何らかの夢を抱いた人たちがいたとして、その夢は終わったんですよと告げるような歌である。つまり六〇年代後半のアメリカにおけるヒッピーたちのフラワームーブメントは、イギリスの若僧からは唾を吐きかけるように否定され、アメリカの少し下の世代からは、夢は終わったんですよ、と言われてしまったのである。

『ローリング・ストーン』誌のヤン・ウェナーはイーグルスに否定的だったというがその気持ちはわからないでもない。イーグルスはウェナーが愛した文化を終わらせるためにやってきたような存在だったのである。そして皮肉なことに、セックス・ピストルズもイーグルスも滅茶苦茶に売れた。方向性は真逆に見える両者だったが、どちらも聴衆の支持を得た。資本主義において勝利したのである。

ロックと資本主義に関して、最も誠実であったのはジョニー・ロットンから改名したジョン・ライドンである。一九七八年の解散から二十年近い時を経た一九九六年、ライドンはセックス・ピストルズを再結成しツアーを行った。その理由は「金が必要だから」である。

再結成ライブを収録したアルバム『勝手に来やがれ』は画期的なアルバムになった。観客たちが全力で大合唱しているのである。収録曲はお馴染みの「ゴッド・セイブ・ザ・クイーン」や「アナーキー・イン・ザ・UK」である。これらは本来、皆で楽しく合唱するような歌ではないだろう。この時のライドン師はビール腹で贅肉がたぷたぷしていた。そんな見苦しい肉体を見せびらかすように、彼は「お前らに本物の詐欺を見せてやる」と言った。つまり、セックス・ピストルズの再結成とは、セックス・ピストルズの完全否定だったわけである。

ロックの歴史上、ここまで完璧に伏線回収したバンドはおそらくない。見事である。歴史上、ロックは死んだという発言をした人は何人かいるのだが、ライドンは具体的にロックが死ぬところを演劇的に再現し、それをワールドツアーで公演して回ったのである。

この時のツアーでは、もちろん日本公演も行われ、セックス・ピストルズのナンバーが懐メロのごとく演奏され、日本の観客たちも懐メロとして大合唱した。日本人の観客が「私は英国の無政府主義者である」という歌詞を合唱したのである。もちろん、その人たちの大半は英国人でもなければ無政府主義者でもなかった。

パンクが持っていたラディカルな要素を、戦車で踏み潰すかのような出来事であったが、それをやっているのがパンクの総本家たるライドンである。彼が資本主義を肯定することで、ロックの資本主義、商業主義批判は、一種の空念仏であることがはっきりしたのでたる。

ナンシーの死に際してミックはシドを助けようとしたわけだが、シド自身はナンシーの後を追うようにドラッグ死してしまう。この時のミックが何を思ったからわからないが、この少し後の時期から彼はジョギングを始め、健康的なアピールをするようになる。一九八一年のツアーは『スティル・ライフ』というライブアルバムになり、『レッツ・スペンド・ザ・ナイト・トゥゲザー』という映画にもなっている。映画の監督はヒッピー世代のハル・アシュビーだ。

この時点でミックはドラッグをやめジョギングをして健康アピールをするようになっていた。成功したミュージシャンほど、ドラッグの売人が寄ってくる、というのはわかる。たとえばジム・モリソンに致死量のドラッグを融通したのはマリアンヌ・フェイスフルの恋人だったという話があるのだが、要するにヤクの売人になればマリアンヌ・フェイスフルとつきあえた時代があったようなのである。単なる売人ではないか。

ミック・ジャガー自身、七〇年代の中頃まではドラッグに耽溺していたし、キースも耽溺していた。六〇年代においてはセックスとドラッグとロックンロールを体現したような人であったミックが、ジョギングと脱ドラッグアピールで業界の革新を画策したのである。シド・ヴィシャスの死に様はブライアン・ジョーンズの死に様よりも性急であった。こんなことが続いたら、ロックという業界に未来はないとミックは思ったのではないか。

ロックの黄金時代であった七〇年代において、パンクと同じくらいに重要なのがディスコである。大きな声では言えないけれども、七〇年代がロックの黄金時代であったと思っているのはロックンロールが好きな白人と、その文化に魅了された日本人くらいである。実際の七〇年代はディスコの時代であった。実際にはディスコとロックの時代であったと言うのが妥当なところなのだろうが、これがなかなかに難しい話なのだ。

ロックンロールもディスコも、後に登場するヒップホップも、基本的には若者たちが踊るための音楽である。集まってドンドコ踊るのを好むのはホモ・サピエンスの習性であるが、『ローリング・ストーン』誌によってロックジャーナリズムが登場し、ロックにおいてはロックを語る文化が重要になった。カウンターカルチャーが衰退した後も、政治的なアピールはロックの重要な要素であったし、ロックを語ることでその時代の文化を語ったり、自分語りをすることも可能になった。

もちろん政治的なメッセージ性の強い踊る音楽というのは他にもあって、ジャマイカのレゲエや後のヒップホップがそうなのだが、白人のロックはロックを語ることと巨大な産業に成長することが深く結びついていた（だから面倒くさいロックおじさんが生まれてしまう）ために、ロックファンの多くは自分の好きなバンドのメンバーの名前を全員覚えていたり、出したアルバムは全て揃えなおかつそのアーティストに影響を与えたアーティストの音楽まで聴くようになったりする。ローリング・ストーンズのファンからマディ・ウォーターズやエルモア・ジェイムズを聴くようになり、更には戦前のブルースにたどり着いた人はゴロゴロいる。

しかしながら、ディスコミュージックというのは別にアーティスト名を知らなくても良いし、極端なことをいうと曲名すら知らなくても別にかまわないのである。もちろんディスコミュージックにもバンドの歴代メンバーの名前を覚えアルバムを揃えるようなファンはいるわけだが、基本的に踊ることに特化した音楽である。ロックで重視されるような、そのアーティストの音楽を鑑賞するという姿勢がはなからないような人たちも聴くわけである。

大衆文化というのはコアなファンではない一般大衆にまで届くからこそ大衆文化と呼ばれるわけで、そういう意味では口うるさいファンの多いロックよりもディスコの方がより大衆文化的であり本来のポピュラーミュージックのあり方を体現している。だから、やたらと裾野が広いのである。

ディスコという文化は七〇年代の前半からあったが、最初のうちは黒人向けやゲイの人たちが集まる場所であった。それが七八年に映画『サタデー・ナイト・フィーバー』によって世界的なブームとなる。この映画のサントラを担当したビー・ジーズは六三年にオーストラリアでデビューした息の長いバンドだが、七〇年代の半ばから試行錯誤の末にディスコミュージックに挑戦していた。古いファンからは、売れるために音楽性を変えたという批判もあったようだが、結果的には大成功であった。

黒人音楽であるディスコを白人が吸収した上で自分たちのものにするというのは、白人が黒人の物真似をしたという点でロックンロールの誕生とよく似ている。白人によるディスコは、言わばロックンロールの再発明である。

実は、ブリティッシュロックの老舗であるローリング・ストーンズやロッド・スチュワートも、この時代には積極的にディスコに挑戦している。ロッドの「アイム・セクシー」が七八年。ローリング・ストーンズの「ミス・ユー」が同じ七八年だが、この人たちは黒人音楽に関しては濃厚なオタクなので七六年の『ブラック・アンド・ブルー』からディスコ的なアプローチを始めており、八〇年の『エモーショナル・レスキュー』を経て八三年の『アンダーカヴァー』ではヒップホップをやっている。

キッスは七九年の「ラビン・ユー・ベイビー」で、クイーンは八〇年に「地獄へ道連れ」で、デヴィッド・ボウイは八三年のアルバム『レッツ・ダンス』でディスコ的なアプローチを試みている。大御所ほど、時代の変化には敏感なようである。

しかしながら、ディスコはあまりにも売れたので、そんなディスコという文化を敵視する人たちもいたのだ。

一九七九年のことである。デトロイトのラジオＤＪであったスティーブ・ダールはdisco

sucks（ディスコは最低！）というキャンペーンを始めた。ラジオ局のプレイリストから彼が愛していたローリング・ストーンズやレッド・ツェッペリンの曲に替わってヴィレッジ・ピープルやドナ・サマー、シックなどのディスコミュージックばかりが重宝されるようになったからである。

ラジオＤＪのやったことなので、基本的にはトークの中のおふざけから始まったようなものなのだが、ディスコの台頭に対してダールは本気で危機感を持っていたらしく、「中西部の人たちにとってディスコの音楽は威圧的だったから嫌われた」と語った。ディスコ最低キャンペーンでは、リスナーからディスコミュージックのリクエストを募り、放送しながら爆発的な効果音を流して、それを破壊する、てなことをやっていたらしい。現代の我々には、今ひとつ事態を把握し難いところがあるのだが、ロックのことが大好きなおじさんが、ディスコミュージックを破壊すべし！　という活動を始めたわけである。

ダールにはスティーブ・ビークという売れないギタリストの知り合いがいた。ビークの父親はシカゴ・ホワイトソックスの本拠地であるコミスキーパークを所有していた。そして、ホワイトソックスはこの頃、不人気で観客が少なかった。

上手く話をつけたダールは、ディスコのレコードを持ってきたら次のホワイトソックスのホームゲームに格安で入場できると発表した。その結果、普段は一万六千人しか集まらないホワイトソックスの試合に五万九千人もの観客がやってきた。もちろん、そのうちの一万六千人はダールの反ディスコキャンペーンなど知らない単なる野球ファンだったと思われるが、我々も良く知っているように不人気な球団のファンというのは、普段は理知的な人であっても球場に来ると理性を放棄してしまう動物である。なので、この時は一般の野球好きなおっさんたちも一緒になってディスコのレコードを叩き割り火をつけて燃やしたという。

改めて書くけれども、この時点でのディスコは黒人とゲイが主体の文化であった。ダールたちは、それを叩き割って燃やしたのである。酷い話である。野蛮人かお前ら。

このエピソードが七九年であったことは象徴的である。端的に言うと七〇年代までのロックは理想主義的な側面を持ちながらも、いささか野蛮な文化であったのだ。

歴史を顧みると人類は常に文明化する方向で歩んできた。アリストテレスやプラトンは、現代の我々から見ても理知的であるが、二〇世紀の半ばで第二次世界大戦が終わるまでは、誰もが戦争を絶対悪とは思わない程度に野獣だったのである。ヒトは、戦争は良くない！　と言いながら、必要に応じて戦争をする動物だったのである。第二次世界大戦があまりにも酷い結果に終わったので、我々はようやく「戦争は全部ダメ！」という境地にたどり着けたのである。この度のウクライナ侵攻でロシアが幾多の先進国から批判されているのは、せっかく長い時間をかけて文明化した社会にたどりついたのに、それをひっくり返すようなことをしたからである。

文明化には、とにかく時間がかかるのであるが、基本的に文明化は止まることがない。七〇年代のディスコに対するヘイトは、黒人差別、ゲイ差別という側面を持っていたが故に現代の我々から見るとかなり野蛮であったが、半世紀近く前の話である。二度にわたる世界大戦を経た社会は、戦前と比べるとかなり文明化していたがそれでもまだマイノリティに対して無理解の多い野蛮な社会であったと言える。

ロックとカウンターカルチャーの時代にアメリカでは暴力事件が増加したが、九〇年代にはかなり平和になる。八一年のツアーにおいてローリング・ストーンズのミック・ジャガーは脱ドラッグと禁煙を打ち出し、ジョギングしている姿をメディアに載せた。あれほどドラッグとセックスとロックンロールだった人が健康アピールを始めたのだ（時期的にはシド・ヴィシャスの死の少し後になる）。そう、八〇年代に入った頃から不道徳の権化であったロックミュージシャンたちの道徳化が始まったのである。

八四年にデビューしたジョン・ボン・ジョヴィはドラッグをやらない。何故なら、自分を見ている若者たちに悪い影響を与えたくないからだと言う。生き延びたロックスターの多くは健康的になり、道徳を重んじるようになった。ジーン・シモンズが夭折したロックスターについての本を書くようになったのも道徳化の一環である。

また、八一年にはローリング・ストーンズはマディ・ウォーターズと共演している（もっと早い時期に共演する機会はあったろうに）。この頃から、ロックスターたちは自分に影響を与えたレジェンドたちを感謝の念を込めて顕彰するようになる。

ここで忘れてはならないのがビートルズである。スタジアムでの公演、ドラッグの濫用、スキャンダラスな発言等など六〇年代ロックにおいて全ての先駆者であったビートルズは一九七〇年に解散した。元メンバーの個々人はそれなりに良い仕事を残しつつもロックの黄金時代である七〇年代はビートルズ不在の時代でもあった。そのビートルズの元メンバーであったジョン・レノンが八〇年の一二月八日、彼の熱心なファンであったマーク・チャップマンによって射殺されてしまったのである。

レノンといえばビートルズの全盛期に「我々はキリストよりも人気がある」と発言して物議を醸した人である。奥さんであるオノ・ヨーコとの全裸写真でチンチンを出した人である。つまり奇矯な行動と過激な発言で知られる変な人だったわけだが、このような死を遂げたことで、いつの間にか「愛と平和の人」として広く認識されるようになった。死後、聖人になったわけである。

非業の死を遂げた人が、あの人は良い人だったと言われるのはよくある話ではあるが、レノンには生前から親しくしていた『ローリング・ストーン』誌のヤン・ウェナーがいた。メディアの覇者であったウェナーと未亡人のオノ・ヨーコが協力して、「愛と平和のジョン・レノン」というイメージを強化したのである。

いやもちろん、レノンが愛と平和を重視していたのは事実なのだが、それと同時に狂気とロックンロールの人でもあったので、古参のビートルズファンの中には「愛と平和のジョン・レノン」ばかりが強調されてしまうことに違和感を覚えた人も多かった。とはいえ、ロックスターが酒とドラッグを濫用し、グルーピーと日夜の乱交をするような七〇年代的なロックの時代は終わりつつあったから、六〇年代ロックの代表であるレノンが、平和を愛する聖人であったという物語は多くの人たちから歓迎されたのである。

バンド・エイドからライブ・エイド、ウィ・アー・ザ・ワールドといったロックミュージシャンたちによるチャリティイベントが八〇年代の半ばに集中して行われたのは偶然ではない。世間の常識から外れることが、ある種の価値を持っていた時代は終わり、アーティストたちは道徳化、健全化を意識するようになっていたのだ。八〇年代の大物アーティストたちはウッドストックの時代のアーティストよりも遥かにお金持ちになっていたから、飢餓と貧困にあえぐ貧しい人々に手を差し伸べようとしたのである。

これは、二一世紀において注目される富の再分配だ。ウッドストックとライブ・エイドを並べて見ると、ウッドストックの方が自由で牧歌的であり、ライブ・エイドの方が管理された商業的なイベントに見えるが、ヒッピーが自分たちの自由を主張したウッドストックよりも、貧しい人々を助けようとするライブ・エイドの方が道徳的には進歩しているのだ。

かくしてセックスとドラッグとロックンロールの蜜月時代は終わり、カウンターカルチャーの時代も終わったのである。

最終楽章 CODAロックの正体

ピンカーの『暴力の人類史』によるとアメリカでは九〇年代に暴力事件が減少したという。これはおそらく、八〇年代の初頭からミック・ジャガーを筆頭にロックスターたちが道徳化していったことと並走している。その効果が出るまでに、十年もかかったわけだ。

何故に、ゆっくりだったかというとロックンロールの誕生からこのかた、反道徳的であることを売りにしてきた音楽なので、いきなり率先的に道徳性を打ち出すわけにもいかなかった、わけである。ロックスターたちは反抗のための言葉、反逆のための文脈と豊かな語彙を持っていたが、道徳を推奨するための語彙がかなり不足していたのである。だからミックは、ドラッグを止めたことを宣言してジョギングを始めた。

それから四十年ほどの月日が経過したわけだが、この度のコロナ禍においてローリング・ストーンズと、そのフロントマンであるミックは、ネットを通じて適切なメッセージを発信している。ミックは反ワクチン運動を否定し、陰謀論者とは対話すべきではないと言う。こういったメッセージがネットを通して世界中に届くことを、彼自身深く理解しているのだ。最早、音楽業界において最年長の部類に属する彼は、年長者としての自覚を持った上で社会の役に立つ情報を発信しているわけだ。

八〇年頃に道徳化が始まったとはいえ、その効果が如実に現れるのは九〇年代になってからである。道徳化には時間がかかるわけだが、時間がかかること自体は決して悪いことではない。

たとえば七〇年代にデビューして、かなり売れたエアロスミスはキャリアの早い段階からドラッグ漬けであった。成功したバンドにはお金が入ってくるので、ドラッグの消費量が増えるのと、利益を巡ってメンバー間のいざこざが増えるという現象が並行して起きるようである。エアロスミスのギタリストであるジョー・ペリーは八〇年にバンドを脱退してソロプロジェクトを立ち上げ、数年活動した後にバンドに復帰した。この間、本体のエアロスミスは低迷期であった。

エアロスミスはアメリカのハードロックバンドだが、黒人音楽へのリスペクトは強く、少し上の世代のブリティッシュ・インヴェイジョンの影響を受けたバンドである。ボーカルのタイラーとギターのペリーがソングライティングを行い、ステージでも前面に出るという点でローリング・ストーンズのミックとキースに似たアプローチで売れたバンドである。そのエアロスミスからペリーが脱退したのだから低迷するのは当然ではあった。

ところが、八〇年代の中頃になってボーカルのスティーヴン・タイラーが脱ドラッグの治療を受ける。そして、ペリーとの間に話し合いがもたれて、バンドに復帰。八〇年代の後半にこのバンドは劇的な復活を遂げる。エアロスミスの最初の全盛期は一九七六年から七七年辺りである。そして復活するのは八七年のアルバム『パーマネント・ヴァケイション』だ。ドラッグを抜いて完全復活するまでに十年かかったわけですよ。

ここで面倒なのは、ドラッグ漬けであった時期、七六年から七七年にかけてのアルバムも出来は悪くないのである。脱ドラッグをしてからのアルバムの方が安定した品質になっているのだが、メンバー全員がドラッグにハマっていた時期の作品には利那的な魅力が溢れている。とはいえ、ドラッグをやりながら名作を作れた時期はあまりにも短かった。それは基本的に継続不可能なのである。

六〇年代後半のジム・モリソンはドラッグをやるにあたって、意識の変容、意識の解放といった目的があったわけだが、後の時代になるほどに、単に危険度の高い嗜好品に過ぎないのではないかということがわかってきたから、多くのロックスターが時間をかけてドラッグから距離を置くようになったわけだ。

何故、ドラッグを使って意識を解放しようという考え方が六〇年代にはあったのだろう。おそらく、デフォルトの状態において現代人は抑圧されているのだという考え方が広く共有されていたからである。人間性の解放などという言い回しも好んで使われた時代である。普段から抑圧されている人間性を解放するためのツールとして、フリーセックスやドラッグ、そしてロックンロールが賞賛されたのである。

近代において、最も抑圧について論じた人はおそらくフロイトであるが、マルクスが注目した疎外も、これとかなり近い線にある。現代においても、生きることは色々な面において苦しさ、辛さを伴うわけだが、フロイトの場合はこの辛さを抑圧という観点から注目し、マルクスにおいては疎外という視点を重視したわけである。

この辺は一九世紀の段階で、現代人ですら悩み続けている生き辛さを解剖し解釈しようとした彼らの仕事は賞賛に値するだろう。フロイトもマルクスも、ナチュラルでデフォルトの状態のヒトの姿を想定した上で、そんな自然状態のヒトを苦しめるのは何なのか？　という問題を追究したわけである。

ただし、ナチュラルでデフォルトな状態のホモ・サピエンス、つまり本来の人間の姿というのはどのようなものであるのかを、一九世紀のホモ・サピエンスは知らなかったし、二一世紀の現代においてもまだ完全にはわかっていないのである。とはいえ、一九世紀の昔よりはかなりわかってきたのである。これは、それこそ考古学から神経科学まで、ありとあらゆる部門において学問が前に進んだからである。

当たり前の話であるが、チンパンジーはチンパンジーがどのような動物であるのかを、詳しく理解しているわけではない。アリもハチも、自分たちがどのような生物であるかを理解していないが、それで困るアリはいない。今のところヒトだけが、自分たちがどのような動物であるのか？という謎に挑戦した動物なのだ。

これは、とんでもなくハードルの高い難問であった。哲学の誕生である。おそらくは全ての動物の中でヒトだけが哲学を持っているのだ。逆に言うとヒトは哲学を発明しないことには、自分たちが存在していることに対して確固たる自信が持てない動物なのである。アリやハチから見たら、無駄なことに貴重なリソースを割いている愚かな生命体なんですね。

というのも、自分たちがどのような生物であるのか？　を考えなくてもハチはハチとしての生活ができる。ハチは、自分が今やっている作業にはどういう意味があるのだろう？　と考えることなく、巨大な巣を作れるわけです。

シロアリを捕まえるために木の枝を使うチンパンジーはかなり賢い動物であり、木の枝を使うのは立派な文化なのだが、便利な木の枝を使ってシロアリを捕まえながら、自分自身に対して自分が今行っている行動の意味を問うようなチンパンジーはいないのである。もしも、そんなチンパンジーがいたとしたら、シロアリを獲るための道具をもっと便利なものに文化進化させていただろう。

ヒトが他の動物より突出しているのは、自分が今やっている行動を客観視して、更に上手くやる方法はないものか？　と考えるためのメタな視点を持っていることだ。ヒト以外の動物は、自分たちが本当は何者なのか？　どんな動物なのか？　を考える必要がないし、自分たちがどのような動物なのかを知る必要もなかった。

ヒトは、今あるテクノロジーを文化的に進化させるともっと便利になるという知見を（これは本当に進化の過程におけるラッキーアイテムであった）得たために、絶え間なくイノベーションを行う動物になり、なおかつ自分たちは本当はどのような動物であるのかを客観的な視点で捉えようとする唯一の動物になった。これがヒトにおける哲学の誕生要因である。

道具を進歩させてしまうイノベーションは、更なるイノベーションを求める気持ちを生む。ヒトという種族の中には、おそらくいつの時代にも「今使っている道具よりも更に便利な道具を作れないものか？」と考える個体がいた。端的にいうとジョブズの先祖みたいな奴である。

道具を進化させせようとする心は科学的な探究心と繋がる。そしてその探究する心が自分たちの存在に向けられると哲学になる、わけですよ。イノベーションと科学と哲学はセットである。

これらの動きを加速させたのは、ほぼ間違いなく（メタ的な思考を容易にする）言語を使うようになったこととリンクしているが、そもそもの始まりは火の使用や石器の製造といった複数の文化的行為であって、ホモ・サピエンスの誕生よりもずっと古いものだ。つまり、ホミニンと呼ばれるヒト属の動物は、樹上から降り立って直立二足歩行を始めた辺りから、それはそれは長い時間をかけてイノベーションと科学、そして哲学を生み出す方向にローリングストーンしてきたのである。

何百万年もかけて、ごく自然に石ころが転がり続けた結果が、現代のテクノロジーであり現代の哲学なのだ。そして現代においても、我々は今なお樹上生活をしていた頃の類人猿らしさ、哺乳類らしさを保っている。

科学者や哲学者は常に探究心に駆られているが、それは基本的に探究という行動と戯れているからである。子犬や子猫を飼ったことのある人なら誰でも知っているように、哺乳類は哺乳類同士で戯れるのが大好きなのである。戯れる相手が小さな昆虫のような、哺乳類とはかけ離れた対象であった場合、猫がバッタやゴキブリを残酷に拷問死させるような光景になるわけだが（昆虫はタンパク源なので、猫が昆虫を狩るのは自然な行為なのだが、猫が昆虫を狩る様子は狩猟というよりは遊んでいるように見える。この辺はさらなる研究が待たれるところであるが、哺乳類が無邪気な遊びを好む動物であることは間違いないのではないか）同じくらいのサイズの哺乳類同士なら、いくらでも無邪気に戯れることができる。子犬や子猫のナチュラルなレスリングは、はたから見ていて微笑ましいし、ヒトの子供もそれと同じような戯れ、レスリングを行うことを我々は経験的に知っている。

ヒトは競争することと協力し合うことを同じアプリケーションで行える動物なのを思い出してほしい。哲学者は、しばしば同じ哲学者と議論を行いそれに熱中するが、それは別に論敵を殲滅するために行うのではない。お互いの見識をさらに高めるための、ナチュラルな思考のレスリングなのだ。

ここでいきなり、所謂プロレスリングに対する説明をしなければならなくなってしまうのである。

大抵のスポーツ競技においては、ルールの範囲内で相手に勝つことが求められる。シンプルにルールの範疇で相手を制する、それが近代スポーツの論理だ。競技相手をルール内で制圧することに特化している。その一方、テレビでプロレスを、近代スポーツを見慣れた視点から見た場合にはピュアな競技には見えない、わけである。洗練されたプロレスリングは競技というよりは演劇に見える。そして、プロレスを演劇として見るのは、ある面では正しいのだが、それだけではないのだ。

プロレスは確かに純粋に相手を制圧するためのスポーツではないが、完全にシナリオが固定された演劇や映画とも違うものである。それなりの技量のあるプロのレスラー同士が、技術を見せ合いながら観客を沸かせるというゴールを目指す。

確かに近代スポーツの視点から見ると、これはスポーツではない。しかしながら子犬や子猫が戯れとして行う原始的なレスリングを見ると、哺乳類が行う始原のレスリングは競技というよりも戯れの範疇にあることがわかる。

とはいえレスリングが近代化する過程においては、細かいルールが設定され細分化される。そうすると、哺乳類全般が遊びとして行う競技的ではないレスリング行為からは離れてしまう、わけですよ。だから、近代スポーツとしてのレスリングは整えられたルールの中で相手を制圧することに特化しつつ、大衆芸能としてのプロレスは、観客を楽しませる方向に進化した。

基本的に全ての生物は、ご飯を食べて自分が生き残り、他の生物に食べられないようにしながら、セックスをして子孫を残すことに特化している。そのような生物が生き残り、子孫を残したからであるが、哺乳類においては、生存と関係のないように思われる遊び、戯れるといった行動が頻繁に見受けられるわけで、おそらくレスリングという行為が近代スポーツとして成立したのと、エンタメとしてのプロレスが成立したのは必然的であった、のですよ。

競技としてのレスリングとエンタメとしてのレスリングが文化として両立しているのは、おそらく我々の心が二つあることと無関係ではない。どちらにも存在意義があるのだ。我々ホモ・サピエンスは文化を進化させて自分たちを、客観視することで更なる進歩を遂げた動物なので、進化の過程において科学と哲学を前に進めて、自分たちが客観的に見て判断できるようになった。

とはいえ、我々がどのような習性に動かされる動物であるのかを把握するのは、桁外れに困難な作業なのである。二〇世紀の後半から今世紀にかけて、人間とはどういう動物なのかということが、かなりわかってきて心理学なども相当に進歩している最中なのだが、それには脳科学や神経科学の発展が一役買っている。

昔から哲学者や心理学者は、人間の心の中はどうなっているのだろう？　という謎について考えてきたわけだが、その謎を追求するためには、MRIのような医療テクノロジーの発達によって、脳の働きをダイレクトに観測する必要があった。ヒトは昔から、人間の精神でもって人間の精神について考えてきたわけだが（これを内観という。自分自身の心の中を見つめることによって、心の働きとはどういうことなのかを考えるわけである。テクノロジーが発達する以前の哲学者や心理学者は、この内観と他人の状態の観察だけで、人間の精神とはどういうものか？　を深く考察し、それなりの結果を得ていたわけで、それはそれでかなり凄いことなのである）人間の精神活動が主に内臓である脳の中で起きている以上、医療機器が発達しないことには脳の働きがどのようなものであるか、深いところまではわからないのである。

我々は、たとえば下痢をしたら自分の腸に異変が起きていることを察知できる。胃が痛くなったら、とりあえず胃が不調を訴えていることはわかる。軽い下痢ならドラッグストアに行って整腸剤を買うし、軽い胃痛ならコーヒーやアルコールの摂取を控えて、ランチをお粥や雑炊にするだけで良くなる場合もある。それでもダメなら胃薬を飲むか医者にかかるわけだ。

我々は誰もがそれなりに、累積された文化的な知識を持っているから、体が不調になった際には、自分が知っている範囲での対策を講じる。現代ならスマホで検索するという方法もある。

たとえば喉が痛くなった時には、内科に行くべきか耳鼻咽喉科に行くべきか悩みますよね。胃が痛くなった時には、何らかのストレスを感じている場合が多いことを現代人である我々の多くは知っている。だから、胃が痛くなった時にはストレスの原因を解決するか、とりあえず胃薬を飲むか、それとも内科に行くか、心療内科に行くか、てな具合に複数の選択肢が浮上する。一番良くないのは、胃痛を我慢することである。賢明な現代人であれば、近所のドラッグストアで胃薬を購入し、心療内科の予約をするかもしれないし、胃痛が酷ければ救急車を呼ぶだろう。

選択肢が複数あるのは、我々の文明が豊かな証拠である。胃のような、普段からお世話になっている器官であっても、一旦トラブルが生じるとなかなかに面倒なことになり、ドラッグストアや医者、緊急の場合には救急車といった専門家に頼るしかないのだから、精神に不調をきたした場合には、やはり精神の専門家や脳の専門家に頼るしかないわけだが、そういうことがわかってきたのは、比較的に近年の話なのだ。

我々は様々な悩みを抱えてきた動物である。悩みというのは精神の不調であり、それは要するに内臓の一つである脳の不調なのだが、我々は脳が不調になった場合に、胃や腸が不調になった時と同じようなスタンスで対応するのが下手なのだ。

そういった視点でもって、ジャン＝ジャック・ルソーの『社会契約論』を今読むと冒頭からかなり興味深い。ルソーが考えていた人間の、あるがままの姿というのが、近年わかってきたホモ・サピエンスの生態とは微妙に違うのである。

ルソーは言う。「人は自由なものとして生まれたのに、至る所で鎖につながれている」と。更に彼は「すべての社会のうちでもっとも古い社会は家族であり、これだけが自然なものである」と書いている。

ルソーの考えでは、子供たちが父親との絆を維持するのは、生きるために親の庇護が必要な時期だけで、父親の保護が不要になれば、この自然の絆は解消されるという。ルソーは更に「そもそも親子ともに自由な存在なのであり、この自由は人間の本性によって生まれたものである」と書き、そこから父親を政治的な支配者に、子供の方を支配される人民に見立てる。

このへんの論旨は流石に上手いものであるが、ルソーは何しろ一八世紀の人なので、その時代に支配的であった考え方に大きく囚われている。確かにヒトの子供は、いつかは親離れをするものではあるが、ホモ・サピエンスの親子関係というのは子供が育ったらそこで親子の縁が切れてしまうようなものではないのだ。

ホモ・サピエンスは誕生した段階で社会性のある動物であった。親と子だけでなく、親族を含めた大きな集団で生活していた。これはどういうことかと言うと、ヒトの子育てはその親だけが行うわけではないのである。

まず、その子のお婆ちゃんや、同じ集団の仲間達も子育てを手伝っていた。文字のない時代において、老人の知恵、知識はその集団が生き延びる為の重要な情報だった。現代の我々は紙の本やペンとメモ、パソコン、スマホのメモアプリ、さらにはパピルスや石板といった便利なデバイスを駆使して生活に必要な情報を記録しておけるが、文字の発明以前にはヒトの脳が必要な情報を保存するためのストレージとして機能していたわけだ。

ご存知のように、ヒトの女性は子供が産めない年齢に達してからもかなり長く生きる。こんな哺乳類はかなり珍しいのであるが、これはどうやらヒトの子育てにおいて、お婆ちゃんの知恵袋が役に立ったからなのである。

ヒトの出産とその後の育児は、母親にとっては大変な重労働であり、出産時にお母さんが死んでしまうことすらあったから、母親の母親であるお婆ちゃんは出産を助け育児も手伝ったのである（これをお婆ちゃん仮説という）。男性の老人も、女性ほどではないが長生きする。年老いた男性は、石器などの道具を造るための知識を持っていたから、これまた有り難がられる存在であったようだ。更に、ヒトにおいては父親も育児にリソースを割くし、集団で生活するのが大前提であるから、近所のオバちゃん的な人も育児を手伝ったのである。

初めて子供を産む若いお母さんは、なにかと経験値が足りないから、周りの人たちが寄ってたかって助け合ったわけである。近所のオバちゃん同士が井戸端会議で噂話を語り合うのは、それが共同体の中で必要な情報を共有するためのメディアとして非常に重要な機能を果たしていたからだ。

だがしかし、ルソーの時代には既に文字があり社会的インフラも確立されていたから、こういうことがわからなかった。まさかオバちゃんたちの井戸端会議や、お節介な行為が人類をサスティナブルな存在とするための必須メディアであったとは、いくらルソーが頭の良い人であったとしても気がつかない。ルソーの近所にも、お節介焼きなオバちゃんはいたのだろうが、まさかそのオバちゃんがホモ・サピエンスの社会を支えるキーパーソンであったなどとは、ルソーがどれだけ賢明な人物であったとしても想定外だったのではないか。

たとえば大阪の街角では豹柄の派手な衣服を身にまとったオバちゃんたちが、けたたましい勢いで会話をしているのだが、豹柄の服を着て髪の毛を紫に染めたオバちゃんたちの、半分以上は何の意味もない会話が、人類がサスティナブルな社会を作るための重要な構成要素であったのだと、簡単に納得できるほど我々は賢明な動物ではない。近所のオバちゃん同士の会話からは、グダグダな世間話しか読み取れない、のである。しかしながら、おそらくはグダグダな世間話を繰り返すことで、我々は高度な社会性を獲得したのだ。

ヒトは、社会的インフラに依存する動物であるが、最初のインフラは同じ集団で生活する仲間達であった。おそらくだが、デフォルトの状態のホモ・サピエンスは、両親と子供たちという最小限のユニット、家族だけでは生きてゆけなかったのである。

なにしろホモ・サピエンスが誕生した頃、彼らの生活圏にはライオンの先祖がいたので、両親と子供たちという最小限のユニットでは、簡単に食べられてしまっただろうし、核家族のような小さな集団ではヒトより大きな動物を狩猟することができない。複数の家族から構成されたそれなりに大きな集団でないと、ヒトは生活できなかったし、出産や子育ても出来ない動物なのである。

ヒトは徹底的に社会的な動物であり、自分たちで作ったネットワーク、もっと言うと制度に依存している。その点で社会契約と一般意志という制度的な考え方にたどり着いたルソーはかなり鋭い。ただ彼の時代にはまだダーウィンがいなかったので、進化論的な視点を得ることができなかったのである。

親子の関係に、政治的な支配者と支配される市民の関係を見出してしまうルソーの考え方は、少しばかり人類という動物への理解が足りなかったが故の誤謬だが、これは後々の西欧的な考え方にかなりの影響を与えたのではないか。ルソーの考えがフランス革命に影響を与えたことはご存じの通りである。

もちろん、ルソーが生きた時代においては、封建社会や絶対王政が大きな問題であったので、彼の主張は西欧が近代化する過程においては必要なものだった。ただし、親子の関係性に権力構造を見出す彼の思考は、たとえばフロイトの考えに影響を与えているし、マルクスの階級闘争史観にも影響を与えているのではないか。

　フロイトがエディプスコンプレックスであるとか抑圧という概念をやたらと気にしていた理由も、ルソーの親子観に影響を受けていたのだとすれば納得が行くし、集合的無意識を提唱したユングもまたルソーの一般意志に影響を受けているように見える。マルクスの疎外も、直接的にはヘーゲルからヒントを得たものだが、ルソーからの影響も大きかろう。

　ちなみにルソーはプロテスタントからカトリックに改宗し、またプロテスタントに戻ったというややこしい経歴の人で、いずれにせよ彼の考え方は当時のキリスト教の影響は受けていただろう。てか、西欧文明そのものがキリスト教文化なしには成立し得ないわけで、一九五〇年代にロックンロールで踊り狂ったアメリカの若者たちが『社会契約論』を読んでいたかどうかは定かではないが、抑圧的な親に対する（理由なき）反抗という文脈は、明らかにルソーの思想と繋がっているわけだが、その背後にはおそらくキリスト教文化がある。一九五〇年代のロックンロールの、口うるさい親に対するティーンの反抗は、六〇年代のロックにおいてはベトナム戦争をやめないアメリカの帝国主義に対する反逆、という形に文化進化した。

　これは、ロックンロールが日本で言うところの中高生の文化であったのに対して、六〇年代アメリカのフォークソングが大学生くらいの文化であったことが大きい。中高生は今すぐ兵隊に行くことはないけれども、大学生にとってはそうではない。自分が徴兵されてベトナムの戦場に行かされるのが嫌だったからこそ、インテリの大学生ほどフォークソングを歌ってベトナム戦争に反対したのである。そしてそのフォーク代表たるボブ・ディランがエレキギターを持ったので、六〇年代後半のロックは政治的なプロテストのツールに変化したのである。これもまた文化進化だ。

結果的にカウンターカルチャーの時代のロックと、ロックを巡る言説はフランス革命を準備したルソーの精神に近づいていったとも言える。

ルソーの考え方は今でもある程度有効なのだが、親子関係をベースにしているために現代の視点で見るとやはり欠点はある。何か社会的な問題があった際に子供を抑圧する悪い父親のような悪者を想定してしまい、それと戦わねばいけないと考えてしまう。フーコーの権力論のように、悪者がいないところにも悪者の存在を見出してしまう欠点があるのだ。

これはちょっと難しい話なので説明しますとですね。カウンターカルチャーの視点を優先すると、権力の中枢に悪い奴がいるとして、その政権が提示する政策が全てトップダウンに見えてしまう、わけですよ。悪い奴が権力の中枢にいて、自分の欲望を満たすために新たな政策を持ち出すように見える。実のところ、独裁主義体制であったとしても、国民の声は無視できないわけだからトップダウンの政策もあればボトムアップで出てきた政策もあるはずなのですね。そして民主主義が機能しておれば、比較的にボトムアップな政策が多目になるだろう。

しかしながら、権力者は悪い奴に違いない！　というカウンターカルチャーの視点は、庶民からの声を反映してボトムアップで出てきた政策を、権力者が自分の欲望のために考えたトップダウンの政策だと勘違いしてしまう可能性があるわけです。つくづく面倒くさいなホモ・サピエンス。

いや実際問題としてヒトラーやプーチンという権力者がいて悪いことをやっているわけだから、これを倒すしかないと考えるのは妥当なのだけれどもヒトラーもスターリンも、毛沢東もプーチンも悪に染まったから悪を行っているわけではない。彼らは良かれと思って虐殺や侵略を行ったのである。

ヒトラーの場合はユダヤ人と共産主義者が悪いのだ！　という間違った前提条件を入力してしまったが故にバグが生じたのである。これは悪というよりもシステムエラーなのだ。スターリンと毛沢東においては、ワシが今やっている共産主義（彼らの共産主義はマルクスが考えていたものとは違っていたのに……）は正しいのだ！　という間違った前提条件を推し進めたからだ。これらはシステムエラーであって、悪い奴を倒せば良いという発想では解決し得ない。

ウクライナは侵略してくるロシアに対して必死に抗っているが、プーチンはゼレンスキーを抑圧する父親ではない。単なる無法者である。だからこそ、ゼレンスキーは各国の良心に訴えかけて支援を求めており、西側諸国の首脳陣もそれを肯定しているわけだ。むしろプーチンの方がユーラシア主義という、ロシアがユーラシアのお父さんでウクライナはその子供だから、みたいな古い時代のロジックを使っている。

つまりプーチンはルソーの時代からカウンターカルチャーの時代まで、長く支配的であった親子の抑圧関係モデルを悪用しており、ゼレンスキー・ウクライナはそれに抗っているのだがゼレンスキーはプーチンの子供ではないしカウンターカルチャー的な反逆を行っているわけではない。公正を良しとする現代社会において、ロシアが倫理的に大きく間違っているからそれを正面から批判し戦っているだけだ。反逆ではなく、正当な主張なのである。

妙な言い方になるけれども、今のウクライナは六〇年代の西側諸国で愛され支持されたカウンターカルチャーを終わらせたとも言える。そして今の西側諸国はウクライナを支持している。長い時間をかけて我々の考え方が進歩した結果である。

とはいえ、六〇年代カウンターカルチャーの源流にあるルソーの思想はフランス革命と民主主義を準備したという点においてかなり凄いのだ。だがその反面、ルソーの思想は全体主義に繋がるという批判もある。有名なところではハンナ・アーレントのルソー批判があるわけだが、ここでルソーが正しいのか？ それともアーレントが正しいのか？ という二項対立に話を転がしてはいけないのである。それをやると、永久に話が終わらず言論的な戦争になってしまうのだが、それは愚か者のやること、なのである。我々はそこそこお利口さんなサルなので、幾分かの優柔不断さを含ませながら、ルソーも偉かったし、それを批判したアーレントにも一理ある。どっちも偉かったですねぇ、という、いささかグダグダとした姿勢で妥協点を見出すのが最も賢明な選択肢なのだ。

何故かというとですね、ルソーの言うておることは大筋では悪くないのだが、それを急いで厳密にやると大惨事になる可能性が高いのである。これこそがヒトという動物にとって最大のアポリアなのであります。

我々の遥かな祖先は、いつも飢えていたので美味しい食べ物を見つけると全力で食べたわけである。そこから転じて、我々は、これは良いものだ！　と思った場合には全力でアクセルを踏みラチェットを回す動物なのである。その結果、我々は理想的なことを思いつくと、全力でそれに集中してしまい、マイナス要因を大量に派生させてしまう動物になった。つまりは加減を知らない動物なのだ。

産業革命により、世の中が便利になったと思ったら、それに全振りするから労働者は搾取され疎外される社会になり、なおかつ公害まで生み出してしまう。我々は美味しいものに目がない動物なので、社会の良き変化をほどほどに嗜むというセンスに欠けているのだ。

実際問題として、人類の歴史は良かれと思って無茶をしたら大惨事になった、というケースが多い。我々が常に進歩する動物なのは素晴らしいことなのだが、進歩する際についつい急いでしまうのがマイナスポイントなのである。

たとえばイエス・キリストが十字架に磔にされたのは、彼がラディカルな活動家だったからだ。当時の政権、ローマ帝国から見て危険だと思われたから処刑されたわけだ。これに対してキリスト教は、処刑された後にキリストが復活したという物語を用意した。磔にされた人間が生き返る訳はないのだが、このストーリーはかなり魅力的であったので、大勢の人たちを魅了した。その結果、キリスト教というコミュニティはローマ帝国よりも息の長い共同体になり、今も健在である。

ここで注目すべきは、イエス・キリストが生きていた当時のキリスト教は、ローマ帝国に対してラディカルな存在であったし、その後の西欧文化において、キリスト教がメジャーな存在になった頃には、植民地を侵略するためのツールとして機能していた点である。

たとえば南米の歴史や、中世の十字軍の歴史を顧みれば、昔のキリスト教がかなり血生臭いものであったことがわかるのだが、その当時に血生臭かったのはキリスト教だけではない。皆が皆、血生臭かったのだ。それこそキリストの磔のように、昔は色んな国において罪人の処刑を見世物として公開していたわけである。

現在の我々は長い時間をかけて道徳化が進んだので、もう処刑をエンタメとして楽しむことは出来ないのだが、死刑見物を楽しめなくなったことを残念に思う人はあまりいないでしょ。基本的に、皆が道徳化して良かったのだが、実はここにも落とし穴があって、本来なら歓迎すべきである道徳化もあまり急いで進めると危険なことになる。

我々は、処刑をエンタメとして楽しんでいた動物の子孫なのである。道徳化を焦るあまりに過激化すると、自分たちの道徳規範に沿わない人たちに対して激しい怒りを覚え、吊し上げて公開処刑したくなってしまうのである。

我々の道徳心や正義感には、基本的なところで欠陥があり、ヒトの集団が「我々」と「あいつら」に分断されると、いくらでも「あいつら」に対して攻撃的になってしまえる。これは動物としての習性なので、簡単に無くすことはできない。

しかし対処方法はあって、それは社会の分断を深刻なレベルではなく、軽めで低レベルなものにするのである。コカコーラか、それともペプシコーラか。お好み焼きは関西風が正しいのか、それとも広島風が正しいのか。巨人か阪神か。と、この程度の分断と闘争であれば、滅多なことで殺し合いにはならないし、たとえば、もんじゃ焼きを食べる際に土手を作るか作らないかで揉め事が起きたとして、それが殺し合いにまで発展したとしたら、それは社会の問題ではなくて当事者たちに問題があったと判断して良いわけである。

実のところ、我々は日常生活において軽めの分断を発生させては闘争を楽しんでいるのである。身近なところでいうと、Windows 派か Mac 派か。ヘヴィメタルか、それともパンクか。目玉焼きには何が一番合うかで、色んな派閥が派生することもある。

ちなみに、この文章を書いている人間は圧倒的に Mac 派であり Apple 信者なのだが、Apple においては教祖たるジョブズが非常識な人間であったために、Windows 派よりも Mac 派の方が頭のおかしな人が多いことを承知しているので、日常生活において Windows を愛用する人と出会った際にも、彼らを殲滅するしかない、とは思わないのである。むしろ、世間一般においては Apple 信者が常に少数派であった方が平和なのではないかとまで思う。仁徳者である。Apple 信者は原理主義的になりやすいので、危険だという自覚があるわけです。

大切なのは客観性であり、我々の二つある心を上手く使いこなすことなのだ。と、ここで、何故に原理主義が危険なのかという話をしなければならない。

我々は普段から頭の中に無数のテンプレを持っている。ヒトを殺してはいけないとか、近親相姦をしてはいけないとか、全裸でコンビニに行ってはいけないとか、みだりに他人に肛門を見せてはいけないとか、テンプレの多くは「やってはいけないリスト」である。

食べたことのないラーメン屋を見かけたら問答無用で入店するとか、綺麗な女の人がいたら必ず声をかけるとか、「やるリスト」を持っている人もいるけれども基本的には「やらないリスト」の方が多い。我々は普段から自分の行動に縛りをかけているのである。

これは普遍的なものなので、西欧においては社会が個人を抑圧したり疎外するという発想が生まれたわけだが、実際のところは、自らの行動に縛りをかけた方が生きやすいのである。

いくら親しい友人であったとしても、肛門は見せない方がサスティナブルな関係を築けるだろう。その反面、性的な嗜好から肛門を見せ合うようなコミュニティはあっても良いのである。他人に肛門を見せないというテンプレは基本的には正しいのだが、たとえば貴方が痔を患った時には、テンプレを変更して肛門科医に肛門を見てもらうのが正しい行動である。

サンデルが有名にしたトロッコ問題を思い出してほしい。人を殺してはいけないというテンプレは、かなり強固で正しいものだが、時と場合によってはテンプレを変更する必要があるわけだ。面倒くさいな人類。しかし、面倒くさいからこそ人類には値打ちがあるのだ。テンプレを重視するのは良いことなのだが、切羽詰まった状況化においてはフレキシブルにテンプレを変更できる方が賢明なのだ。

原理主義とはつまり、デフォルトで入力されたテンプレを絶対死守する姿勢である。しかしながら、ヒトが直面する問題の多くは原理主義では解決できないものが多い。日和見主義的に、物事に対応した方がおおむね良い結果を招く。

宗教的な信念やイデオロギー、個人的な生活信条といったものは、無数のテンプレの集合体である。それは、元々はそのテンプレを好んで導入した人たちが快適に生きるためのツールであったが、テンプレが絶対的なものになった瞬間にその人の行動を良くない形で縛る、わけである。テンプレに縛られた人間は、えてして自縄自縛に気がつかないので良かれと思ってやったことが時として大惨事になったりするのである。

基本的にヒトはずっと、今よりもより良い社会を築こうとしてきた動物である。そして、それはある程度は成功している。チンパンジーの先祖とわかれてからの七百万年の間に、累積された文化によって平均寿命は伸び続けているし、様々な疾病、つまりは病気も克服されつつある。

テクノロジーの発展と並行して道徳化が進んだので、今世紀に至っては凶悪な殺人事件は減少しつつあり、戦争も減っている。この度のロシアのように無茶振りな戦争を起こす国が現れたとしても、そう簡単に第三次世界大戦にはならず、先進各国はロシアに戦争を止めるように働きかけている。

ヒトの歴史はまんざら悪いものではなく、人類は常に前に進むことで昨日より少しだけマシな明日を作ろうとする動物である。少しずつ進歩を重ねて、イノベーションを積み重ね、より良い社会を作ってきたし、これからもそうするわけであるが、そういったスケールの大きな進歩がいつ頃始まったかというと、やはり農耕を始めてからではないか。

シドニー大学のウォルター・ヴェイトと南アフリカのクワズール・ナタール大学のデビッド・スプレット（どちらも認知科学系の哲学者である）が近年発表した論文「進化する決意」は『進化の弟子』を書いた哲学者キム・ステレルニーと『誘惑される意志』を書いた心理学者・行動経済学者ジョージ・エインズリー、この両者の考えを上手く組み合わせたもので、ヒトが現在のような大いなる発展を遂げた、そのスタート地点はこうではなかったかと思わせる説得力がある。

まず、エインズリーは双曲割引という難しい話を提唱した人で、ステレルニーの本は人類が進歩するのには師匠と弟子の師弟関係が必要だったという論旨である。これらを組み合わせたヴェイトとスプレットは冴えているのだが、まずはエインズリーの考えを説明する必要があるだろう。

「双曲割引」というのは行動経済学の用語で、これは何の話かというと、たとえば今すぐ一万円貰えるのと、一年後に十万円貰えるとしたら、人はどちらを選ぶか？　という話です。悩むでしょ？　冷静に考えたら一年後に十万円を貰った方がお得なのだが、今現在お金に困っている人ならばすぐに貰える一万円を選ぶかもしれない。

人生にはこういった、今すぐの利益と将来の利益を比べなければならない場合がしばしば起きて我々を悩ませる。イソップ童話の「アリとキリギリス」を思い出していただきたい。あれが他愛のないお話であるにも関わらず、妙な説得力があるのは、我々が日常的に、今現在と未来を天秤にかけて悩むことが多いからだ。ヒトは何故、こういうことで悩むのか、エインズリーはこの謎を追求したのである。

『誘惑される意志』はかなり難しい本なので、全てを理解したというつもりはないのだが、わかる範囲で説明すると、要するに今の自分と未来の自分が綱引きをしているようなものなのである。

マイケル・コーバリスの『意識と無意識のあいだ』によれば人間にはメンタルタイムトラベルという機能がある。マルセル・プルーストの『失われた時を求めて』で語り手がマドレーヌを紅茶に浸すと、その香りで過去を思い出す場面があってこれはプルースト効果と呼ばれているのだが、ああいう現象は我々も日常的に経験している。

我々の意識はいとも簡単に過去に飛び、脳内で過去の経験を蘇らせる。これをメンタルタイムトラベルと呼ぶわけだが、我々の意識は未来にも簡単に飛ぶのだ。明日、何を食べようかな？と思った瞬間、貴方の心は明日という未来に飛んでいるのだ。

受験生は、目指す大学に合格した未来を思い浮かべて、アニメを観たりゲームをする時間を減らして勉強する。これは、今アニメとゲームにハマって楽しい時間を過ごすよりも、大学に合格した未来の自分の方が望ましいと判断したからでしょう。つまり、未来の自分と今の自分が戦って、未来の自分が勝ったわけである。明日はお寿司を食べに行く予定だから、今日は安いお蕎麦で済ませよう、なんてことを考えるのも未来と現在の綱引きであり、こういった意思決定をする際には過去の経験がかなり参考になる。

我々の意識はその都度メンタルタイムトラベルを行って、美味しいお蕎麦を食べたのはどのお店だったかなぁ？　という風に記憶を検索する。あまり美味しくないお店の記憶も参照され、そこに行くのはやめておこう、となる。これらは普段からあまりにも自然と行っている作業なので、なかなか意識することがないわけだが、我々は文字通り無意識のうちにかなり複雑な過去の経験というデータを検索し、参照して何を食べるか決めたりしているのだ。

ということは、歳をとった人ほど参照するための過去の経験データが多いわけで、なにかと悩むことが少なくなるのである。経験を積むとは、そういうことなのだ。

しかし、過去に飛べるのは理解できるとして、何故未来にも飛べるのだろう。実は、ヒト以外の動物もある程度の未来予測はできるのである。ライオンを見かけた草食動物は、その瞬間に自分が食べられてしまう未来へとメンタルタイムトラベルし、その未来を避けるために逃げる、わけですよ。その辺はヒトも似たようなものだが、我々ヒトにおいては一年先や十年先の未来まで予測する能力がある。

十年先や更なる未来を、わかりやすく言うと自分の老後を予測できる動物はおそらくヒトしかいない。そもそも老後という概念はヒトにしかない。何故ならヒト以外の哺乳類は基本的に子供が産めない年齢に達すると死んでしまうからだ。我々は基本的に長く生きる動物だからこそ、十年後や老後といった未来に思いを馳せる能力がある。我々は常に、明日は何を食べようかと考え、十年後や二十年後のことを考えながら生きている。ヒトとは即ち未来を生きる動物なのだ。

それでは我々は何故、この不思議な機能を獲得したのだろうか。

ヴェイトとスプレッドは、エインズリーとステレルニー、両者の論考から、それが起きたのはおそらく新石器時代であろうと推察する。ヒトはそれまでにも、文化の進化を続けてきたから、既に毛皮の衣服や各種の石器を使っていたわけだが、新石器時代にそれが加速するのだ。

具体的にいうと、教育のシステムが進化したのである。考古学者のケント・フラナリーは奇しくも一九六九年に広域スペクトル革命という仮説を発表した。広く知られているように、それまで十万年以上の間、狩猟採集生活を行なっていたホモ・サピエンスは、一万年ほど前から時間をかけて農耕生活に移行したわけだが、すぐに狩猟と採集をやめたりはしなかった。そもそも植物の採集をリバース・エンジニアリングしてイノベーションさせたものが農業であり、採集と農耕が地続きであることは明らかだろう。長い採集生活で蓄えた豊富な知識がなければ農耕生活を始めることはできなかっただろう。両者は繋がっているのだ。

この時期に何があったかというと、食べ物の種類は増えたでしょうな。より、多様な食料源への依存が高まったわけで、それに伴って必要とされる道具や技術も増えたわけだ。

全ての道具は、それを作るための技術とそれを使う技術を必要とする。石を叩き合わせて石器を作るような技術は、社会的に獲得された高度な認知制御モデルに依存している。これは見様見真似で簡単にできるような代物ではなく、技術の習得には長い時間がかかる。

それらの技術を持っているのは、もちろん大人であり老人である。それを次世代に伝えるためには、なんらかの教育システムが必要ですわな（もちろん、教育とそれにまつわるシステムも技術の一つである）。

しかし、洗練された教育システムを作ろう！ などと思いつくヒトは当時はいなかった。大人が石器を作る。子供がそれを物真似する。当初は子供の遊びでしかないが、その子が成長するにつれていつしかまともな石器を作れるようになる。他の様々な技術に関しても（何しろ職種が増えたのである）同じような過程を経て、大人から子供へと伝えられる。

何事も、はじめは幼稚な物真似で良いのだ。見様見真似で始めたことを続けるうちに、幼い子供はいつしか少年になり青年になる頃には本物の技術を身につけている。どうやら人類はこの頃に教育と学習を継続的に行う足場、プラットフォームを発見したわけである。

また、ヒトにおいては、小さな子供が大人に憧れて背伸びをするのが、結果的にその子供の成長に繋がるのである。これは、基本的には母鳥が子供に餌の捕り方を教える行為の延長線上にあると考えて良いが、ヒトにおいてはそういった一連の学習行為のスケールがやたらと広がったのである。

子供の成長と技術の習得、学習が並行して行われると、上達という概念が獲得される。何事も上達するのは嬉しいものである。それに伴って、農耕により、安定した生活を送るようになると、今よりも良い暮らしができるかも知れないという未来への希望が生まれますわな。将来への期待が、ヒトがイノベーションを起こすための大きな資源となったわけです。

　旧石器時代におけるイノベーションには何万年もかかったので、今よりも発展した未来というのが想像できなかったわけだ。それが、農耕生活を続けるうちに、今よりも大きな畑のある未来、今よりも便利な道具を上手に使える未来、といったイメージを抱けるようになり、長生きして孫の顔が見たいというような希望を抱くようにもなったわけだ。

　フロイトが、実際には存在しないエディプス理論を思いついたのは、おそらく親と子供というのは近しすぎるが故の緊張感があり、時として大きなストレスが生じるような関係だからだが（いわゆる毒親問題だ）、お爺ちゃんお婆ちゃんと孫の間には親子ほどのストレスがない。我が子には厳しかった人が、孫ができた途端に孫には甘々になってしまったという話はよくあるでしょう。親というのは子供に対して多大な責任を負うから、時には厳しくなり過ぎたりするのであるが、祖父や祖母は孫に対しては自分の子供である孫の親よりも優しく鷹揚に接する。

　直接の血縁関係がなくても、高齢者というのは人生の経験値が高いので、他人に対して優しくなる可能性が高い。だからこそヒトの共同体においては、幼い子供と老人が接する機会が多くあった方が好ましいのだ。老人は幼い子供に、長く生きたが故の経験値を伝え、子供は生活機能が衰えた老人と接することで、色んなことを学びながら老人に対しては優しく接するためのコミュニケーション技術を学ぶ。

長々と、ロックとは関係のなさそうな話をしてきたが、イノベーションを起こすために必要な学習教育というシステムが、そもそもは大人の物真似をする子供の遊びから始まったことに注目していただきたい。ロックンロールも物真似から始まったではないか。そして多くの若者に、未来に対する希望を与えたではないか。

ロックの誕生は、そもそも言葉や音楽といった文化を奪われて歴史を切断された黒人奴隷の音楽を、一〇代の白人が物真似したことに始まる。それは、黒人奴隷にとってはゼロからのスタートだったために、人類の歴史の、大きな転換期に起きた出来事をもう一度再現するような出来事であった。

物真似から始めて、未来を創造する行為、それこそがロックの正体である。

それは押しつけられた教育から始まったものではなかったが故に、新しい若者像までも創造した。具体的に言うと広域スペクトル革命の文化的な再現、それがロックの正体である。

賢明な読者であれば、それってつまり農耕生活の開始のようなことが起きた……ってコト？と思うだろう。その通りですが、農業の始まりと言うよりも広域スペクトル革命と言う方が、なんとなくカッコいいでしょう。

ロックの未来がどうなるかは、おそらく誰にもわからない。六〇年代的な意味の反逆のロックはとうに終わったし、七〇年代的なロックも蕩尽の果てに終わったが、ローリング・ストーンズは今も「サティスファクション」を演奏している。彼らだけでなく、歴史上に存在した無数のロックバンドの音楽は、これからの世代にも影響を与え続けるだろう。

そういう意味ではロックは不滅であるし、細かい意味合いにおいては何度も終わっている。七十三歳の時に八人目の子供をもうけたミック・ジャガーはもちろん大金持ちだ。そんな人が「サティスファクション」を歌うのは、ある意味で滑稽なことであり、歌の意味がもう形骸化しているという批判も成り立つが、形骸化して良かったのである。「サティスファクション」の歌詞に込められた反逆のロック的な理念は、形骸化することで歴史になったのだ。

ミックがお爺さんになった今も歌い続けているのは、歴史を歴史として表象するためである。当たり前の話ではあるが、ロックンロールが誕生した一九五〇年代において、ロックンロールは若者だけの文化だったからロックンロールで踊る老人はいなかった。

ヒトの寿命は伸びており、今では百歳まで生きることも夢ではなくなった。ある種の形骸化が行われないと、我々はロックを客観視できなかったろう。何よりも、老人になるということは投擲や長距離走と同じくホモ・サピエンスにしかできない芸当である。だからこそロックを演奏する人も、ロックを聴く人たちも老人になって本当に良かったのである。

何事であれ歴史として記憶することはヒトの叡智なのだ。ここで、『歴史とは何か』を書いたE・H・カーの言葉を借りるならば「過去は現在の光に照らされて初めて知覚できるようになり、現在は過去の光に照らされて初めて十分に理解できるようになる」のである。

そう、歴史というのもヒトに心が二つあるからこそ生み出せた、複数の視点からなる概念＝思考のツールなのだ。この思考ツールを使って我々は、過去と現在を照らし合わせながら今よりも明るい未来に向かうのである。

いやもう、本当に色々あったけれども、ロックを愛する人たちが老人になることで、この文化はようやく完成したのである。だからこそ、この文章も、お爺さんのような語り口で書かれる必要があったのです。めでたしめでたし。

Bonus track あるいは参考文献という名のブックガイド

本書は進化論と哲学に詳しく、ハードロックの愛好家でもある著述家の吉川浩満氏が、晶文社という出版社の編集者にならなかったら、決して成立しなかっただろう。たとえばジャック・ダグラスという名プロデューサーがいなかったら、エアロスミスは『ロックス』や『ドロー・ザ・ライン』といった傑作を残さなかっただろうし、ロバート・ジョン・マット・ランジがいなかったらAC／DCやデフ・レパードはあそこまで売れていないだろう。名盤の影には常に名プロデューサーの存在があるわけで、最高のプロデューサーがいたからこそ、こんな無茶な書籍を刊行できる運びとなった、わけである。

①

二重過程理論、二重プロセス理論に関しては補足が必要だろう。この理論を有名にしたのはもちろん、ダニエル・カーネマンの著作である。

ダニエル・カーネマン『ファスト＆スロー――あなたの意思はどのように決まるか？』上下、村井章子訳、

ハヤカワ文庫NF、二〇一四

ただし、現状での二重過程理論の開祖はキース・スタノヴィッチであり、さらなる源流を探るとウィリアム・ジェイムズにまでたどり着く。ヒトは、それと意識しないで二つある心のシステムを普段から難なく使いこなしているのだが、ジェイムズは一九世紀の段階でヒトの意識が複数のシステムを使いこなしていることに気がついていたのだ。二重過程理論そのものをコンパクトに理解したいのなら、何よりもまず、

キース・E・スタノヴィッチ『心は遺伝子の論理で決まるのか――二重過程モデルでみるヒトの合理性』椋田直子訳、みすず書房、二〇〇八

を読んでから、

ジョセフ・ヒース『啓蒙思想2・0〔新版〕――政治・経済・生活を正気に戻すために』栗原百代訳、ハヤカワ文庫NF、二〇二二

を読むことをお勧めする。

ルース・ドフリース『食糧と人類――飢餓を克服した大増産の文明史』小川敏子訳、日経ビジネス人文庫、二〇二一
ロビン・ダンバー『友達の数は何人?――ダンバー数とつながりの進化心理学』藤井留美訳、インターシフト、二〇一一

性淘汰に関しては以下が参考になるだろう。

ジェフリー・F・ミラー『恋人選びの心――性淘汰と人間性の進化』I・II、長谷川眞理子訳、岩波書店、二〇〇二
マーリーン・ズック『性淘汰――ヒトは動物の性から何を学べるのか』佐藤恵子訳、白揚社、二〇〇八

さらに、近年の進化心理学の成果として、イギリスの進化心理学者であるスティーヴ・スチュアート・ウィリアムスの『宇宙を理解した猿――心と文化はどのように進化するのか』をかなり参考にした。

Steve Stewart-Williams, *The Ape that Understood the Universe: How the Mind and Culture Evolve*,

Cambridge University Press, 2018（未訳）

②

アンガス・ディートン『大脱出――健康、お金、格差の起原』松本裕訳、みすず書房、二〇一四

マイケル・コーバリス『言葉は身振りから進化した――進化心理学が探る言語の起源』大久保街亜訳、勁草書房、二〇〇八

また文中で紹介したディーン・フォークの論旨は、上巻の翻訳が出たものの、何年も下巻が出る様子のないこの本に載っております。

ニルス・L・ウォーリン、ビョルン・マーカー、スティーブン・ブラウン編『音楽の起源』上、山本聡訳、人間と歴史社、二〇一三

二足歩行に関しては、この本から最新の学説に触れることができる。

ジェレミー・デシルヴァ『直立二足歩行の人類史――人間を生き残らせた出来の悪い足』赤根洋子訳、文藝

春秋、二〇二二

考古学や古人類学は新たな発見と累積的な研究がフィードバックして、頻繁に更新が、つまりアップデートが行われる世界である。それらの知見を拠り所にすることの多い進化心理学なども、それに準じてアップデートされなければならない。基本的にゴール無き世界であるが、アップデートが進むたびに解像度は上がる。何事にせよ、それに対する解像度が上がることが進歩なのだという考え方を基本として本書は書かれている。

③

エドマンド・バーク『フランス革命についての省察』二木麻里訳、光文社古典新訳文庫、二〇二〇
リチャード・ランガム『火の賜物——ヒトは料理で進化した』依田卓巳訳、NTT出版、二〇一〇
スティーヴン・ミズン『歌うネアンデルタール——音楽と言語から見るヒトの進化』熊谷淳子訳、早川書房、二〇〇六
ジョーゼフ・ジョルダーニア『人間はなぜ歌うのか？——人類の進化における「うた」の起源』森田稔訳、アルク出版企画、二〇一七
輪島裕介『踊る昭和歌謡——リズムからみる大衆音楽』NHK出版新書、二〇一五

音楽とヒトの脳の進化に関しては、この本も素晴らしい。

ダニエル・J・レヴィティン『音楽好きな脳――人はなぜ音楽に夢中になるのか 新版』西田美緒子訳、ヤマハミュージックエンタテインメントホールディングス、二〇二一

また、ヒトの分業制度に関しては、この本が詳しい。

ポール・シーブライト『殺人ザルはいかにして経済に目覚めたか？――ヒトの進化から見た経済学』山形浩生、森本正史訳、みすず書房、二〇一四

④

ダン・スペルベル『表象は感染する――文化への自然主義的アプローチ』菅野盾樹訳、新曜社、二〇〇一

リチャード・ランガム『善と悪のパラドックス――ヒトの進化と〈自己家畜化〉の歴史』依田卓巳訳、NTT出版、二〇二〇

アレックス・メスーディ『文化進化論――ダーウィン進化論は文化を説明できるか』野中香方子訳、NTT

出版、二〇一六

5

マルク・ファン・フフトとギルバート・ロバーツ（Gilbert Roberts）による「競争的利他主義」論文（https://www.researchgate.net/publication/24264515_Competitive_Altruism_Development_of_Reputation-based_Cooperation_in_Groups）
ロナルド・ノエの個人サイト（https://sites.google.com/site/ronaldnoe/RN-home）
リチャード・ドーキンス『利己的な遺伝子 40周年記念版』日髙敏隆、岸由二、羽田節子、垂水雄二訳、紀伊國屋書店、二〇一八

6

スティーヴン・クウォーツ、アネット・アスプ『クール――脳はなぜ「かっこいい」を買ってしまうのか』渡会圭子訳、日本経済新聞出版、二〇一六
J・D・サリンジャー『ライ麦畑でつかまえて』野崎孝訳、白水Uブックス、一九八四
キャサリン・ハキム『エロティック・キャピタル――すべてが手に入る自分磨き』田口未和訳、共同通信社、

二〇一二

ジョセフ・ヒース、アンドルー・ポター『反逆の神話〔新版〕――「反体制」はカネになる』栗原百代訳、ハヤカワ文庫NF、二〇二一

⑦

カール・ポパー『歴史主義の貧困』岩坂彰訳、日経BP、二〇一三

ハーバート・A・サイモン『人間活動における理性』山形浩生訳、二〇二〇（https://cruel.org/books/simonrationality/simonrationality.pdf）

エドワード・H・カー『危機の二十年――理想と現実』原彬久訳、岩波文庫、二〇一一

マット・リドレー『繁栄――明日を切り拓くための人類10万年史』大田直子、鍛原多恵子、柴田裕之訳、ハヤカワ文庫NF、二〇一三

⑧

文学作品は、紹介し始めるときりがないのでロックと縁のありそうなものをまとめて紹介しておこう。今読むと、いささか時代錯誤を感じるものもあるだろうが、現代とはズレているところ

にこそ時代精神が反映されているわけで、いずれも貴重な資料である。特にホイットマンとソローは今読むと、いかにもアメリカンロックがこういうことを歌っていたよなぁ、てな気分を味わえる。また、ケルアックやバロウズといったビートニクの作家たちは、最近になって博覧強記で知られるアメリカの女性著述家であるレベッカ・ソルニットから、ある種の苦々しい思い出として批判的に語られている。ソルニットの意見を要約すると「若い頃、ケルアックやバロウズの評価が高かったので読んでいたのだけれども、彼らの作品はミソジニーが強くて若い女性である自分にとってはつらかった」である。ケルアックもバロウズも、ある面においては革新的であったが、ある面においてはアメリカの古臭い男性であったということだろうか。ソルニット自身、今だからこそ言える話として語っているのが象徴的で、アメリカの若者たちの間でケルアックやバロウズがクールな作家として評価されていた時には、なかなか批判的なことが言えなかったのだ。これは、その時その時の時代精神というのが同調圧力にもなりうる好例であるが、今になって思い出し批判をするソルニットはソルニットで、カウンターカルチャーの時代精神を彼女なりに継承しているのである。

トマス・ド・クインシー『阿片常用者の告白』野島秀勝訳、岩波文庫、二〇〇七
アラン・シリトー『長距離走者の孤独』丸谷才一、河野一郎訳、新潮文庫、一九七三
コリン・ウィルソン『アウトサイダー』上下、中村保男訳、中公文庫、二〇一二

ミハイル・ブルガーコフ『巨匠とマルガリータ』上下、水野忠夫訳、岩波文庫、二〇一五
ウォルト・ホイットマン『おれにはアメリカの歌声が聴こえる――草の葉（抄）』飯野友幸訳、光文社古典新訳文庫、二〇〇七
ヘンリー・D・ソロー『森の生活』上下、飯田実訳、岩波文庫、一九九五
アレン・ギンズバーグ『吠える その他の詩』柴田元幸訳、スイッチパブリッシング、二〇二〇
ジャック・ケルアック『ザ・ダルマ・バムズ』中井義幸訳、講談社文芸文庫、二〇〇七
ウィリアム・バロウズ『裸のランチ』鮎川信夫訳、河出文庫、二〇〇三
ヘルマン・ヘッセ『デミアン』高橋健二訳、新潮文庫、一九五一

⑨

ティモシー・ウィルソン『自分を知り、自分を変える――適応的無意識の心理学』村田光二訳、新曜社、二〇〇五
レイ・ジャッケンドフ『思考と意味の取扱いガイド』大堀壽夫、貝森有祐、山泉実訳、岩波書店、二〇一九
ロバート・クルツバン『だれもが偽善者になる本当の理由』高橋洋訳、柏書房、二〇一四
トマ・ピケティ『21世紀の資本』山形浩生、守岡桜、森本正史訳、みすず書房、二〇一四
アントニオ・R・ダマシオ『デカルトの誤り――情動、理性、人間の脳』田中三彦訳、ちくま学芸文庫、二

〇一〇

ピケティも含めて、これらの書物は良い意味で目から鱗を落としてくれるが、ヒトの脳の使い方について考えを改め、より良い頭の使い方を知りたい人のために以下の四冊をお勧めする。

ダニエル・C・デネット『思考の技法――直観ポンプと77の思考術』阿部文彦、木島泰三訳、青土社、二〇一五

ヤン・エルスター『社会科学の道具箱――合理的選択理論入門』海野道郎訳、ハーベスト社、一九九七

戸田山和久『思考の教室――じょうずに考えるレッスン』NHK出版、二〇二〇

植原亮『思考力改善ドリル――批判的思考から科学的思考へ』勁草書房、二〇二〇

偶然ではあるが、『思考力改善ドリル』のサブタイトルは、六〇年代のカウンターカルチャーが躓いてしまい、乗り越えることができなかったポイントを的確に指摘している。大勢の若者がサルトルと共に間違えるよりも、多くの人びとが科学的思考を身につけた方が社会はより良い方向に進むのである。

⑩

フランシス・スコット・フィッツジェラルド『ジャズ・エイジの物語』フィッツジェラルド作品集1、渥美昭夫、井上謙治訳、荒地出版社、一九八一

エリック・ホブズボーム『ジャズシーン』諸岡敏行訳、績文堂、二〇二一

『素朴な反逆者たち――思想の社会史』水田洋、安川悦子、堀田誠三訳、社会思想社、一九八九

『20世紀の歴史――両極端の時代』上下、大井由紀訳、ちくま学芸文庫、二〇一八

老人によるロック年代期の回想という本書のスタイルは、基本的にホブズボームの『20世紀の歴史――両極端の時代』を真似た。全く似ていないではないかという批判はあるだろうが、そもそも英国の超インテリ老人の物真似など上手くできるわけがなかろう。物真似から始まって新たな表現に到達するのがロックであることは本書の中で散々書いたので、ホブズボームを真似しようとして、本家とは似ても似つかぬ代物になっている時点で本書はロックなのですよ。

マイケル・S-Y・チウェ『儀式は何の役に立つか――ゲーム理論のレッスン』安田雪訳、新曜社、二〇〇三

ヤン・エルスター『合理性を圧倒する感情』染谷昌義訳、勁草書房、二〇〇八

ジェシー・プリンツ『はらわたが煮えくりかえる――情動の身体知覚説』源河亨訳、勁草書房、二〇一六
マイケル・S・ガザニガ『〈わたし〉はどこにあるのか――ガザニガ脳科学講義』藤井留美訳、紀伊國屋書店、二〇一四

プリンツの本は耳から脳味噌が溢れるのではないかと心配になるほど読むのに苦労する難物ではあるが、本人は根っからパンクロックが好きで、髪の毛をピンクに染めた哲学者であり、「哲学者はパンクロックを聴くべしである」という論文まで書いている。滅茶苦茶に頭の良い人なのだが、キャラクター的にはバカキャラなのだ。これは非常に興味深いことなのだが、本書で取り上げたスティーブン・ピンカーやジョセフ・ヒースもまた似たようなところがあって、二人とも箆棒に頭が良いのに軽率な発言で物議を醸したりする。ピンカーに至っては、しょっちゅうネットで炎上しているのだが、本人は反省しているようには見えない。つまり、この人たち、本当に賢いのか阿呆なのかよくわからないよ！　なわけであるが、ヒトの脳がモジュール形式であると考えたら、これは容易に理解できる。人は誰しも、いくつかのモジュールにおいてはずば抜けて優秀な反面、いくつかのモジュールにおいては、そうでもなかったりするのだな、おそらく。そもそもヒトは、どんなに賢くとも近視眼的になった際には、軽率になってしまうところがある。

源河亨『感情の哲学入門講義』慶應義塾大学出版会、二〇二一

スティーブン・ピンカー『暴力の人類史』上下、幾島幸子、塩原通緒訳、青土社、二〇一五
キース・E・スタノヴィッチ『現代世界における意思決定と合理性』木島泰三訳、太田出版、二〇一七

⑪

クリストファー・ボーム『モラルの起源――道徳、良心、利他行動はどのように進化したのか』斉藤隆央訳、白揚社、二〇一四
マルク・ファン・フフト、アンジャナ・アフジャ『なぜ、あの人がリーダーなのか？――科学的リーダーシップ論』小坂恵理訳、早川書房、二〇一二
ロバート・ドレイパー『ローリング・ストーン風雲録――アメリカ最高のロック・マガジンと若者文化の軌跡』林田ひめじ訳、早川書房、一九九四

⑫

リバース・エンジニアリングに関しては、この一冊。

ダニエル・C・デネット『心の進化を解明する――バクテリアからバッハへ』木島泰三訳、青土社、二〇一

八

⑬

マーク・フィッシャー『資本主義リアリズム』セバスチャン・ブロイ、河南瑠莉訳、堀之内出版、二〇一八
コルナイ・ヤーノシュ『資本主義の本質について——イノベーションと余剰経済』溝端佐登史、堀林巧、林裕明、里上三保子訳、NTT出版、二〇一六
カール・カウツキー『中世の共産主義』栗原佑訳、法政大学出版局、一九八〇

マルクスに関しては日本に素晴らしい研究者がいる。

田上孝一『99％のためのマルクス入門』晶文社、二〇二一

そして、資本主義について、おそらくコルナイ以降で最も深く考えた人が日本にいる。

稲葉振一郎『AI時代の資本主義の哲学』講談社選書メチエ、二〇二二

⑭
ジーン・シモンズ『才能のあるヤツはなぜ27歳で死んでしまうのか？』森田義信訳、星海社新書、二〇一一
バーバラ・N・ホロウィッツ、キャスリン・バウアーズ『WILDHOOD　野生の青年期――人間も動物も波乱を乗り越えおとなになる』土屋晶子訳、白揚社、二〇二一
ロバート・アンジュ編『ダーウィン文化論――科学としてのミーム』佐倉統、巌谷薫、鈴木崇史、坪井りん訳、産業図書、二〇〇四
稲葉振一郎『「新自由主義」の妖怪――資本主義史論の試み』亜紀書房、二〇一八
この項目に関しては、メンタルヘルスを進化心理学の視点から追求したこの本も参考になる。
ランドルフ・M・ネシー『なぜ心はこんなに脆いのか――不安や抑うつの進化心理学』加藤智子訳、草思社、二〇二一

⑮
西崎憲『全ロック史』人文書院、二〇一九

⑯

ジャン＝ジャック・ルソー『社会契約論』桑原武夫、前川貞次郎、岩波文庫、一九五四

ヴェイトとスプレットの論文は以下で読める。

Veit, W., & Spurrett, D. (2021). Evolving resolve. *Behavioral and Brain Sciences*, 44, E56. doi:10.1017/S0140525X20001041

そして彼らが参照したエインズリーの論文はこちら。

Ainslie, G. (2021). Willpower with and without effort. *Behavioral and Brain Sciences*, 44, E30. doi:10.1017/S0140525X20000357

ただし、これらを理解するためには、以下の本を読んでおいた方が良い。

ジョージ・エインズリー『誘惑される意志――人はなぜ自滅的行動をするのか』山形浩生訳、NTT出版、二〇〇六

マイケル・コーバリス『意識と無意識のあいだ』鍛原多恵子訳、ブルーバックス、二〇一五

キム・ステレルニー『進化の弟子――ヒトは学んで人になった』田中泉吏、中尾央、源河亨、菅原裕輝訳、勁草書房、二〇一三

E・H・カー『歴史とは何か 新版』近藤和彦訳、岩波書店、二〇二二

以上、古典を除くと、今世紀になってから翻訳された本が多く、つい最近になって翻訳されたものも多いことに賢明な読者は気がついたと思う。まだ翻訳されてない論文とかも参考にしていますしお寿司。本書で取り上げた本の多くは、我々ホモ・サピエンスがいかなる動物なのかについて書かれているものが多い、わけです。それが、つい最近になって出版されたり翻訳されたり、まだ翻訳されていなかったり、というのはどういうことかと言いますとですね、我々は我々がどのような動物であるのかについて、つい最近までよく知っていなかったし、現時点でもまだ、そんなには理解していないのかもしれないのである。たとえばフロイトの考えていたことが、かなり間違っていたとしても我々は彼を笑えないのである。顕微鏡のない時代に、薬草を煎じながらお呪いで感染症を治癒しようとした祈祷師を誰が笑えるだろうか。ヒトは、その時その時に、自分の手元にあるデータを駆使して、できる範囲でベストを尽くそうとしてきたのである。心理学

の現場で今フロイトの理論を使おうとする人はまずいないし、いたら問題なわけだがフロイトの大胆なチャレンジ精神は今でも評価するに値する。なので我々としてはフロイトの誤りを訂正しながら前に進むしかない、わけである。デカルトのミスが我々の知見を高めるために作用したように、フロイトのミスも我々の知見をさらに高いところまで誘うのである。というわけで、このブックガイドは未来へと続く。ゴールはたぶん、ありません。我々はそういう動物なのだ。

樫原辰郎（かしはら・たつろう）
映画監督・脚本家・文筆家。1964年大阪生まれ。大阪芸大在学中に海洋堂に関わり、完成見本の組立や宣伝などを手がけた後、脚本家から映画監督に。監督作に『美女濡れ酒場』、脚本作に『大怪獣バトル ウルトラ銀河伝説』など。著作に『海洋堂創世記』『「痴人の愛」を歩く』（白水社）、『帝都公園物語』（幻戯書房）がある。Twitter: @tatsurokashi

ブックデザイン：小川 純（オガワデザイン）

ロックの正体《しょうたい》——歌《うた》と殺戮《さつりく》のサピエンス全史《ぜんし》

2023年4月25日　初版

著　者　樫原辰郎
発行者　株式会社晶文社
東京都千代田区神田神保町1-11　〒101-0051
電　話　03-3518-4940（代表）・4942（編集）
URL　http://www.shobunsha.co.jp
印刷・製本　株式会社太平印刷社

ISBN978-4-7949-7356-6　Printed in Japan